서비스 기획의 기술

서비스 기획의 기술

트래비스 로더밀크, 제시카 리치 지음 | 안지회 옮김

고객 중심의

프로덕트 매니지먼트

실전 가이드

THE CUSTOMER-DRIVEN PLAYBOOK

유엑스 리뷰

목차

프롤로그

"앞으로 10주 동안 신규 고객을 유치하고 매출을 세 배로 늘릴 수 있는 제품에 대한 아이디어를 제시해 주시기 바랍니다."

이 말을 듣자마자 파티타임 앱^{PartyTime App}의 UX 책임자인 수잔은 입이 떡 벌어졌다. 그녀의 팀원들 역시 적잖이 당황하며 불편하게 자세를 바꿔 앉았다. 수잔의 팀은 파티 오거나이저^{PartyOrganizer}라는 매우 인기 있는 파티 플래닝 모바일 앱을 작업했다. 해당 앱은 모든 앱 스토어에서 차트 상위권을 차지하였으며, 덕분에 회사는 다년간 성공의 기쁨을 만끽할 수 있었다. 그러나 이제 경영진들은 이들의 성공을 이용하여 새로운 수익을 창출할 방법을 찾고자 했다.

시간이 많지 않기에, 수잔은 린 스타트업^{Lean Startup}*방식을 활용해야 한다고 판단했다. 그녀는 팀원들이 최대한 많은 고객과 대화를 나누고, 이를 빠르게 반복하며, 무엇보다도 "빨리 실패"하도록 독려했다. 그들은 매일 고객과 통화 일정을 잡아, 빠르게 그들과 접촉하여 무수히 많은 질문을 하고, 응답들을 기록해나갔다.

---

* 아이디어를 빠르게 프로토타입으로 만든 뒤, 테스트를 통해 제품의 개선에 반영하는 전략

수잔의 팀은 새로운 수익을 창출하는 방법에 대해 아이디어가 굉장히 많았다. 그리고 그들은 고객과의 대화가 직접적인 피드백을 얻기에 아주 좋은 방법이라는 사실을 깨달았다. 팀의 엔지니어를 맡고 있던 제리는 그의 아이디어 중 하나를 프로토타입으로 만들어 고객들에게 보여주기도 했다. 언뜻 보기에 수잔이 이끄는 팀은 그들만의 길을 잘 가고 있는 것처럼 보였다.

그러나 이러한 진전은 곧 중단되었다. 수잔의 팀은 고객들에게 들은 이야기로 논쟁하기 시작했다. 프로덕트 매니저 메리는 팀원들이 올바른 질문을 던지고 있지 않으며, 적절한 고객 유형을 설정하지 못한다고 생각했다. 한편, 팀원 중 한 명인 제리는 (제작 비용이 많이 들겠지만) 고객들이 자신이 구상한 프로토타입을 좋아한다고 확신했다. 소프트웨어 테스터로 일하는 리치는 고객과 상담할 때 우연히 언급되었던 버그를 수정하는 데 지나치게 집중했다. 이처럼 수잔의 팀은 분열되어 각기 다른 길로 향하고 있었다.

10주가 지난 뒤에도 수잔의 팀은 프로토타입을 완성하지 못했다. 경영진은 그들이 남긴 이 설익은 프로토타입을 '없는 문제를 찾아 만든 솔루션'으로 간주했다. 게다가 수잔의 팀은 고객과 오랜 시간을 보냈지만, 여전히 답변보다 질문이 더 많았다.

혹시 이런 이야기가 익숙하게 들리는가? 우리는 자주 이와 비슷한 상황에 놓이게 된다. 지난 10년간 제안되었던 다양한 린 스타트업 접근법과 고객 개발 전략들은 제품 기획에 대한 우리의 생각을 변화시켰다. 그러나 여전히 많은 팀이 이 원칙을 의미있는 행동으로 옮기는 데 어려움을 겪고 있다.

우리가 이 책을 세상에 공개한 이유가 바로 여기에 있다. 이 책은 당신의 팀이 고객을 이해하는 것에서부터 문제를 식별하고 새로운 아이디어를 개념화하여, 궁극적으로 최상의 제품을 개발할 수 있도록 돕는다.

당신은 이 책을 읽은 뒤 기획 과정에서 린 스타트업 이론을 제대로 실천할 수 있게 될 것이다. 이 책에서 다루는 기획법은 실무에서 활용할 수 있다. 이 방법론은 세계 여러 나라 출신의 8,000명이 넘는 사람들로 구성된 조직에서 성공적이었던 것으로 입증된 바 있다.

이 책의 구성

우리는 주로 소프트웨어 및 기술 서비스를 기획하는 사람들을 염두에 두고 이 책을 썼다. 하지만 어떠한 제품과 서비스를 만들더라도 우리가 고안한 프레임워크를 성공적으로 적용할 수 있을 것이다.

이 책의 주된 독자는 프로덕트 매니저, 프로젝트 매니저, 서비스 기획자다. 물론 UX 디자이너, 시각 디자이너, 인터랙션 디자이너, UX 리서처, 팀 리더, 스타트업 창업가 역시 이 책을 통해 많은 인사이트를 얻을 수 있을 것이다. 당신에게 고객이 열광하는 훌륭한 프로덕트를 만들고자 하는 열정이 있다면 이 책은 당신을 위한 것이다.

다른 사용자 중심 방법론들과의 차이

고객 중심 접근법은 문자 그대로 그 중심에 고객이 있다. 그렇다면 이 방법론은 사용자 중심 접근법과 어떻게 다를까?

사용자와 고객 사이에는 미세하지만 심오한 차이가 존재한다. 고객은 우리가 만든 제품을 사용하는 사람이다. 그들은 우리 제품을 선택했고, 이 사실을 인정한 사람들이다. 제품을 선택받는 일은 굉장한 선물이다. 고객이 보인 신뢰에 보답하는 것은 곧 우리의 책임이다. 대규모 유통 체인점 월마트^{Walmart}와 샘스클럽^{Sam's Club}을 설립한 억만장자 샘 월튼^{Sam Walton}은 이렇게 말했다.[1]

"상사는 오직 고객뿐이다. 고객은 단순히 그의 돈을 다른 곳에 쓰는 것만으로, 회사의 모든 사람을 해고할 수 있다."

월튼은 고객에게 사업의 성공과 실패를 좌우하는 힘이 있음을 알고 있었다. 사용자(현재 당신의 제품을 사용하는 사람)에서 고객(당신의 제품을 선택한 사람)으로 사고를 전환한다면, 당신의 제품을 사용하기로 결정한 사람들에 대한 존중과 감사의 마음이 생길 것이다.

고객 중심 전략의 접근법은 사용성과 유용성을 초월한 것으로, 고객의 동기와 목표, 욕구를 고려한다. 그리고 그들이 원하는 것을 성취하지 못하도록 하는 문제와 한계를 식별한다. 현재 제품을 선택해서 사용하고 있는 사람, 잠재적으로 제품을 선택할 사람, 최근 당신의 제품을 사용하지 않겠다고 마음먹은 사람 모두가 당신의 고객이다. 고객은 언제든지 당신과 함께 할 수도, 떠날 수도 있다. 그러므로 다음과 같은 사항들을 끊임없이 자문하도록 하자.

- 나의 고객은 누구인가?

- 무엇이 고객에게 동기를 부여하는가?

- 무엇이 고객을 좌절시키고 목표 달성을 제한하는가?

- 고객이 가치 있고 유용하다고 평가하는 것은 무엇인가?

그리고 최종적으로 이렇게 묻는다.

- 어떻게 해야 고객이 우리 제품을 필요에 의해서가 아닌, 정말 좋아서 사용하게 만들 수 있을까?

이 책의 구성

이 책의 기초와 전체적인 접근법은 가설 발전 프레임워크^{Hypothesis} Progression Framework, HPF로 이루어져 있다. 가설 발전 프레임워크는 '고객, 문제, 콘셉트, 기능'의 4단계로 구성된다(그림 P-1참고).

고객 개발		제품 개발	
고객 Customer	문제 **Problem**	콘셉트 Concept	기능 Feature

그림 P-1 가설 발전 프레임워크

고객 및 제품 개발을 성공적으로 안내하기 위해 사용될 가설 발전 프레임워크는 굉장히 유연하다. 어떤 개발 단계에 있든지 간에 해당 프레임워크를 적용할 수 있다. 우리는 신제품의 카테고리를 정의하기 위해 프레임워크의 규모를 확인해 왔다. 또한 수십 년 동안 고객이 사용해 왔던 기존의 제품을 성공적으로 활성화하는 것을 볼 수 있었다.

또한, 이 책은 고객 중심 케이던스Customer-driven cadence(그림 P-2 참고)를 안내하기 위해 구성되었다. 이는 가설 발전 프레임워크의 각 단계(공식화, 실험, 센스메이킹)에서 사용할 3가지 프로세스로, 린 스타트업 전략의 요점인 '만든다, 평가한다, 배운다(또는 반대로 배운다, 만든다, 평가하다)' 같은 친숙한 패턴과 유사하다. 여러분은 이 책에서 이 패턴이 반복되는 것을 보게 될 것이다.

	고객	**문제**	콘셉트	기능
공식화 (만든다)				
실험 (평가한다)				

그림 P-2 고객 중심 케이던스

각 장에서 살펴보게 될 내용은 다음과 같다.

Part 1. 고객 중심 기획

Chapter 1: 가설 발전 프레임워크와 고객 중심 케이던스

고객 중심 케이던스뿐만 아니라 기본 프레임워크를 알아본
다. 이 프레임워크와 케이던스는 고객 및 제품 개발 과정에
서 처음부터 끝까지 도와주는 안내서의 역할을 한다.

Chapter 2: 공식화

가정을 정리해서 시험할 수 있는 가설로 공식화하는 방법
에 관해 배운다. 또한, 내 가설의 참 거짓을 검증하기 위해
고객에게 건넬 질문을 정리한 논의 가이드^{discussion guide}를
만드는 방법도 배울 수 있다.

Chapter 3: 실험

고객과 대화하는 방법뿐만 아니라 고객을 찾는 방법을 알
수 있다. 다양한 리서치 방법의 장단점을 논의한다.

Chapter 4: 센스메이킹

고객에게 관여하고 고객의 피드백을 모으는 것도 중요하
지만 수집한 데이터를 이해할 수 없다면 프로세스의 영향
력이 줄어든다. 4장에서는 데이터에서 패턴과 의미를 도출
하는 방법을 배우고, 가장 중요한 '조직과 결과를 공유하는
법'을 배운다.

Part 2. 사례를 통해 이해하기

Chapter 5, 6, 7, 8: 고객, 문제, 콘셉트, 기능

5장에서 8장까지는 가설 발전 프레임워크의 각 단계에 파
고든다. 각 단계의 목표를 배우고 가설과 구조가 어떻게 도
움을 주는지 예시를 살펴볼 것이다. 또한, 사실을 기반으로

한 가상의 팀을 따라 파티타임 앱을 살펴본다. 앞에서 제시한 과제를 해결하기 위해 그들이 우리의 방법을 사용하여 훨씬 더 성공적인 결과를 달성하는 방법을 볼 수 있다.

Part 3. 단계별 기획

Chapter 9: 준비하기

9장은 3부에서 다루는 '단계별로 적용될 리서치 방법'을 개괄적으로 알려준다.

Chapter 10, 11, 12, 13: 고객 단계, 문제 단계, 콘셉트 단계, 기능 단계

가정의 발전, 가설, 초기 아이디어, 콘셉트, 제품 기능의 발전을 추적하는 데 도움을 주는 다양한 디자인 씽킹과 고객 및 리서치 방법을 살펴볼 것이다. 가설 발전 프레임워크의 각 단계에는 자체 실행 방안이 있으며, 빠르게 찾아서 다시 사용할 수 있도록 각 장에 배치했다.

추가 안내

공유하고 싶은 것들이 정말 많았지만 우리는 가볍고 접근하기 쉬우면서도, 매력적인 책을 만들고자 노력했다. 이 책은 우리가 고안한 기획법을 구체적으로 설명한 표준 안내서다. 여러분은 프레임워크와 각종 방법들을 수행해 보면서 고객 중심적 사고의 중요성을 깨닫고 앞으로도 이 책을 참고하게 될 것이다.

또 아래의 웹사이트에서 일부 주요 템플릿을 다운로드할 수 있다.

www.customerdrivenplaybook.com

PART 1
고객 중심 기획

CHAPTER 1.
가설 발전 프레임워크와 고객 중심 케이던스

2000년 여름, 미국의 자동차 제조사 제너럴 모터스^{General Motors}는 폰티악 아즈텍^{Pontiac Aztek}을 선보였다. 폰티악 아즈텍은 세단, 미니밴, SUV의 특징을 모두 살린 신개념 크로스오버 차량이다(그림 1-1 참고)[1]. 이 차는 30대를 겨냥한 다용도 자동차로 마케팅되었다. 야외활동을 즐기는 활동적인 라이프 스타일을 가지고 있으며, 자녀가 없거나 한 명뿐인 사람들이 이 차량의 주요 타깃 고객이었다.

이론상으로 폰티악 아즈텍은 여러 기능을 완전하게 갖추고 있었다. 자전거 거치대, 에어 매트리스가 달린 텐트, 차량용 에어컴프레서 옵션을 포함해 다양하게 업그레이드되었다. 심지어 탑승석과 운전석 사이에 음료와 물건을 시원하게 넣을 수 있는 차량용 냉장고 옵션까지 있었다. GM의 이상적인 고객층은 식료품 운반에서부터 야생 캠핑까지 다용도로 차량을 사용하려는 사람이었다.

하지만 폰티악 아즈텍은 극단적인 외형 때문에 호불호가 많이 갈렸다(대부분은 싫어했다). 텐트와 냉장고 같은 옵션은 불편하고 뻔한 수법이라는 비판도 있었다. 하지만 GM은 이런 기능이 혁신적인 아이디어이며 시대를 앞서간다고 주장했다. 일단 고객이 폰티악 아즈텍에

그림 1-1 2001-2005 폰티악 아즈텍

시승해보기만 하면 그들이 놓친 것을 금방 알아차리리라 생각했다.

그러나 3천만 달러를 들여서 마케팅을 해보니,[2] 부정적인 평가가 옳았다. 폰티악 아즈텍은 자동차 시장에서 평균적인 실적마저도 내지 못했다. 폰티악 아즈텍이 출시된 해에 미국 자동차 산업은 1,740만 대의 차량을 판매했다. 하지만 폰티악 아즈텍의 판매량은 겨우 1만 1,000대에 불과했다(이 수치마저도 후하게 셈했다고 한다).[3]

고객이 보기에 폰티악 아즈텍은 스스로 앞길을 막은 것이나 다름없었다. 고객이 자동차를 어떻게 사용하기를 원하는지 알아보는 대신 자신들이 생각하는 방식을 고객에게 이해시키겠다는 계획을 세우고 강요했던 것이다. 뒤늦게 이 사례를 보며 "GM은 왜 그 많은 시간과 돈, 자원을 들여서 아무도 원하지 않는 자동차를 만들었을까요?"라고 물을 수 있다. '위원회가 디자인한' 차였기 때문에 그렇다고 말하는 사람도 있었고, 아이디어는 좋았는데 실행이 잘못되어서 그렇다는 의견도 있었다.[4] 내부 관계자는 비용 절감을 고집하느라 원래 의도와 전혀 다르게 디자인된 제품을 생산한 회사의 '짠돌이 근성'을 비난했다.[5]

폰티악 아즈텍의 수석 디자이너 톰 피터스Tom Peters는 C6 쉐보레 콜벳Chevy Corvette, 카메로Camaro Z/28 같은 성공적인 디자인을 연달아 선보이며 평생 공로상을 받았다. 그는 폰티악 아즈텍의 형편없는 디자인이 자기에게 이 질문을 던지면서 시작되었음을 넌지시 알려주었다. "카메로와 트럭 S10을 합쳐서 출시하면 어떻게 될까?"[6]

현실은 모두 이런 이유 때문이었다. 당시에는 GM이 '혁신적인 것'처럼 보였지만, 그들은 가장 중요한 요소인 고객을 잊고 있었다. GM은 다용도 자동차라는 한 가지 개념에 푹 빠져서 그것을 원할 만한 고객을 찾으려고 애썼다.

GM은 포커스 그룹 인터뷰를 진행하면서 직접 시장 조사도 했다. 아마도 폰티악 아즈텍에 잘 맞을 이상적인 고객의 모습이나 약간 다르게 응용할 만한 고객의 이미지를 창조했을 것이다. GM은 가설 발전 프레임워크와 고객 중심 케이던스가 실제로 고객 중심으로 흘러가고 있다고 믿으면서 올바른 신호에 관심을 두지 않았다. "과연 GM이 이걸 진지하게 만든 걸까요? 저라면 공짜로 줘도 안 가질 것 같아요."[7]라고 말한 포커스 그룹의 응답자들도 있었는데 말이다.

GM이 자동차 산업의 경계를 넓히고자 노력한 점은 칭찬할 수 있지만, 가정을 검증하지 않고 고객의 소리도 듣지 않았던 점은 반드시 짚고 넘어가야 한다. GM은 존재하지 않는 문제를 찾아 해결책을 만들고 있었다.

우리는 모든 것을 가정한다. 가정은 기존의 믿음을 바탕으로 우리가 이해한 것의 의미를 파악하는 방법이다. 그러나 가정이 언제나 사실에 기반하는 것은 아니다. 어쩌면 이런 가정은 '당사자의 지식'이나 경험, 관습적인 지혜에서 비롯되었을 수 있다. 이렇게 진실의 일면을 보고 시작하면 그것을 현실처럼 생각하게 되지만, 자주 가정을 사실로 착각하곤 한다.

가정이 나쁘다는 것은 아니다. 가정은 직관을 활용할 때 놀랍도록 유용할 수 있다. 하지만 가정에 제한을 두지 않으면 디자인 과정에서 스스로 취약점을 노출하게 된다. 통제되지 않은 가정은 제품에 부정적 영향을 크게 미칠 수 있다.

왜냐하면, 다음과 같은 결과를 초래하기 때문이다.

- 새로운 기회 또는 시장의 트렌드를 놓친다.
- 아무도 사용하지 않을 제품을 고가의 비용을 들여 만드는 실수를 한다.
- 고객이 사용하지 않는 기능을 지원하기 위해 기술적인 부담을 만든다.
- 문제에 너무 늦게 대응한다.

통제 없는 가정이 굉장히 위험한 이유는 관습적인 지혜로 생긴 거짓된 안정감을 만들기 때문이다. 그러고 나면 경쟁사가 고객을 더 잘 이해하여 시장 전체를 빠르게 점령하게 된다. 듀크 대학교 교수이자 실패 분석 전문가인 헨리 페트로스키Henry Petrosky는 "모든 전통적인 지혜에는 진실이 담긴 부분이 있지만, 디자인을 잘하려면 진실의 요소를 넘어서는 것이 필요하다. 올바른 가정과 유효한 계산을 동반해야 한다."[8]라는 말을 남겼다.

따라서 형태를 갖추지 않고, 검증되지 않아서 타당성도 증명되지 않은 기본적인 가정을 바탕으로 조직이 움직인다면 높은 수준의 위험을 초래할 수 있다.

가설 발전 프레임워크란?

가설 발전 프레임워크를 사용해 기획 과정의 모든 단계에서 가설을 검증할 수 있다. 가설 발전 프레임워크는 제품 기획을 고객, 문제, 콘셉트, 기능의 4가지 단계로 나눈다.

고객 개발		제품 개발	
고객	문제	콘셉트	기능

그림 1-2 가설 발전 프레임워크

가설 발전 프레임워크는 이렇게 사용할 수 있다.

- 가정을 검증할 수 있는 가설로 구체화한다.
- 실험으로 가설의 타당성을 입증하거나 효력 없음을 증명한다.

• 지금까지 알게 된 점을 파악해서 다음 단계를 계획한다.

이름에서 알 수 있듯이 가설 발전 프레임워크는 가정을 가설로 표현해서 증명할 때, 확인되지 않은 가설보다는 고객이 하는 말에 객관적으로 집중한다는 원칙을 토대로 한다.

먼저 이런 본질적인 질문을 해결하기 위해서 가설 발전 프레임워크의 모든 단계가 함께 작용한다는 점을 이해하자(그림1-3).

고객	문제	콘셉트	기능
고객이란 어떤 사람인가?	고객의 문제는 무엇인가?	콘셉트가 고객의 문제를 해결할 수 있는가? 고객이 해결책을 높이 평가하는가?	고객이 기능을 성공적으로 활용하고 만족할 수 있을까?

그림 1-3 가설 발전 프레임워크에 관한 핵심적인 질문

고객이란 어떤 사람인가?

회의 중에 팀원들이 "어, 고객이 어떤 사람인지는 우리도 알아요. 그건 문제도 아니죠."라고 말하곤 한다. 그럴 때는 이렇게 질문해 보자.

• 고객이 생활하는/일하는 환경은 어떠한가?
• 고객이 경쟁사 제품보다 우리 제품을 선호하는 이유는

무엇인가?

- 고객이 우리 제품으로 무엇을 성취하려 하는가?
- 우리 고객만의 고유한 특징은 무엇인가?

위와 같은 질문에 제대로 답하기 어려워하는 팀이 매우 많다는 사실을 안다면 놀라게 될 것이다(어쩌면 안 놀랄 수도).

고객 관여는 고객 개발과는 다른 개념이다. SNS나 서포트 포럼과 같은 수단을 사용해 대화를 계속하는 것은 분명 고객 관여의 한 부분이다. 하지만 고객 관여와 고객에게서 체계적으로 배우고 실천할 수 있는 인사이트를 얻는 개발은 별개의 문제다.

고객은 한 지점에 머물러있지 않는다. 고객이 추구하는 가치와 취향은 시간이 지남에 따라 변하기 마련이다. 그러므로 고객이 가려는 방향으로 한 걸음 앞서 있으면서 고객과 함께하는 마음으로 끊임없이 제품을 갈고 닦아야 한다.

고객의 문제는 무엇인가?

우리는 스스로 고안해낸 해결책에 과도하게 몰두하는 경향이 있다. 그러므로 한 발짝 물러서서 "이런 문제를 실제로 경험하는 사람들은 얼마나 될까?" 혹은 "이 문제로 고객들은 얼마나 좌절하고 있을까?"라고 자문해볼 필요가 있다.

GM이 고객에게 "텐트로 바꿀 수 있는 자동차가 있으면 얼마나 유익할까요?"라고 질문했다면 그 '텐트'는 대다수 고객의 문제를 해결하지 못한다는 점을 알았을 것이다. 성공적인 제품을 만들려면 문제 해결 그 이상의 무언가가 필요하다는 점을 반드시 인식해야 한다. 그것이 바로 정확한 문제를 해결하는 일이다.

콘셉트가 고객의 문제를 해결하고, 고객은 해결책을 높이 평가할 것인가?

문제를 해결하는 방법은 많지만, 문제를 올바른 방식으로 해결하고 있다고 어떻게 장담할 수 있을까? 고객이 당신의 해결책을 높이 평가하고 있다고 확신하는가? 아니면 생각도 못 한 새로운 문제를 만들고 있는가?

콘셉트 단계에서는 고객이 높이 평가하는 방식으로 문제를 해결하고 있는지를 점검한다. 고객의 피드백을 활용해서 아이디어가 올바른 방향으로 가고 있는지 계속해서 검증하고자 한다. 콘셉트의 베네핏과 한계를 설정함으로써, 고객이 원하는 것을 구축하고 있다는 자신감을 높일 수 있다.

고객이 기능을 성공적으로 활용하고 만족할 수 있을까?

어떤 경우 제품을 출시하는 데만 집중한 나머지 제품이 보장했던 약속을 지키지 못해서 고객을 실망하게 하기도 한다. 그러므로 디자인 및 개발 단계 전체에 걸쳐 콘셉트가 기대한 대로 제대로 작동하고 고객의 문제를 해결할 수 있는지 확인해야 한다. 콘셉트 단계는 올바른 것을 만들고 있는지 확인하는 게 목적이라면 기능 단계는 올바른 방법으로 만들고 있는가를 확인한다.

가설 발전 프레임워크를 가이드로 사용하면 고객 및 제품 개발 과정에서 고객 중심적인 상태를 계속해서 유지할 수 있다. 모든 단계가 전체적인 해결책을 대변한다. 가설 발전 프레임워크는 진행해야 할 순서가 정해져 있지 않으므로 어떤 단계에서도 시작할 수 있다. 제품 개발의 어느 단계에 있는지에 따라 콘셉트 단계에서 시작할지 문제 단계에서 시작할지 결정할 수 있다. 하지만 나중 단계에서부터 시작하면 초기 단계에서 본질적인 질문에 답해야 할 수 있다. 어떤 기능의 사용성을 테스트할 준비를 마치고 온 팀이 있었는데, 의외로 팀원들이 고객이나 문제를 제대로 이해하지 못했다는 점을 발견했다. 가설 발전 프레임워크가 심오한 이유가 바로 이것이다. 가설 발전 프레임워크를 통해 팀원들은 성공적인 제품을 출시하기 위해 검증해야 할 여러 단계를 쉽게 이해할 수 있다.

앞서 이야기했듯 고객은 시간이 지나면서 우리가 적합한 고객을 만나고 있는지, 올바른 문제를 해결하고, 가치를 창출하고, 고객을 성공적으로 이끌 수 있는 해결책을 가정하고 있는지 다시 검토해보는 자세가 필요하다.

고객 중심 케이던스란?

린 스타트업 전략을 실천하면서 고객 중심적인 상태를 유지하기 위해서는 계속적인 학습과 협력 패턴으로 움직여야만 한다. 가설 발전 프레임워크는 제품의 집중 개발 주기나 일정과 일치하게 활용할 수 있도록 만들어졌다. 다시 말해 제품을 개발하고 정교화하는 과정에서 가설 발전 프레임워크를 사용해야 한다.

에릭 리스Eric Ries의 린 스타트업 전략은 스타트업들이 학습과 고객 반응을 가속하는 '만들고, 평가하고, 배우는' 루프(순환 주기)에 참

여하기를 요구한다.[9]

우리는 이러한 접근법으로 엄청난 성공을 거두었고, 린 방식을 더욱 정교하게 개선한 프레임워크를 3부에서의 단계별 기획과 밀접하게 연계하였다. 고객 중심 케이던스에는 가설 발전 프레임워크 단계별로 활용할 세 가지 기본 작업이 있다. 바로 공식화, 실험, 센스메이킹이다(그림1-4). 각 항목을 개별적으로 살펴보기로 하자.

공식화 (구축한다)

고객 중심 과정에서는 전반적으로 고객에서부터 제품 개발까지의 가정, 아이디어, 가설을 설정할 것이다. 과정 내내 팀의 학습을 추적해야 하므로 이 활동은 중요한 연습이 될 수 있다. 에릭 리스는 이런 중요한 결정의 순간을 팀에서 '전환점(방향을 전환)'이 필요하거나 '인내심(과정을 계속)' 있게 행동해야 할 순간으로 언급하고 있다.

가정을 형성하고 가설로 서술하는 과정에서 당신의 팀은 고객과 고객의 문제, 그 문제에 대응하는 방법에 관한 아이디어를 쉽게 추적할 수 있는 구조를 만들 것이다. 마지막으로는 논의 가이드를 공식적으로 지정한다. 논의 가이드는 가정을 입증하거나 반박하기 위해 고객에게 물을 질문 모음이다.

실험 (평가한다)

가설 발전 프레임워크에는 단계별로 가정의 정확성을 검증하는 활동이 있다. 가설을 반박하는 실험을 계속하다 보면 제품의 방향 전환을 결정할 때 필요한 데이터를 얻을 수 있다. 가설을 검증하는 여러 가지 방법이 있지만, 이 책에서는 고객과 직접적인 소통을 매우 강조하고 있다.

센스메이킹 (배운다)

고객 중심 접근법은 끊임없는 고객 데이터 수집과 데이터 해석 능력에 의존한다. 흔히 디자인 팀은 '만들고, 평가하고, 만들고, 평가하고, 만들고, 평가하는' 루프에만 몰두한 나머지, 고객을 전체적으로 알아가거나 폭넓게 이해하지 못하는 경우가 많다. 우리는 이 책을 통해 당신의 팀이 잠시 멈춰서 그동안 알고 있었던 것을 되돌아볼 수 있는 활동을 제공함으로써, 다음에는 어느 방향으로 나아갈지 데이터에 의거해 결정할 수 있도록 돕고자 한다.

	고객	문제	콘셉트	기능
공식화 (만든다)	_____	_____	_____	_____
실험 (평가한다)	_____	_____	_____	_____
센스메이킹 (배운다)	_____	_____	_____	_____

그림 1-4 고객 중심 케이던스

핵심 정리

- 가정은 제품의 성패에 강력한 영향을 미친다. 고객에 관해 확인되지 않은 가정을 따라가면 실수하거나, 주요 비즈니스 기회를 놓치거나, 쓸모없는 제품을 만들게 될 수 있다.
- 가정을 가설로 공식화하면 객관성을 유지하면서 사실이라고 믿는 것을 계속 검증할 수 있다.
- 가설 발전 프레임워크는 당신의 팀이 고객과 제품 개발 사이를 이동하는 데에 도움이 되는 구조이다. 고객, 문제, 콘셉트, 기능의 4단계로 구성되어 있다.
- 고객 중심 케이던스는 가설 발전 프레임워크의 각 단계에서 사용할 수 있는 핵심적인 행동 모음이다. 이런 행동을 통해 디자인 팀은 아이디어와 가정을 가설로 공식화하고, 이를 검증하기 위한 실험을 진행하고, 고객 데이터를 이해하는 일련의 과정을 거치게 된다.

CHAPTER 2.
공식화

1장에서는 확인되지 않은 가정이 제품 의사 결정에 부정적 영향을 강하게 미칠 수 있다고 이야기했다. 가정의 객관성을 유지하는 가장 좋은 방법은 고객 피드백으로 검증할 수 있는 가설을 써보는 것이다.

《린 UX-린과 애자일 그리고 진화하는 사용자 경험》의 저자인 제프 고델프Jeff Gothelf는 그 핵심을 다음과 같이 완벽하게 요약했다.[1]

가설을 사용하여 가정을 표현하는 것은 정말 강력한 기술이다. 가정을 가설로 표현하면 의사 결정에서 주관적이고 정치적인 많은 대화를 배제하고 시장의 피드백을 중심으로 이야기하게 될 뿐 아니라, 팀이 사용자와 고객 중심적으로 변하게 된다.

훌륭한 가설은 고객의 한계에 집중한다

때로는 내부적 또는 기술적 한계를 고객의 한계와 분리하는 것이 어려울 수 있다. 예를 들면, 효과적인 검색 알고리즘의 부재가 고객의 좌절감을 유발하고 있다고 생각하는 것이다.

그리하여 우리는 부족한 것에 초점을 맞춘 가설을 세운다:

우리는 검색 알고리즘이 비효율적이기 때문에, 고객이 웹 사이트에서 계정을 만들고 싶어하지 않는다고 믿는다.

내부에 집중한 가설은 해결 방안을 편중되게 만든다(검색 알고리즘을 조정해서 더 나은 결과를 생성하는 방안). 즉 고객은 어떤 사람이고 무엇을 하려고 하며 빈약한 검색 결과가 고객에게 어떤 영향을 미치는지를 생각해 보지 않게 된다. 고객이 가입을 안 하는 이유가 검색 결과라고 확신하는가? 그렇다면 얼마나 검색 결과가 효과적이어야 고객이 가입하도록 만들 수 있는가?

'상관관계는 원인이 아니다.'라는 문구를 들어본 적이 있을 것이다. 원하지 않은 고객의 반응을 우리 제품의 한계 탓으로 돌리지 않도록 주의하자. 이 두 가지는 서로 전혀 관련이 없을 수 있다.

예를 들면 매우 많은 자원을 투자해서 검색 결과 속도와 품질을 높여도 가입률 증가에는 영향을 미치지 않는다는 점을 발견할 수 있다. 제품 품질 향상이 중요하지 않다는 것은 아니다. 다만 제품의 품질이 고객이 원하는 것을 반영하는지 끊임없이 확인해야 한다. 고객에게 영향을 미치지 않는 것에 시간과 에너지를 투자해서는 안 된다. 검색 결과가 빨리 나오도록 품질 향상에 수개월을 투자했는데 고객 만족에 가시적인 효과가 없다면 투자한 보람이 없지 않은가.

대신 이런 가설을 세워보자:

계정이 없는 고객은 웹 사이트에서 서비스 업체를 검색할 때 본인이 있는 위치에서 가장 가까운 거리순으로 확인하는 것을 선호한다.

이 가설은 고객의 동기와 웹 사이트의 한계를 연결한다. 다시 말해 고객은 가장 가까운 곳에서 먼 곳의 순서로 검색 결과를 보려고 하지만, 계정이 없어서 해당 기능을 제공할 수 없다.

이 가설을 검증했다면, 우리는 해당 기능을 우선적으로 제공해야 한다고 판단할 수 있다. 또한, 이 가설의 구체적인 내용은 기술 팀이 어떤 기능을 지원해야 하는지를 이해하는 데 도움이 된다. 예를 들면 '로그인 정보 없이 위치별로 정렬하기' 같은 검색 결과를 개선할 수 있는 한 가지 기능 개발에 집중할 수 있는 것이다.

가정을 가설로 공식화하기

3부에서 다루는 각각의 단계는 아이디어와 가정을 정리하는 데 도움이 되는 활동을 제공한다. 다양하게 확장하고 모든 걸 시도해 보는 기회를 갖는 일은 가능한 모든 아이디어와 관점을 살필 수 있는 좋은 방법이다. 그런 다음 제시된 몇 가지 가능성에 집중하여 '한 점으로 수렴'하는 방향으로 나아가게 되는 것이다. 일반적으로 집단적 사고에서 유사성이나 패턴을 찾기 위해 이러한 과정을 거친다.

Part 3에서는 '다양하게 확장하고', '한 점으로 수렴하는' 연속적인 패턴을 각 단계에서 발견하게 될 것이다(그림2-1).

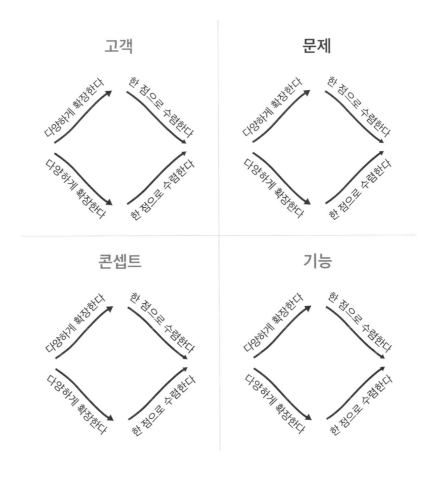

그림 2-1 가설 발전 프레임워크를 통해 우리는 '다양하게 확장(다양한 가정과 아이디어를 탐색한다)하고 한 곳으로 수렴(패턴을 식별하고 결정한다)'할 수 있다.

가설을 작성하고 검증하는 데 도움을 주기 위해 이 책에서는 가설 발전 프레임워크의 단계별 가설 템플릿을 제공한다(그림2-2). 해당 템플릿을 사용하여 시작할 수 있지만, 중요한 점은 가설의 구조가 아닌 각 단계에서 집중하는 세부적인 매개 변수임을 기억할 필요가 있다. 필요에 따라 가설 템플릿의 언어를 수정할 수도 있다. 그러나 매개 변수를 유지할 것을 강력히 권장한다.

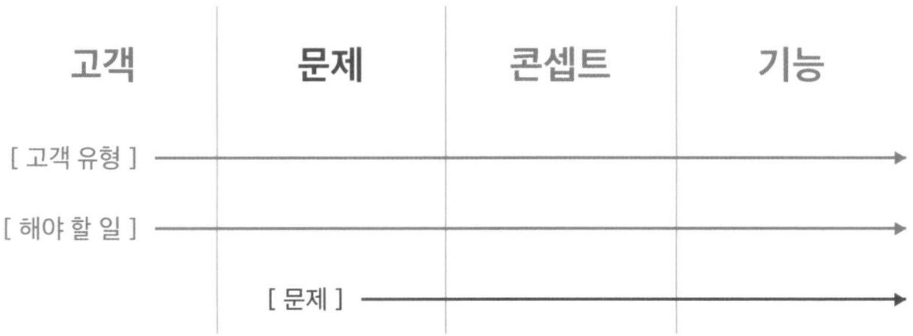

고객	문제	콘셉트	기능

[고객 유형] ──────────────────→

[해야 할 일] ──────────────────→

　　　　[문제] ──────────────→

그림 2-2 가설 발전 프레임워크의 '가설'

가설 발전 프레임워크를 어느 단계에서 먼저 시작할지는 개발 주기에 따라 결정할 수 있다. 일단 고객 단계의 가설 템플릿을 살펴보자.

> 우리는 [고객 유형]이 [해야 할 일]을 할 때 [동기]가 부여된다고 믿는다.

우리는 '우리는 …을 믿는다'라는 표현으로 가설 템플릿을 시작한다. 어떤 팀들은 믿는 것을 대담하게 표현하기 위한 정보가 충분하지 않아 어려움을 겪기도 한다. 예를 들어 10년 넘게 데스크톱 소프트웨어를 취급했던 팀이 갑자기 모바일 앱을 만드는 일을 맡으면 고객이 모바일을 원한다는 생각을 주장하기 어색할 수 있다.

가설 템플릿을 법적인 계약서처럼 생각하지 말자. 가설 템플릿은 내가 사용할 수 있는 정보를 어떻게 생각하는지 설명하는 단순한 문장이다. 기획의 초기 단계에서는 본능적인 직감이 작용할 수 있다. 그 자체로도 괜찮지만, 그 직감을 파악해서 적절히 입증할 수 있으면 더욱 좋다.

당신의 첫 번째 가설이 틀렸다고 입증될 확률이 높다. 시간이 지남에 따라 가설을 반복해서 써야 할 것이다. 가설 쓰기는 향상할 수 있는 기술이며, 더 많이 쓸수록 더 잘 쓰게 될 것이다.

가설 발전 프레임워크의 매개 변수

가설 템플릿에는 가설을 포함하여 단계별로 강조되는 매개 변수가 있다. 고객 가설의 경우에는 [고객 유형], [동기], [해야 할 일]이라는 3가지 매개 변수가 있다. 이런 매개 변수는 과정 전체에 작용하며 나머지 단계에서 정보를 얻는 데 도움을 준다. 이는 가설 발전 모델이 진행되는 과정이다.

고객 개발		제품 개발	
고객	**문제**	**콘셉트**	**기능**
우리는 [고객 유형]이 [해야 할 일]을 할 때 [동기] 부여가 된다고 믿는다.	우리는 [고객 유형]이 **[문제]**로 인해 [해야 할 일]에서 좌절한다고 믿는다.	우리는 [콘셉트]가 [문제]를 해결할 것이고 [고객 유형]이 [해야 할 일]을 하는 동안에 유용하다고 평가할 것을 믿는다. 우리는 [평가 기준]을 확인하면서 이 전제가 참임을 알게 될 것이다.	우리는 [고객 유형]이 [해야 할 일]을 하는 동안 [기능]을 사용하면서 [문제]를 해결하는 데 성공적일 것이라고 믿는다. 우리는 [평가 기준]을 확인하면서 성공적이었다는 것을 알게 될 것이다.

그림 2-3 가설 발전 프레임워크의 공유 매개 변수들

5장에서 8장까지는 단계마다 각 매개 변수를 다루었지만, 가설 발전 프레임워크를 통해 공유하는 매개 변수는 [고객 유형], [해야 할 일], [문제] 3가지이다(그림2-3). 이 매개 변수를 '공유 매개 변수'라고 부르는데, 가설 발전 프레임워크를 통해 공통의 스레드를 생성하기 때문이다. 공유 매개 변수를 좀 더 자세히 살펴보기로 하자.

고객 유형

고객을 계속해서 알아가는 것이 프레임워크를 성공시키기 위해 가장 중요하다. 모든 단계에서 타깃으로 하는 고객을 구체적으로 파악하는 데 관심을 가져야 한다. 고객 단계는 타깃으로 하는 고객을 정의하는 단계지만 혼란을 방지하기 위해선 타깃 고객 유형을 유지해야 한다. 예를 들면 우리가 교육용 앱을 만들려고 알아보고 있을 수 있다. 앱이 학생과 선생 모두에게 제공되고 있는데 학생들과만 소통하면 실수가 생길 것이다. 학생과 선생 간에 다른 기능이 있어야 하는데, 그것이 무엇인지 아는 일이 중요하다. 고객을 계속해서 확인하고 분류를 세분화하면서 누구를 타깃으로 하고 누구를 타깃에서 배제하는지를 팀 내에서 공유하고 있음을 확인해야 한다.

해야 할 일

해야 할 일의 매개 변수는 클레이튼 크리스텐슨Clayton Christensen의 할 일 이론Jobs theory을 바탕으로 한다. 그것은 고객이 목표에 도달하기 위해 사용하는 작업을 뜻한다. 크리스텐슨은 고객이 제품을 단순히 사용하기만 하는 게 아니라 자신의 과업을 완료하기 위해 제품을 '이용한다'고 말한다. 그러므로 할 일 이론에서 일이란 특정한 목적

을 이루기 위해 노력하는 과정이라는 것이다.[2]

예를 들면 고객이 드릴을 원하는 것이 아니라 0.25인치 구멍을 원하는 경우, 고객은 자신을 위해 목표를 달성할 공구를 '이용'하는 것이다. 고객이 선택한 드릴에 따라 공구는 일 처리를 잘하거나 형편없게 수행할 수 있다.

'할 일 이론'이라는 주제 하나만으로도 책 한 권을 쓸 수 있지만, 이미 시중에는 그런 책들이 매우 많다. 지금 알아야 할 것은 고객의 행동 동기를 탐색해서 직무를 분류하는 일이다.

고객이 거주하는 곳 근처의 서비스 업체를 찾는 데 도움을 주는 포털 웹 서비스를 작업하고 있다고 가정해 보자. 잔디 관리, 보육, 집 청소와 같은 서비스를 제공하는 것이다.

또한, 지역 업체에 웹 사이트를 찾는 고객 경험을 개선하는 데 관심이 있다고 가정해 보자. 고객에게 검색 기능을 어떻게 사용하는지, 클릭한 결과는 무엇이었는지, 웹 사이트에서 고급 검색 도구를 사용하는지 등 온갖 질문을 할 수도 있다. 고객의 동기가 '원하는 결과를 빨리 찾는 것'으로 결론지을 수도 있지만, 이런 관점은 너무 막연하고 고객에게 의미 있는 영향을 미치는 데 필요한 구체적인 정보가 부족하다.

고객이 빠른 검색 결과를 원하는 것은 사실이지만, 혁신적인 제품을 만드는 데 필요한 인사이트를 제공하는 것은 이러한 결과에 대한 근본적인 동기이다.

예를 들면 한 고객이 양질의 보육 서비스를 찾고 싶은 동기로 당신의 웹 사이트에 방문할 수 있다. 고객은 검색 기능을 '이용'해서 본인 지역의 서비스 업체 목록을 빠르게 얻을 수 있다. 하지만 고객의 목표를 달성하는 것까지는 도움을 주지 못한다. 고객이 서비스 업체의 만족 평가를 최고에서 최저까지 분류할 수 없기 때문이다. 사실상 고객은 어떤 업체가 최상의 육아 서비스를 제공하는지 쉽게 알아볼 방법이 없다.

이 사례에서 우리는 해야 할 일(웹 사이트 검색)과 동기(양질의 보육 서비스 찾기)를 분리해서 각 매개 변수에 작용하는 서비스의 성과를 추적할 수 있다. 이러한 분리 작업은 고객의 동기와 관련한 다양한 작업을 추적할 수 있게 한다. 고객은 서비스 업체를 찾으려고 검색해 보았을 수도 있지만, 회원 게시판에 추천할 업체를 물어보거나 업체 후기를 읽었을 수도 있다.

각 작업이 고객의 목표 달성에 어떤 도움을 주었는지 알아보자.

문제

제품을 만드는 일을 하고 있다면 문제를 해결하는 일을 하는 셈이다. 그러므로 해결하고자 하는 문제를 계속해서 추적하고 고객의 문제를 계속 검증하는 것은 중요하다. 그렇게 하면 기능에서 벗어나거나 범위가 무분별하게 확대되지 않고 제품을 올바른 방향으로 기획하는 데 도움이 될 것이다.

가설 발전 프레임워크를 효과적으로 사용하려면 당신과 당신의 팀이 가설을 잘 활용할 수 있도록 연습하는 것이 중요하다. 훌륭한 가설을 작성하는 일은 약간의 형식적인 기술이 필요하지만, 몇 번의 연습을 거듭하다 보면 가설을 매우 빨리 만들 수 있게 된다.

훌륭한 가설은 아래와 같은 특징을 갖는다.

- 검증할 수 있다.
- 실수의 위험을 낮춘다.
- 구체적이다.
- 사람과 그 사람의 행동을 분리한다.
- 본인이 아닌 고객의 한계에 초점을 맞춘다.
- 측정할 수 있다.

이런 원칙을 좀 더 자세히 검토해 보자.

훌륭한 가설은 검증할 수 있다

고객과 가설을 검증하기 시작할 때 내 가설이 반드시 옳게 나와야 '승리하는 것'이라는 오류에 빠지기 쉽다. 이는 가설을 적용하고 검증할 때 부적절한 마음가짐이다.

틀렸다고 입증된 가설도 검증된 가설과 똑같이 귀중한 가치를 지닌다.

제대로 읽지 않을 경우를 대비해, 한 번 더 반복하여 말하겠다.

틀렸다고 입증된 가설도 검증된 가설과 똑같이 귀중한 가치를 지닌다.

가설에 관한 결과에는 두 가지 긍정적인 결과가 있다. 기대했던 결과와 일치하는 결과를 얻으면 가설은 검증된 것이다. 결과가 예상하지 못한 것이라면 새로운 발견을 하게 된 것이다. 그렇기 때문에 두 결과 모두 똑같이 중요하다.

참으로 입증된 것과 마찬가지로 거짓으로 밝혀져도 그만큼 많은 것을 깨닫게 된다. 어느 경우라도 더 많은 것을 알게 된다.

가설 발전 프레임워크를 '어느 팀의 답이 옳은가'를 결정하는 점수 카드로 사용해서는 안 된다. 그렇게 하면 핵심을 놓치게 될 것이다.

가설 발전 프레임워크는 지속적인 학습과 탐색을 위해 사용해야 한다. 가설이 틀렸다고 판명될 때도 꼭 기록해야 한다. 그렇게 하면 다른 사람들이 문제를 답습하고 같은 실수를 되풀이하는 일을 예방할 수 있다. 가설이 타당하다고 밝혀졌을 때뿐만 아니라 유효하지 않은 새로운 사실을 발견했을 때도 축하하고 격려하는 분위기를 만들도록 하자.

훌륭한 가설은 위험을 낮춘다

가설이 옳다고 확인되거나 틀렸다고 입증되어도 사실이 되지는 않는다는 점에 주목하자. 가설은 위험을 낮추는 도구로 생각해야 한다. 가설이 참이라고 증명해주는 고객 20명과 이야기를 나누고 자신감이 붙더라도 가설은 사실이 아님을 기억하고, 제품 전략의 위험을 낮추기 위해 계속해서 검증을 이어나가야 한다. 당신이 알고 있는 것이 참으로 입증되거나 틀렸다고 증명되면 어느 편이 성공할 확률이 더 높은지에 대한 이해도가 향상될 것이다.

검증된 가설이라고 해서 100%로 보장된 것은 아니다. 무엇이 참인지 알아낼 가능성일 뿐이다. 그에 따라 우선순위를 정해야 한다. 대개 위험이 많은 결정일수록 그 결정을 뒷받침하는 가설을 검증하려 한다.

제품을 출시하기 전에 사실이라고 알고 있는 것에 가능한 높은 자신감을 가지려고 노력해야 한다. 그렇게 하면 기대치를 설정할 수 있고 제품은 효과적인 입지를 얻으며 그 결정을 뒷받침할 수 있게 된다.

훌륭한 가설은 구체적이다

팀으로 함께 일하며 처음으로 가설을 쓸 때 우리는 '큰 그물을 던지려고' 노력한다. 가설을 많은 사람에게 적용할수록 가설이 참이거나 거짓일 확률이 더 높아지게 된다는 믿음에서다. 하지만 가설이 구체적이지 않으면 답도 구체적이지 않게 된다.

앞의 예시로 돌아가 보자. 우리는 잔디 관리, 보육, 반려동물 돌봄 지역 서비스 업체를 찾을 때 도움을 주는 웹 사이트를 작업하고 있다.

고객이 웹 사이트를 사용하게 될 이유를 탐색한다고 가정해 보자. 그래서 다음과 같은 가설을 증명하기로 했다.

사람들은 서비스에 돈을 아끼고 싶어 한다.

이 가설은 옳다고 증명될 확률이 매우 높다. 서비스에 돈을 아끼고 싫어 하지 않을 사람이 있을까? 아이디어를 추구하는 정당화의 방법으로써 가설을 증명하면 근거가 흔들릴 수 있다. 이때 우리가 모두 입증한 것은 그저 사람들이 서비스에 돈을 아끼려고 한다는 것이지, 사람들이 서비스 업체를 찾으려고 웹 사이트를 사용하고 싶어 한다는 점이 아니다.

게다가 이런 유형의 광범위한 가설로는 고객과의 대화에서 충분한 정보를 얻을 수 없다. 고객의 동기를 구체적으로 파악하지 못하고, 고객의 반응을 유도할 수도 있으며 무엇보다도 도움이 되지 않는다.

고객 가설 템플릿을 다시 한번 살펴보고 가설을 더욱 구체적으로 제시하기 위해 템플릿이 어떻게 사용될 수 있는지 확인하자.

우리는 [고객 유형]이 [해야 할 일]을 하는 동안 [동기] 부여가 된다고 믿는다.

우리는 [12살 미만의 자녀가 있는 맞벌이 부모]가 [거주 지역에서 적당한 가격에 양질의 교육 서비스 업체를 찾으려고] [인터넷을 검색하려는 동기]가 있다고 믿는다.

이 가설이 부분적으로 유효하지 않음을 발견하게 된다면 어떻게 해야 할까? 워킹맘과 이야기를 나누다가 보육 니즈에 관해서는 온라인 검색을 믿지 않는다는 점을 발견하게 되는 상황을 상상해 보자. 대신 엄마들은 가족이나 친구들에게 추천받은 정보를 선호하는 경우가 많았다. 엄마들은 정보를 찾을 때 자신이 중요하게 생각하고 믿을 수 있는 사람들의 의견에 제한해서 검색하길 원했다.

하지만 우리는 아빠들과 대화하면서 아빠들은 개인적인 추천보다는 검색 결과가 선택을 좌우하는 가장 큰 가치가 있음을 발견했다. 아빠들은 친구나 가족 중에 그것을 아는 사람이 없어서 훌륭한 보육 서비스 업체를 '놓치는 것'을 더욱 염려했다.

이는 굉장히 중요한 발견이다. 우리는 가설을 반복해서 엄마와 아빠를 별도로 추적하고자 한다.

유효하지 않은 정보

우리는 12살 미만의 자녀가 있는 워킹맘이 거주 지역에서 적당한 가격에 양질의 보육 서비스 업체를 찾으려고 인터넷을 검색하려는 동기가 있다고 믿는다.

유효한 정보

우리는 12세 미만의 자녀가 있는 워킹대디가 거주 지역에서 적당한 가격에 양질의 보육 서비스 업체를 찾으려고 인터넷을 검색하려는 동기가 있다고 믿는다.

이러한 세분화는 보육 서비스 검색에 관해 엄마와 아빠가 웹 사이트를 다르게 사용할 것이라는 점을 계속해서 인식하도록 도움을 줄 것이다. 이것은 웹 사이트의 전체 전략에 영향을 주며 어떤 기능을 만들고 고객 세분화를 어떻게 할 것인지(또는 안 할 것인지)에 영향을 미칠 것이다.

구체적인 가설이 중요한 이유는 바로 이 때문이다. 이런 미세한 차이가 크게 다른 결과를 가져온다.

훌륭한 가설은 사람과
그 사람의 행동을 구별한다

누군가의 행위나 행동을 가지고 그 사람의 정체성을 만들기는 매우 쉽다. 하지만 이는 특정한 결론으로 이끌기 어렵게 하는 복잡한 가설로 이어질 수 있다. 또한, 더 중요한 근본적인 문제와 동기를 혼란스럽게 만들 수도 있다.

예를 들면 지역 서비스 업체를 고객과 연결하는 웹 사이트에 고객이 남아있을 수 있도록 장려하는 고객 유지 프로그램을 만들고자 한다고 가정하자. 우리는 계정을 만들어서 몇 주 동안 웹 사이트를 사용하지만 한 달이 넘도록 돌아오지 않는 고객들을 '환승족'이라고 부른다. 이 고객들이 돌아오지 않는 이유에 관해서 하나의 가설을 설정할 수 있다.

우리는 환승족이 더는 서비스 업체를 찾지 않게 되어서 우리
웹 사이트를 방문하지 않는다고 믿는다.

이는 웹 사이트를 방문하지 않게 만드는 타당한 이유로 보이지만, 환승하는 행동에만 초점을 맞추고 있으므로 가설로 세우기에는 부족하다. 고객은 어떤 사람이며 처음 우리 웹 사이트를 방문하게 된 동기가 무엇인지에 집중하지 않았기 때문이다.

이런 환승족은 연령대가 어떻게 되는가? 인터넷을 사용하는 스킬이나 전문성의 수준은 어느 정도인가? 그들은 어디에 살고 어디에서 일하는가? 처음에 웹 사이트를 방문하게 된 동기는 무엇인가? 자기 지역에 괜찮아 보이는 업체가 없었을까? 아니면 검색 도구가 너무

복잡해 보였을까?

우리가 고치고 싶은 행동(예: 느린 선택, 나쁜 후기, 유료 서비스 전환 거부)을 가설로 표현하고 싶은 마음을 참아야 한다. 우리가 마음대로 표현하면 부정적인 행동으로 고객의 정체성을 포장하게 되고 고객은 누구이며 고객의 진정한 동기가 되는 것은 무엇인지 이해하기 어려워진다.

우리의 전략이 과업 목표와 일치하지 않는 고객의 행동을 교정하는 데 집중하는 것이라면 우리는 스스로 고객과 거리를 두면서 '우리 vs 고객'이라는 전투적인 사고방식에 빠지게 될 것이다. 핵심은 우리와 그들의 목표를 일치시키는 것이다.

더 좋은 가설은 다음과 같다.

우리는 인터넷 지식이 제한적인 고객이 웹 사이트에서 서비스 업체를 찾기 어려워한다고 믿는데, 이들은 의미 있는 결과를 만들기 위한 키워드가 무엇인지 모르기 때문이다.

이런 가설은 고객의 유형과 고객이 겪는 고유한 문제의 핵심을 이해하고 있다(이는 환승의 결과로 이어지고 있다). 이 가설이 입증되면 우리는 고객에게 더 좋은 결과를 찾는 데 도움을 주는 키워드를 제안하거나 고객이 검색하지 않아도 자동으로 지역 서비스 업체를 제공하는 방법을 찾을 수 있다.

훌륭한 가설은 측정할 수 있다.

가설은 정확성을 객관적으로 검증할 수 있어야만 한다. 평가 기준이 없다면 가설이 참인지 거짓인지 어떻게 알 수 있겠는가?

우리의 목표가 웹 사이트의 유료 기능을 고객에게 알리는 것이라고 가정하자. 이는 유료 결제를 통해 사용할 수 있는 기능이다. 다음과 같은 가설을 세웠다고 해보자.

> 우리는 무료 계정을 사용하는 고객이 지역 서비스 업체를 찾을 때 후기 정보를 유료로 결제해야만 받을 수 있다는 점에 좌절한다고 믿는다.

이는 문제에 관한 가설로는 훌륭하지만, 고객의 후기와 행동이 가설을 참 또는 거짓으로 입증할 때 과연 도움을 줄 것인가?

가설을 평가하고 추적하는 데 도움을 주기 위해 이 책은 질적 데이터와 양적 데이터, 그리고 '소프트' 양적 데이터가 혼합된 결과를 바탕으로 한다. 이러한 고유한 차이를 자세히 살펴보도록 하자.

질적 데이터

효과적으로 고객을 추정하고 특징짓는 데 유용한 질적 데이터 qualitative data는 고객들의 공통적 정서를 완벽하게 포착하는 특징들을 담고 있고, 보통 고객의 말로 표현된다. 사진 한 장에는 천 단어 만큼의 가치가 있지만, 고객의 말 한 마디는 만 단어 만큼의 가치가 있다.

질적 데이터는 팀의 고객 공감력을 키울 수 있는 풍부하고 완성도 높은 이야기를 들려줄 수 있도록 도와준다. 감성적인 연결이 가능한 특징을 부각시킴으로써, 고객 이해의 깊이를 더하는 것이다.

유료 구독 모델과 관련하여 고객 개발에서 학습한 내용을 리더십 팀과 공유한다고 상상해 보자.

당신은 이렇게 말할 수 있다:

우리는 고객이 유료 구독을 가치 있게 평가하지 않는다는 점을 발견했다.

또는 고객 중 한 명의 말을 직접 인용할 수도 있다.

저는 유료 구독의 가치를 정말 모르겠어요. 제 말은, 여러분의 회사에서 요금을 많이 받고 있으니까 제가 여기서 보는 대부분의 것들, 즉 프리미엄 목록 같은 것들을 그냥 무료로 제공해야 한다고 생각해요. 경쟁자들을 보세요! 이 모든 것을 무료로 제공하고 있어요! 저는 이것에 대해 돈을 지불하지 않을 뿐만 아니라, 아마 다른 사람들에게 여러분의 웹사이트를 피하라고 말할 수도 있겠어요. 왜냐하면, 분명히 사람들에게 바가지를 씌우려 하는 것이니까요. 솔직히 말해서, 이런 모습을 보면 화가 납니다.

둘 중 리더십 팀이 즉각적으로 행동하게 만드는 말은 무엇이라고 생각하는가?

고객과 대화하기 시작하면 단순하게 체크 항목에 표시하거나 총합계를 낼 것이 아니라 적극적으로 고객의 목소리를 듣고 고유한 관점을 포착하는 것이 중요하다. 고객의 후기는 데이터를 풍요롭게 만들고, 가설이 입증되었다는 확신을 높이는 데 도움이 된다.

양적 데이터

제품을 기획할 때, 고객의 사용 의향을 결정하는 만족도 평가 혹은 만족도 점수와 같이 보다 전통적인 양적 데이터quantitative data 에 의존하는 경향이 있다. 이러한 수치는 탐색을 통해 쉽게 모니터링되고 측정될 수 있다. 우리가 이 책에서 사용하는 측정치를 당신의 KPI(주요 성과 지표), 목표 또는 비즈니스 지표로 보완할 수 있다. 예를 들면 고객을 대상으로 개별적인 유료 구독 서비스를 어떻게 평가하는지 묻는 설문조사를 진행할 수 있다.

'소프트' 양적 데이터

'소프트' 양적 데이터는 통계적 유의성을 갖고 있지 않는 데이터를 의미한다. 이 유형의 데이터는 무거운 수식이나 통계적 엄격함 없이도 신호를 추적할 수 있도록 돕는 수치다. 특히 디자인 이터레이션design iteration(반복적 디자인)의 효과나 고객이 감정을 표현하는 횟수를 측정하고자 할 때 유용하다. 예를 들어, 고객이 특정 기능을 무료로 제공해야 한다고 표현한 횟수를 세어보기로 했다고 가정하자. 10명의 웹 사이트 고객과 이야기했을 때, 그중 8명이 유료 콘텐츠가 무료여야 한다고 언급한다면 해당 신호는 더 알아볼 가치가 충분한 것으로 봐야 한다.

가설에 대한 측정 가능한 기준을 확인하는 일은 복잡하지 않다. 가설 검증 전에 가정이 유효한가를 확인하기 위해 고객의 목소리가 담긴 신호를 반드시 고려해야 한다. 이러한 유형의 신호를 식별하는 최적의 방법 중 하나는 논의 가이드를 작성하는 것이다.

논의 가이드 만들기

논의 가이드는 고객에게 가설을 검증하기 위해 질문할 유형을 공식화하는 데 도움을 준다. 우리가 어떤 질문을 하는지, 더 중요하게는 어떻게 질문하는지는 가설을 검증하는 데 중요한 요소다.

고객과 대화하기 전에 확고한 전략을 세우는 것은 당신의 팀이 유의미한 결과를 얻도록 보장하는 좋은 방법이다. 이때 논의 가이드를 사용해 팀들이 대답하고 싶은 질문을 공유하고 이해하도록 돕는다. 먼저 가이드를 구축하면, 팀들이 동일한 방식으로 동일한 질문을 하도록 보장하여 모든 결과를 보다 효율적으로 비교할 수 있게 된다.

고객이 서비스 업체를 찾는 데 도움을 주는 웹 사이트의 사례를 다시 살펴보자. 고객이 우리 검색 엔진에서 부정적인 경험을 했는지에 관해 이야기하는 상황을 가정해 보자.

"우리 검색 엔진이 싫었던 점은 무엇인가요?"하고 물으면, 이는 고객이 무언가를 싫어한다는 것을 의미한다. 이러한 질문을 통해, 고객은 전반적인 경험이 좋았다고 여기더라도, 맘에 들지 않는 점을 찾아야만 한다고 느낄 수 있다. 사실상 검색 엔진 경험에 무언가 결함이 있다는 결론으로 고객의 의견을 유도하고 있는 셈이다. 이런 유형의 질문은 편향을 확증시킬 뿐이다. 고객이 질문에 적절하게 답변하려면 뭐라도 말해야 할 것 같은 의무감이 생길 수 있기 때문이다. 고객의 답을 유도하지 않으면서 논의 가이드에 포함시킬 수 있는 질문 예시를 몇 가지 소개하겠다.

- 저희 웹 사이트에서 서비스 업체를 마지막으로 찾아본 적이 언제인가요? 그 경험은 어땠나요?
- 알맞은 서비스 업체를 발견한 횟수는 몇 번인가요? 맞게 찾았는지 어떻게 알 수 있었나요?
- 저희 웹 사이트 검색을 어느 정도 신뢰하시나요? 최선의 검색 결과를 찾을 수 있다고 생각하시나요? 그렇게 생각하시는 이유는 무엇인가요?
- 저희 웹 사이트를 통해 서비스 업체를 검색하면서, 불편함을 느끼신 적이 있나요? 있다면, 이유가 무엇인가요?
- 검색 경험을 개선할 수 있다면 무엇을 바꾸고 싶으신가요?

이러한 질문들은 고객이 아무런 제약 없이 자유롭게 응답할 수 있도록 하며, 단순한 예/아니오 방식의 응답을 유도하지 않는다. 논의 가이드는 고객과의 원활한 대화를 위한 것이다. 우리는 고객에게 자유롭게 알아갈 여지를 주고, 고객이 직접 부족한 부분을 그들의 경험과 관점으로 채워주기를 원한다. 그러므로 고객이 자연스럽게 자신에게 중요한 점을 이야기하도록 질문을 구성해야 한다.

아이디어 구상하기

지금까지 가정을 검증 가능한 가설과 논의 가이드로 공식화하는 개념을 강조해 왔지만, 제품 아이디어를 공식화하는 방법 역시 필요하다. 고객 개발에서 제품 개발로 나아갈 때 고객의 문제에 효과적으로 대응하는 방법에 대한 아이디어를 생성할 수 있는 방법이 필요한 것이다. 이 단계에서는 아이디어를 공식화하는 데 도움이 되는 '어떻게 하면 좋을까?'와 같은 활동과 스케치, 스토리보드 등의 활동을 활용한다.

핵심 정리

- 가정의 객관성을 유지하는 최적의 방법은 고객의 피드백을 통해 타당화할 수 있는 가설로 만드는 것이다.
- 가설 발전 프레임워크의 각 단계는 가정을 가설로 공식화하는 데 도움을 주는 가설 템플릿을 포함한다. 각각의 템플릿은 매개 변수로 구성되어 있다. 일부는 프레임워크를 통해 공유되는 반면, 다른 일부는 특정 단계에 고유하게 속한다.
- [해야 할 일] 매개 변수는 프레임워크 전반에서 공통적이며, 클레이튼 크리스텐슨Clayton Christensen의 할 일 이론Job Theory에서 아이디어를 얻었다. 해당 이론은 고객이 일을 완수하려고 제품을 '이용'하는 것을 의미한다.
- 거짓으로 증명된 가설도 참으로 입증된 가설만큼 유의미하다. 거짓으로 입증된 가설은 비싼 실수를 사전에 방지하고 잘못된 방향으로 향하지 않게 한다.
- 가설은 구체적이어야 한다. 너무 광범위한 가설은 실행 가능한 정보나 인사이트를 제공할 수 없다. 고객의 유형이나 동기, 과업, 좌절 같은 특성을 포함한 정보는 우리가 충분히 알

고 결정할 수 있도록 구체적인 정보를 제공한다.

- 당신이 관찰하고자 하는 고객의 행동과 고객을 구별하는 일은 중요하다.

- 가설에는 효과적으로 검증될 수 있도록 측정 가능한 평가 기준이 필요하다.

- 훌륭한 가설은 고객의 한계에 집중하며 나 자신의 한계에 관심을 두지 않는다. 여러분의 기술적, 정치적 한계를 고객의 경험에 투사하지 않는 것이 중요하다. 예를 들면 "고객이 실망하는 이유는 우리의 검색 알고리즘이 위치 정보를 지원하지 않기 때문이에요."라고 하지 말고 "고객은 위치를 사용해서 특정 검색 결과를 찾을 수 없을 때 실망해요."라고 하는 것이 좋다.

CHAPTER 3.
실험

2장에서는 가정을 확인하고 타당화될 수 있는 가설로 공식화하는 방법에 관해 이야기했다. 일단 가설을 세우고 나면, 당신은 고객과 함께 가설을 테스트할 방법을 찾게 될 것이다.

고객 중심 전략의 핵심 요소는 고객과의 대화를 계속 유지하는 것이다. 인터뷰는 풍부한 고객 데이터를 수집할 수 있으면서 비교적 비용이 적게 드는 방법이다. 데이터의 원천으로부터 직접 이야기를 듣는 것이기 때문이다.

인터뷰를 하는 최선의 실무는 고객 인터뷰는 물론 고객 방문, 포커스 그룹, 콘셉트 가치 테스트, 사용성 테스트 진행 여부를 결정할 때 사용될 수 있다. 이에 따라 3장의 전반적 내용은 실험적 방법으로 인터뷰를 탐색하는 데 중점을 둔다.

또한, 데이터 수집을 위한 추가적인 방법들과 각각의 장단점을 알아보고, 고객을 찾는 방법과 고객과 유의미한 대화를 나누는 방법에 관해서도 논할 것이다.

성공적인 고객 인터뷰 수행하기

  인터뷰를 성공적으로 수행하기 위한 핵심 조건은 바로 준비를 잘하는 것이다. 인터뷰를 수행할 때, 본론으로 바로 들어가서 고객에게 질문을 시작하고 싶은 마음이 앞설 수 있다. 그러나 고객에게 보다 체계적으로 접근할 때, 인터뷰는 더욱 원활히 진행된다. 2장에서 우리는 가설을 수립하는 방법과 논의 가이드 작성 방법에 관해 구체적으로 논하였다. 이 책은 각각의 단계에서 참고가 될 논의 가이드를 제공하지만, 훌륭한 고객 인터뷰를 수행하는 데 도움이 되는 몇 가지다른 기법에 대해서도 알아보고자 한다.

스크리너를 만든다

  고객과 이야기하기 전에, 대화하고자 하는 고객 유형을 팀이 직접 결정하게 하는 것이 좋다. '누가 되었건 대화하는 게 중요하지 않은가?'라고 반문하고 싶을지도 모르겠다. 그러나 이러한 생각은 결코 건설적인 인터뷰의 기초가 되지 못한다. 고객 세분화가 이루어지지 않으면, 분야가 한없이 넓어지기 때문에 인터뷰 진행을 위한 간결한 질문을 준비하는 것이 어렵다.

  스크리너screener는 대화하고자 하는 고객이 리서치에 적합한 대상인지 확인하기 위해, 인터뷰가 진행되기 이전에 물을 수 있는 특정질문 모음이다.

  근처 서비스 업체를 고객과 연결해 주는 웹 사이트 사례를 다시 살펴보자. 연결된 고객과 지역 서비스 업체 사이에 관계가 원만하게 돌아가고 있는지 확인하는 데 관심이 있다고 가정한다. 최대한 적합한 대상자와 대화할 수 있도록 다음과 같은 일련의 스크리너를 만들어 두어야 한다.

- 지난 6개월간 우리의 웹 포털서비스를 얼마나 자주 사용했습니까?
- 지난 6개월간 서비스 업체를 얼마나 자주 검색했습니까?
- 지난 6개월간 서비스를 문의하려고 서비스 업체에 연락해 본 적이 있습니까?
- 지난 6개월간 상담을 위해 서비스 업체와 일정을 잡은 적이 있습니까?
- 우리 웹 사이트를 통해 서비스 업체로부터 최근 서비스를 받고 있습니까?

위와 같은 질문에 대한 고객의 응답이 '매우 자주 그렇다'이거나 '예'라면 고객과 서비스 업체 사이에 주요한 인사이트를 줄 수 있는 웹 포털 서비스 경험이 충분한 고객일 확률이 높다.

이처럼 스크리너를 만드는 일은 찾고자 하는 대상을 결정하는 데 있어서 중요한 활동이다. 여러 개의 스크리닝 문항을 작성하고 고객 세분화에 따라 팀원들끼리 각자 다른 스크리너를 활용할 수도 있다. 이렇게 하면 더 많은 범위를 다룰 수 있게 될 뿐 아니라, 누가 누구를 인터뷰할지에 대해 팀을 구성할 수 있게 된다.

반응할 시간을 준다

고객과 이야기를 나누다가 침묵이 생기면 그 침묵을 깨고 싶은 마음이 들 수 있다. 그러나 명심하자. 인터뷰 진행자는 '어색한 침묵'에

익숙해져야 한다. 고객에게 생각할 시간을 충분히 주는 것이다.

당신이 자세히 살피고 싶은 주제에 관해 고객이 흥미로운 이야기를 하면, 이를 메모한 후 고객의 생각이 정리될 때까지 기다렸다가 후속 질문을 던진다.

우리는 정형화되지 않은 고객의 반응을 원한다. 이때, 인내심을 유지하고 고객의 대답을 재촉하지 않으면서 대화를 계속 이어나가는 것이 중요하다.

긍정적인 상태를 유지한다

인터뷰하는 동안 당신은 고객에게 긍정적인 태도를 보여야 한다. 계속해서 격려하거나 공감하는 피드백을 주고, 설령 그가 부정적인 답변을 하더라도 당신의 기분이 상하지 않을 것이라고 말하며 안심시킨다. 고객은 자기의 답변이 충분하지 않다고 생각할 수 있다. 당신이 듣고 싶은 이야기를 자기가 말하고 있지 않다고 느끼는 것이다. 심지어 혹독한 비판을 해도 좋으니 모든 피드백이 중요하다고 계속해서 말해줌으로써 고객에게 확신을 주어야 한다.

역할을 정한다

인터뷰는 한 사람이 진행할 수도 있지만, 되도록 다양한 팀 구성원이 참여하기를 강력히 추천한다. 여러 사람이 고객의 이야기를 듣는 것은 여러 관점을 모을 수 있어 유익하다. 또한 인터뷰를 활성화하기 위해 그들의 도움을 이용할 수도 있다. 하지만 고객과 화상 전화로 대화하게 될 수도 있고, 현장에서는 고객이 회의실 안에 있는 사람의 수에 압도될 수 있다. 청문회 같은 분위기가 아니라 개인적인 대화를 나누는 자리처럼 인터뷰가 진행되어야 한다.

고객 인터뷰에 여러 명이 참여하는 경우, 모두가 자기 책임을 인식할 수 있도록 역할을 부여하는 것이 좋다. 인터뷰를 진행하는 동안 도움을 줄 수 있는 공통의 역할 중 몇 가지를 소개하고자 한다.

진행자

우선 인터뷰 진행자를 정해야 한다. 이는 고객이 인터뷰 중에 여러 사람을 거치지 않도록 하기 위함이다. 다른 사람이 질문을 원한다면, 진행자가 대화가 시작되기 전에 문항을 문자 메시지로 보내둔다. 진행자와 같은 공간에 있다면, 질문을 화이트보드나 메모지에 적어서 건넬 수 있다(메모지는 많을수록 좋다!). 인터뷰를 마무리할 때 시간이 남는다면, 다른 팀원에게도 기회를 주어 후속 질문을 할 수 있도록 한다.

타임키퍼와 코디네이터

팀원 중 한 명을 타임키퍼timekeeper(시간 관리자)로 지정한다. 타임키퍼는 진행자 옆자리에 앉아, 진행자가 일정에 맞게 인터뷰를 진행할 수 있도록 돕는 역할을 한다. 한편, 원격 인터뷰 진행을 계획하고 있다면 스카이프, 행아웃, 줌 등 통신 플랫폼을 관리하는 코디네이터coordinator가 필요하다. 시간 체크와 장비 관리는 사소한 일처럼 보이지만, 진행자와 고객이 최적의 대화를 나눌 수 있도록 돕는 중요한 역할이다. 그러나, 계속해서 시간을 확인하고 장비를 조작하면 주의를 산만하게 하여 대화의 흐름을 방해할 수 있으니 주의하자.

기록자

진행자는 인터뷰 대본에 집중하고, 자연스러운 대화를 이어가야 한다. 그렇기 때문에, 진행자를 제외한 모든 사람이 인터뷰 내용을 메모하기를 권장하지만 기록자 역할을 하는 사람이 적어도 한 명은 지정되어야 한다. 기록자는 자신이 보고 듣는 모든 것을 기록해야 할 책임이 있다. 해석은 나중에 하더라도, 고객과 인터뷰를 진행하며 발생한 모든 것을 기록으로 남겨둬야 하는 것이다.

보고한다

인터뷰 후, 20분에서 30분 정도 팀별 브리핑 시간을 가진다. 인터뷰 내용을 아직 생생하게 기억하고 있을 때, 각 팀원들이 인터뷰를 통해 깨달은 것을 공유하는 것이다. 이때도 기록자는 모든 사람의 이야기를 기록한다.

팀별로 브리핑을 할 때 고려하면 좋은 몇 가지 질문을 소개하겠다.

- 제일 눈에 띄었던 점은 무엇인가요? 가장 놀라웠던 점은요?
- 고객에게 동기를 부여하는 것이 무엇이라고 생각하나요? 고객이 무엇을 달성하려고 노력하나요?
- 고객이 목표를 달성하는 데 방해가 되는 것은 무엇인가요?
- 고객이 어떤 문제나 불만을 표현했나요? 그것들은 무엇인가요?
- 이 고객과 다른 고객의 유사점이나 차이점은 무엇인가요?

가설을 타당화하려면 몇 명의 고객이 필요할까?

가설을 뒷받침하기 위해 인터뷰를 진행하거나, 데이터를 찾고 있을 때 스스로 이런 질문을 할 수 있다. "가지고 있는 데이터가 충분한지 언제 알 수 있을까요?" 다른 어려운 질문과 마찬가지로, 대답하기 쉽지 않을 수 있다. 상황에 따라 다르기 때문이다. 앞서 논의한 바와 같이 가설 발전 프레임워크와 고객 중심 케이던스는 리스크를 줄이기 위한 활동이다. 따라서 프로젝트별로 어느 정도의 리스크를 감수할 의향이 있는지 판단해야 한다.

부가적인 기능 업그레이드의 경우, 소수 고객과의 대화만으로 결정할 수도 있다. 그러나 제품을 완전히 다른 방향으로 전환할 것을 결정하려면 최대한 많은 고객의 의견을 수렴하고 있는지 확인하는 작업이 필요하다.

이때 고객과 충분한 이야기를 나눈 후, 고객층을 세분화하는 작업이 필요하다. 가설 발전 프레임워크의 매개 변수는 고객을 세분화하는 데 도움을 준다. 고객 유형, 동기, 문제를 근거로 고객을 세분화할 수도 있지만 집단, 직업 능력 등 여러 가지를 종합하여 세분화할 수도 있다. 일단 고객을 세분화하고나면, 데이터 포인트의 출처를 정확하게 추적할 수 있으며, 그룹의 대표성이 과대평가 혹은 과소평가되지 않았는지를 확인하는 일이 용이해진다.

신디 앨버레즈Cindy Alvarez는 같은 내용을 계속 반복하여 듣게 되면, 충분히 인터뷰를 진행한 것이라고 설명한다.[1]

사람들이 하는 말을 들으면서 놀라운 점이 더 이상 없으면 충분하게 인터뷰를 했다는 최선의 지표가 된다. 우리는 이때 고객의 공통적인 문제와 동기, 좌절, 이해관계자에 관한 인사이트를 충분히 얻었다는 자신감을 갖게 된다.

처음에는 고객에게 들은 내용에 팀원들이 동의하지 않을 수도 있다. 정상적이고 어찌 보면 예견된 일이다. 핵심은 상호 존중과 이해를 공유하는 환경을 조성하는 것이다.

훌륭한 고객 개발과 제품 개발 전략은 여러 가지 데이터 수집 방법을 활용해야 한다. 고객 인터뷰를 전략에 항상 포함하도록 권장하면서 동시에 데이터 수집에 자신만의 방법을 혼합하길 바란다. 예를 들면 인터뷰를 설문조사로 보충하는 것은 양적 피드백과 질적 피드백을 병행해서 고객 이해를 완성하는 훌륭한 방법 중 하나라고 할 수 있다.

지금까지 가설을 타당화하기 위해 인터뷰를 사용하는 방법에 대해 알아보았다. 이 밖에 고객 데이터를 수집할 수 있는 다른 방안도 살펴보자.

설문조사

장점

큰 표본 크기
설문조사는 쉽게 작성되고 배포됨으로써, 보다 많은 응답자에게 접근할 수 있다.

쉬운 진행

설문조사는 질문에 대한 고객의 응답을 수집하는 데 제한이 없는 형태다. 응답자가 직접 설문 조사를 완성하도록 할 수 있다. 이 방식은 리서치를 시행할 때 경비가 거의 발생하지 않으며 질문을 전달하는 방식에서 일관성을 보장한다.

설문조사는 여러 가지 목적으로 사용되지만, 다음과 같은 경우에 특히 효과적이다.

고객의 표본 그룹을 형성하고자 할 때

고객에게 접근해서 고객 유형에 적합한지 확인하고자 한다면, 설문조사는 연락의 시발점이 되는 훌륭한 수단이다.

가설을 일반화하고자 할 때

인터뷰 중 가설이 검증되었다고 여겨질 때, 광범위한 고객을 대상으로 설문조사를 실시하여 보다 넓은 고객층에 일반적으로 적용되는지 확인할 수 있다.

인터뷰를 원활하게 진행하고자 할 때

여러분은 언제나 설문조사를 고객 인터뷰의 안전장치로 활용할 수 있다. 설문조사를 완료하는 동안 고객과 대화할 수 있는 것의 장점은 그들이 답변에 대한 "이유"를 함께 제공한다는 점이다.

쉬운 분석

설문조사 도구는 데이터를 분석하고 보고할 수 있는 여러 가지 유용한 방법을 제공한다. 오늘날 설문조사는 대체로 전자매체를 통해 진행되기 때문에, 고객이 답변을 완료함에 따라 실시간 분석이 이루어지는 것이 일반적이다.

단점

질문을 작성하기 어려움

원하는 반응을 이끌어 내고 응답자가 정확하게 해석할 수 있는 설문 문항을 만드는 일은 어려울 수 있다. 설문조사 데이터는 질문의 종류와 질문하는 방식에 크게 영향을 받을 수 있다. 설문조사의 경우, 질문의 '의도'를 이해하는 응답자의 능력에 크게 의존한다.

처음 팀 작업을 시작할 때, 팀원들은 보통 설문조사로 고객과의 초기 대화를 시작하고 싶어 한다. 고객에 관해 잘 모르기 때문에 전화로 대화하기 전에 최대한 많은 고객 정보를 모으려는 것이다. 직관적으로 옳은 방법 같지만, 설문 문항을 적기 시작하면 어떻게 질문을 해야 할지 난감하다는 사실을 금방 알아차리게 된다.

그렇기 때문에, 더 좋은 접근 방법은 최대한 빨리 고객과 대화를 시작하는 것이다. 여전히 질문하기에 완벽한 질문을 알지 못할 수도 있지만, 고객이 내용을 이해하는 동안, 질문을 빠르게 수정할 수 있는 기회가 주어진다.

응답보다 질문이 더 많음

설문조사를 통해 당신은 방대한 응답을 빠르게 읽을 수 있다. 그러나 설문조사는 응답자의 응답을 쉽게 제공하는 대신, 왜 그렇게 말했는지는 알려주지 못한다. 그렇기 때문에, 팀에서 설문조사를 활용할 때는 아무래도 후속 질문을 하게 되는 경우가 많다. 설문조사가 살피고자 하는 그룹의 전반적인 분위기를 파악하는 도구로 사용되어야 하는 이유다. 일련의 인터뷰와 함께 수반되는 설문조사는 응답에 숨겨진 의미를 파악하는 데 도움을 준다. "설문조사에 응답해주신 내용과 관련해서 저희의 연락에 응해주실 의향이 있으십니까?"라는 질문과 함께 응답자의 연락처를 남기도록 요청하면서 설문조사를 마무리하는 것도 좋다.

분석

분석은 앱에서 고객이 버튼을 클릭한 횟수, 고객 서비스 센터에 고객이 전화한 횟수 등 어느 것에라도 적용할 수 있다.

장점

실제 고객의 큰 표본 크기

분석은 고객층에 최대한 폭넓은 접근을 제공한다. 고객 행동을 추적함으로써, 고객이 제품을 어떻게 사용하는지에 관한 인사이트를 얻을 수 있다. 고객에게 장벽이나 마찰이 거의 없다.

A/B 테스팅*

분석을 사용하여 제품 내 실험 설정도 가능하다. 다양한 구성과 경험을 시도하고, 그것들이 과연 우리가 찾고자 하는 행동으로 귀결되는지 측정할 수 있다. 이것은 제품을 사용하는 실제 고객에게 당신의 아이디어의 타당성을 저비용으로 테스트하는 방법이 될 수 있다.

---

* 2개 이상의 버전을 만들어 비교함으로써, 어떤 버전이 더 효과적인지 파악하는 실험의 형태

단점

고객 의도와 사용의 상관관계를 확인하기 어려움

분석을 통해 무슨 일이 일어나고 있는지 알 수는 있지만, 왜 그런 일이 일어나고 있는지에 대해서는 결코 답하지 못한다. 분석 정보를 활용해서 고객의 동기를 추론한다면, 고객을 이해하는 수준에 많은 차이가 생길 수 있다.

고객이 지역 서비스 업체를 찾는 이야기로 돌아가 보자. 우리는 '30일 무료 구독'이라는 새로운 배너를 추가했다. 분석에 따르면 소수의 고객만이 배너를 선택하고 있었다. 새로운 배너의 위치나 가시성이 좋지 않아 클릭 수가 감소했을 것으로 생각할 수 있다. 페이지에서 눈에 더 잘 띄게 배너를 두어 가시성을 높이는 것은 좋은 생각처럼 보인다.

하지만 고객과 대화해보니, 그들이 배너를 클릭하지 않는 실제 이유는 따로 있었다. 고객이 우리 사이트에 방문하는 주된 동기는 그들 지역의 서비스 제공자를 찾는 것이었다. 그렇기 때문에 그들은 유료 구독 기능을 사용할 생각을 전혀 하지 않고 있었다. 고객들은 제품을 먼저 시도해 본 후, 단계적으로 사용하면서 유료 기능을 접하길 원한다고 말했다.

분석은 가정이나 가설을 설정하는 안내에 도움을 주는 저비용 방법인 데 비해, 인터뷰나 포커스 그룹은 대부분 데이터를 설명하고 폭넓은 의미를 찾는 데 도움을 준다. 이러한 이유에서 분석은 고객과

제품 개발에 관한 다른 리서치 결과와 교차 삼각검증*cross-triangulate
이 꼭 이루어져야 한다.

포커스 그룹

장점

흥미로운 고객 상호작용

참여자끼리 의사소통하며 서로의 의견을 공유하는 것은 굉장히
멋진 일이 아닐 수 없다. 한 고객의 코멘트가 새로운 아이디어나 다
른 고객의 아이디어로 이어지기도 한다. 고객 한 명의 실패를 듣고
나서는 다른 고객과 공유할 수 없었던 유사 경험을 공유할 용기가 생
길 수 있다. 이런 유형의 상호작용은 더욱 활기 넘치고 많은 사람이
참여하는 피드백 세션으로 이어진다.

전문적인 팀이 프로젝트를 협력하는 방식이나 반 친구들이 서로
숙제를 도와주는 방법과 같이 그룹 역학을 배우는 데 관심이 있다면,
포커스 그룹이 도움을 줄 수 있다.

같은 시간 동안 더 많은 인터뷰하기

시간이 부족해서 한 사람씩 개인적으로 인터뷰를 진행할 수 없을
때, 여러 사람을 동시에 인터뷰하면 시간을 절약할 수 있다.

---

* 리서치 결과의 타당성과 신뢰도를 높이기 위해 다양한 데이터와 방법으로 리서치 결과를 검증하는
　방법

단점

그룹 관리의 어려움

　사람들에게 피드백을 요청하면서 그룹을 관리하는 일은 상당히 어렵다. 예를 들어, 리서치에 관련 없는 코멘트 하나로 시간을 소모하고 집중이 분산되어 그룹에 대한 통제가 흐트러질 수 있다. 숙련된 진행자는 포커스 그룹을 부드럽게 유도하여 대화가 바르게 진행되도록 해야 한다.

집단 사고의 영향

　고객 포커스 그룹에서는 대화에 참여하고 대안적인 아이디어를 공유하는 분위기에서 서로 피드백을 제공한다. 이때 당신은 집단 사고groupthink의 효과, 즉 구성원들이 대안적인 행동 방침을 평가하기보다는, 의견 일치를 위해 팀원들이 단결하려는 분위기를 경계할 수 있어야 한다.[2]

　포커스 그룹에서 고객은 개인적인 생각을 표현하지 않고 오히려 결속력이 있는 집단이 되어 답변하기도 한다. 다른 구성원의 생각이나 의견을 비판하는 것과 같이, 그룹에 방해될 수 있는 어떤 말이나 행동을 주저하는 모습인 것이다.[3]

　숙련된 진행자라면 다음과 같은 신호를 통해 집단사고가 일어나고 있다고 파악할 수 있다.

강한 성격

　목소리가 크고 강한 사람이 포커스 그룹 전체를 설득하기 시작한다.

결속력

포커스 그룹은 갈등을 회피하고 사고가 통일된 것처럼 단합할 수 있다.

다양한 전문성과 능력

사람마다 본인이 가진 전문적인 경험과 스킬을 포커스 그룹으로 가져온다. 경험이 미숙한 고객은 자기 목소리를 내는 데 쑥스러울 수 있다. 열등하게 느껴지거나 잘 모르는 소리를 하기가 두렵기 때문이다.

진행자는 모두에게 말할 기회가 있는지를 확인하고 의견 합의를 끊임없이 점검하며(예: "다른 의견 있으신 분 계신가요?"라고 묻기) 질문을 수정하여 경험 수준과 상관없이 모든 사람이 대화에 참여하도록 독려해야 한다.

실행의 어려움

타깃에 따라 참여자들이 동시에 같은 일정을 잡는 일은 어려울 수 있다. 온라인 화상회의 솔루션을 사용하여 원격으로 포커스 그룹을 수행하면 그룹을 모으는 데 필요한 시간을 줄일 수 있다.

고객 방문

장점

고유한 시각

고객이 자기 환경을 설명해 주는 것도 물론 좋지만, 직접 보는 것과는 완전히 다른 문제다. 고객 방문은 우리가 경험할 수 있는 고객 이해의 가장 정확하고 깊은 수준에 이르도록 한다. 고객을 방문하면 그들의 세계에 직접 몰입해서 고객이 부딪히는 문제의 느낌을 보다 명확하게 이해할 수 있게 된다. 이는 공감을 향상하는 데 있어서 아주 탁월한 방법으로, 팀원들은 더 이상 고객 경험을 머릿속으로 상상하지 않아도 된다. 직접 눈으로 볼 수 있는 것이다.

외부 요인 관찰

우리는 가끔 고객이 말하는 문제 해결에 정신이 팔려 고객이 전혀 인식하지 못하는 외부적인 요인을 망각한다. '통제되지 않은' 환경에서 제품을 관찰할 수 있으면 지금까지 고려하지 못했던 새로운 인사이트를 얻을 수 있다. 예를 들어 시끄러운 사무실 환경에서 스마트워치를 사용하는 고객은 스마트워치의 스피커에서 오디오를 듣기 어렵다는 것을 이야기하지 않는다. 제품 문제가 아니라 고객 본인의 문제로 인식하기 때문이다. 그래서 당신이 고객의 사무실에 방문하면, 그들이 책상을 떠나 조용한 공간에서 스마트워치를 사용한다는 것을 알게 될 것이다. 고객이 이러한 문제점을 왜 말할 생각을 못 하는지 의아해할 수 있지만, 고객에게는 의미 있는 구체적인 정보가 아니라 일상의 한 부분이다. 이러한 발견은 제품 전략에서 획기적인 전환으로 이어질 수 있다.

단점

비용

　고객층이 어디에 있느냐에 따라 준비 비용이 많이 들기도 한다. 고객의 환경에서 비디오 촬영이 가능하다면, 카메라 장비를 갖추고 팀원을 소규모로 파견해 비용을 절감할 수 있다. 우리는 고프로^{GoPro} 같은 광각렌즈 카메라를 사용해서 비용 절감에 성공한 적이 있다. 카메라의 크기는 작지만, 카메라의 광각렌즈는 녹화하는 물리적인 공간을 세심하게 포착하는 능력을 갖추고 있다.

접근 권한 얻기의 어려움

　고객의 과업이 얼마나 민감한지에 따라 당신의 팀이 현장에 있을 수 있도록 허락을 얻기가 어려울 수 있다. 또한, 고객의 시간에 접근할 권한을 얻기 어려울 수도 있다. 이상적으로는 고객이 제일 바쁜 시간에 제품을 최대한 활용할 확률이 높으므로 이 시간에 고객을 만나는 게 좋다. 하지만 가장 바쁜 시간에는 고객이 방해받기 싫어할 것이다. 고객은 대신 한가한 시간대에 방문하기를 선호할 텐데, 이는 우리가 방문하는 이유와 반대된다.

사용성 테스트

장점

정확성

　어떻게 디자인하느냐에 따라 리서치에서 변수를 통제할 수 있다.

사용성 테스트를 하면 고객이 작동할 수 있는 '완벽한 상태'를 설정할 수 있다. 이를 통해 변수를 분리하고 관심 있는 문제에 집중하는 데 도움을 준다.

직접성

고객이 제품을 사용해서 작업을 수행하는 모습을 관찰하는 일은 제품의 성공을 테스트하는 데 가장 직접적인 방법의 하나다. 가능하다면 여기에 프로덕트 매니저도 함께하면 좋다. 어려움을 겪고 포기하는 고객의 모습을 보는 것은 문제를 해결하고 말겠다는 강력한 동기부여가 된다. 사용성 테스트는 팀이 고객의 디자인 의사결정을 직접 확인함으로써 고객의 공감을 빠르게 이끌어내는 훌륭한 방법이다.

단점

편협성

사용성 테스트는 고객을 A에서 B의 과정으로 '성공'시킬 수 있을 것만 같은 제품의 가능성에 집착하는 경향이 있다. 하지만 제품을 사용할 수 있다고 해서 그게 유용하다는 뜻은 전혀 아니다. 어떤 사람들은 기능이 사용성 테스트에 통과하면 고객이 원하는 제품이 될 것으로 생각하기도 한다. 제품이 사용하기 쉽다고 해서 고객이 제품을 가치 있게 평가하지는 않는다는 사례를 수없이 봐 왔다. 핵심은 사용성 테스트가 "고객이 이 제품을 사용할 수 있을까?"라는 질문에 답하는 데는 도움을 주지만, "고객이 이 제품을 사용할 것인가?"라는 질문의 답에는 도움을 주지 못한다.

가격

제품 또는 타깃 고객의 특성에 따라 고객을 앞에 두고 제품이나 시제품을 사용해보게 하는 데는 비용이 많이 들 수 있다. 물론 원격으로 사용성 테스트를 진행할 수 있지만(우리는 항상 원격으로 한다.) 성취하려는 것이 무엇인지에 따라 결과가 달라진다.

사용성을 테스트하는 단계에서 고객 개발을 시작하는 실수를 범하는 팀들이 많다. 이 시점은 무언가 체계를 갖추어서 성공적 리서치에 대한 투자를 이미 많이 한 상태다. 이때는 팀에서 만든 것을 출시하는 데 전념하기 때문에 고객 피드백은 의미가 거의 없다.

가설 발전 프레임워크에서 모든 단계를 실험하는 게 중요한 이유가 바로 이 때문이다. 무언가를 갖추기 전에 미리 고객과 접촉하면 비싼 실수를 예방하는 최고의 방법이 된다.

고객 찾기

고객을 찾고자 할 때 사용할 수 있는 소셜 네트워크로는 링크드인, 트위터, 레딧, 페이스북이 있다. 지역의 사용자 그룹, 오프라인 모임, 콘퍼런스를 사용해서 고객 연락처 명단을 만들어볼 수 있다.

제품의 기존 지원 채널도 도움이 된다. 서포트 포럼support forum이나 상담 지원 콜센터가 있으면 고객의 특정 동기나 문제를 확인하는 자원으로 사용할 수 있다. 직통 번호를 제공하는 것은 고객과 대화도 나누고 비용도 적게 드는 훌륭한 방법이 될 수 있다.

예를 들어서, 고객이 로그인하는 데 문제가 발생하면 기술 팀 엔지니어에게 연락하여 도움을 요청할 수 있다. 고객의 문제가 해결되면, 당신은 고객에게 몇 가지 질문할 시간을 내어줄 수 있는지 물어볼 수 있다. 이때 고객은 당신에게 도움을 받은 직후이기 때문에 호의적인 경향이 있다. 이렇듯 고객 서비스 응대는 고객 인터뷰로 연결시키는 멋진 통로가 될 수 있다.

고객의 관심 얻기

고객에게 다가갈 때 경험하게 될 가장 어려운 일은 아마도 우리가 고객에게 무언가를 팔려고 할 것이라는 의심의 눈초리를 극복하는 일이다. 평소에 수많은 텔레마케팅, 판촉 행사, 무료 증정 이벤트가 쏟아지는 상황에서 무슨 말을 해도 고객에게는 물건을 팔려는 소리로 들릴 수 있다. 이때 고객에게는 이러한 대화를 자동으로 무시하는 '소음 필터'가 작용한다.

그렇기 때문에 고객과의 연락을 시도할 때, 특히 이메일을 통해 고객의 관심을 끌고자 한다면 이러한 필터를 반드시 극복해야 한다. 이때 도움이 될만한 몇 가지 조언을 공유하고자 한다.

온라인 프로필 업데이트

고객은 컴퓨터 기기를 다루는 수준에 따라, 다양한 소셜 네트워크에서 나를 검색할 수 있다. 그러므로 당신의 소셜 네트워크 계정이 최신 상태로 업데이트되어 있는지 항상 확인해야 한다. 예컨대 당신이 회사 대표로 고객에게 연결됐다면, 링크드인이나 트위터 프로필에 내가 현재 일하는 회사가 제대로 업데이트되어 있는지 확인해야 하는 것이다.

이제 우리는 최신 프로필 사진이 큰 차이를 가져온다는 사실을 알게 되었다. 진부할 수 있지만 웃는 얼굴의 프로필 사진을 올려두면, 고객에게 믿음을 주는 데 많은 도움이 될 수 있다.

넓게보다는 깊게

일을 하다 보면, 여러 사람에게 이메일을 보냄으로써, 대중과 소통하고 싶은 마음이 생길 수 있다. 그러나 고객의 상당수는 이를 단체 메시지로 인식한다. 이러한 접근 방식은 고객의 스팸 필터에 걸리거나 무시될 수 있다. 폭넓은 대상을 염두에 두고 쓴 정형화된 이메일 문구는 고객 개개인에게 진정성을 띠며 다가가는 데 한계가 있는 것이다.

우리는 고객과 처음 연락하기에 앞서서 잠재 고객을 조사하는 걸 선호한다. 초기에 더 많은 시간이 걸릴 수 있지만, 장기적으로 더 수준 높은 참가자 그룹을 생성하기에 용이하다.

고객과 서비스 업체를 연결하는 웹 사이트 예시로 돌아가고자 한다. 잔디 관리, 집 청소, 집 수리와 같은 서비스를 제공해 주는 업체를 검색할 때, 고려해야 할 사항을 알려주는 기능을 만들고 있다고 가정해 보자.

당신은 트위터 검색을 통해, 주택 관리 서비스를 위한 자격을 갖춘 전문가를 찾는 데 어려움을 겪었다는 경험담이 담긴 블로그 포스팅을 발견한다. 해당 포스팅은 천 번 넘게 리트윗되고 5천 개에 달하는 '좋아요'를 받았다. 이러한 어려움이 다수의 잠재 고객의 마음을 울린 중요한 이슈임을 확실히 보여주는 신호다.

이때 우리는 게시글을 올린 블로거에게 연락해서 당신의 포스팅을 높이 평가하고 있음을 이야기하고, 계속해서 연락을 취해도 되는지 묻는다. 고객에게 실력 있는 전문 업체를 찾아줄 방법을 리서치하고 있었는데, 블로그 글을 보고 당신이 많은 인사이트를 줄 수 있을 것이라는 생각이 들었다고 설명할 것이다. 블로거는 해당 문제에 관한 포스팅 글을 작성하고 있던 터라, 이에 관한 해결책을 찾는 데 분명 열심일 것이다. 블로거에게 해결책을 찾기 위해 협력할 내적 동기가 있다면 더 없이 좋은 기회이다. 이런 유형의 소통은 의미 있고 개인적인 것이다. 판매 의도가 전혀 없고, 오로지 고객의 좌절을 해결하는 데 관심이 있음을 보여준다. 우리는 블로거와 공동의 목표를 가지고 관계를 맺는다. 게다가, 만약 해당 블로거가 상당한 팔로워를 보유하고 있다면, 당신이 새로운 기능을 제공할 때 그 소식을 널리 퍼뜨리는 일을 도와주는 훌륭한 파트너가 될 것이다.

블로거의 포스팅을 리트윗하거나 '좋아요'를 누르고, 댓글을 단 수천 명의 사람 또한 우리가 따라야 할 잠재적 고객일 수 있으므로 잘 살필 필요가 있다.

따라서 트위터 글이나 블로그 포스팅은 다가오는 인터뷰에 가치가 높은 고객을 많이 양성할 수 있다. 사람을 구할 때는 함께 파트너가 될 고객을 찾으려고 노력하는 자세가 제일 좋다. 할 수 있으면 지속적인 피드백 루프를 통해 가치를 제공하는 장기적인 관계를 구축하기를 바란다.

참여에 대한 보상

당신이 프로덕트 팀에서 일하고 있다면 고객과의 소통 과정에서 보상에 관해 꼭 언급해야 한다. 우리는 고객이 자신이 사용하는 제품을 만드는 사람들과 직접 연락하고 있다는 것을 좋아한다는 사실을 알아냈다. 왜 이들을 선정했는지, 이들이 어떻게 회사와 다른 고객에게 도움을 줄 수 있다고 생각하는지 구체적인 이유를 확실히 밝혀라.

신디 앨버레즈는 사람들이 아래와 같은 세 가지의 단순한 동기로 행동한다고 이야기한다.[3]

- 우리는 남을 돕길 좋아한다.
- 우리는 현명하게 보여지길 좋아한다.
- 우리는 무언가를 고치길 좋아한다.

우리는 이 명제가 사실임을 알게 되었다. 고객을 전문가로 대접할 때, 그들은 큰 책임감을 가지고 인터뷰에 참여한다. 또한, 고객은 자신감을 가지고 더욱 적극적으로 참여함으로써, 자신이 가지고 있는 전문지식을 우리에게 제공한다.

'내부자 프로그램'이나 '고객 협의회'를 만들어서 고객이 더 큰 목소리를 내어 참여하도록 초청하기도 했다. 고객은 독점적인 그룹으로 구별되어 참여하거나 제품 기획 방향성에 자신의 입김이 작용하는 것 같은 느낌을 좋아한다. 그래서 우리는 고객의 참여에 대한 보상으로 고객의 지위를 승격하여 프로덕트 팀과 직접 연락할 권한이

나, 제품을 출시하기 전에 새로운 기능을 먼저 경험할 기회 등을 제
공한다.

핵심 정리

- 직접적인 고객 인터뷰는 저비용으로 풍부한 고객 피드백을
  수집할 수 있는 방법 중 하나이다.
- 가설의 참 또는 거짓을 입증하기 위해 충분한 정보를 수집했
  는지 알게 되는 시점은 프로젝트 목표에 전적으로 달려 있다.
  경험에 근거한 척도는 고객 데이터 수집 비용과 반대로 프로
  덕트 아이디어와 기능 아이디어의 비용을 고려하기 위함이
  다. 고객에게 같은 반응을 듣게 되고 더는 새로운 정보나 얻
  어지는 인사이트가 없다면 일반적으로 고객과 충분한 대화가
  된 것으로 파악된다. 이런 경우라면 다음 단계로 넘어가거나
  다른 질문을 고려한다.
- 질문 세트를 활용한 심사를 통해 각각의 고객이 리서치에 적
  합한 참여자인지 확인하는 과정이 필요하다.
- 대면 인터뷰는 고객의 보디랭귀지를 관찰하고 고객이 어떻게
  참여하는지 직접 살펴보는 것이 가능하다. 원격 인터뷰를 하
  면 시간과 이동 경비 등을 절약할 수 있다.
- 인터뷰는 고객에게 긍정적인 경험이 되어야 한다. 고객의 의
  견이 부정적이고 비판적이라도 피드백을 계속해서 권하고 감
  사를 표해야 한다.
- 인터뷰에 두 명 이상을 활용하는 것이 좋다. 이때 진행자, 기

록자, 타임키퍼의 역할을 각각 지정한다.

- 인터뷰 후 팀별로 브리핑을 시작한다. 브리핑을 통해 기억이 생생할 때의 새롭게 얻은 정보를 공유받을 수 있다.
- 설문조사는 많은 응답을 얻고 쉽게 배포할 수 있어야 한다. 그러나 질문을 어떻게 하느냐에 따라 설문 결과에서 답변보다 질문이 더 많이 남게 될 수 있다.
- 분석은 고객이 제품을 어떻게 사용하고 있는지를 알려주는 데 유용하지만, 고객이 왜 그 제품을 사용하는지는 알려주지 못한다.
- 포커스 그룹은 고객이 사람들과 서로 관여하며 의견을 나누는 방법을 제공한다. 포커스 그룹의 숙련된 진행자는 특정한 사람이 논의를 장악하지 않도록 철저히 확인해야 한다.
- 고객 방문은 고객이 있는 환경에서 고객을 관찰할 고유한 기회를 제공하지만, 비용이 많이 들고 고객과 조율하는 데 어려움이 따를 수 있다.
- 고객 개발과 제품 개발 전략에는 이야기를 나눌 고객이 필요하다. 고객은 내가 무언가를 팔려고 한다고 생각하기 때문에 대화에 선뜻 응하지 않을 수도 있다. 그러므로 대화는 구체적이고 개인적이어야 하며, 다수를 대상으로 하는 자동화 방식으로 들리지 않도록 주의해야 한다.
- 많은 사람이 사용하는 SNS에서 고객을 발견할 수도 있다. 우리는 '내부자 그룹'을 만들어서 고객의 피드백을 받고, 그에 대한 보상으로 지원을 얻을 권한이나 새로운 기능을 우선적으로 경험할 기회를 고객에게 제공한다.

CHAPTER 4.
센스메이킹

2011년 데이빗 무어^{David Moore}는 CIA(미국 중앙정보국)의 '마음놓침 mindlessness'을 완화하는 데 도움을 주기 위해 센스메이킹 매뉴얼을 만들었다. 마음놓침이란 분석가들이 주변부에 관한 것들을 대체로 무시하고 몇 가지의 핵심적인 신호에만 지나치게 몰두하는 집착과 완화의 상태를 의미한다.[1]

무어는 분석가들이 관찰하던 신호에 대한 자동 응답을 개발하였고, 그로 인해 새로운 인사이트를 발견하지 못하고 있다고 보았다. 밀려오는 수많은 데이터를 업데이트하기 위해 분석가들은 대체로 주변적 상황을 무시했고, 특정한 신호에 집중하기 시작하면서 과거에는 생각하지 못했던 새로운 위협에 대해 스스로 취약해졌다.

인터뷰, 설문조사, 콘셉트 가치 테스트를 비롯한 다른 실험을 하다 보면 많은 데이터가 유입되는 시점이 있다. 그 모든 신호에서 폭넓은 인사이트를 얻기는 어렵다. 그래서 CIA 분석가들처럼 몇 가지 신호에만 집중하다가 제품을 위한 더 큰 기회를 놓칠 수도 있다.

센스메이킹^{sensemaking}*은 수집한 데이터를 정리해서 패턴과 의미 있는 인사이트를 확인하고 이 데이터를 다른 사람을 움직이는 스토리로 정교하게 만들고 있는지 확인하는 과정이다.

센스메이킹 루프

센스메이킹은 데이터를 수집하고 해석하여 지식을 팀과 조직 전체적으로 공유하는 끊임없는 반복 주기이다. 피롤리^{Pirolli}와 카드^{Card}는 이 주기를 센스메이킹 루프^{Sensemaking loop}라고 불렀다.[2] 센스메이킹 루프는 기본적으로 다섯 가지의 절차적 요소로 구분된다.

- 데이터 소스
- 증거 파일^{evidence file}
- 스토리
- 저장 공간
- 스키마

이런 요소들은 가공되지 않은 고객 데이터를 의미 있고 고정적인 인사이트로 전환할 수 있도록 돕는다. 이 책은 데이터를 수집하고 증거 파일로 큐레이션하며 스키마를 형성하여 조직 전반에서 공유할 수 있는 흥미진진한 스토리로 만들도록 안내한다. 이를 통해 센스메이킹 루프를 탐색하는 데 도움을 주는 활동들을 제공하고 있다.

센스메이킹 루프는 제품 전략을 효율적으로 주장하는 필수 요소로 여겨진다. 가설 발전 프레임워크를 통해 세워진 이 가설은 센스메이킹 루프의 뼈대가 된다.

---

* 사람들이 집단적 경험에 의미를 부여하는 프로세스

1. 데이터 소스

센스메이킹 루프

5. 스토리

2. 저장 공간

4. 스키마

3. 증거 파일

그림 4-1 센스메이킹 루프

　센스메이킹은 가설 발전 프레임워크의 모든 단계에서 사용하는 연속적인 루프이다. 이어서 각 단계에서 고유한 인사이트를 보여줄 것이다. 완성된 목록은 아니지만, 표 4-1은 몇 가지 예시를 제공한다.

　센스메이킹을 해보면 정보 수집에서 지식 공유로 가는 길이 직선이 아니라는 점을 발견할 것이다. 대신에 정보 수집, 패턴 인식, 이야기 공유, 더 많은 데이터 수집으로 돌아오기로 구성된 순환 루프에서 앞뒤에서 왔다 갔다 반복하는 과정을 발견하게 될 것이다.

단계	인사이트
고객	사람들의 특성(나이, 경험, 스킬 등), 문맥 환경, 현재 행동, 동기부여
문제	니즈나 기회의 패턴, 프로세스 분석, 문제를 해결하는 고객의 일반적인 방식이나 감정, 기분
콘셉트	유용성, 가장 중요한 베네핏, '성공을 방해하는' 한계, 사용 가능성, 공유된 가치
기능	인터랙션 이슈, 무너진 작업 흐름, 만족의 변화

표 4-1 가설 발전 프레임워크의 각 단계에서 센스메이킹으로 얻게 될 인사이트의 유형

다시 말해 센스메이킹은 루프의 종착점으로 다가가려고 노력하는 목적지가 아니다. 계속해서 배우면서 고객 이해가 온전하게 발전하는지를 확인하는 끝없는 과정이다.

센스메이킹 루프의 각 요소에 관해 좀 더 구체적으로 살펴보자.

데이터 소스

지금까지 가설 타당화에 활용할 수 있는 다양한 방법에 관해 논하였다. 우리가 논의한 실험 유형은 대체로 고객을 중심으로 다루고 있는데, 고객 개발 전략과 제품 개발 전략은 다양한 데이터 소스로부터 끄집어내야 한다.

사용 통계, 토론 포럼, 서포트 티켓support ticket*, 고객 관계 관리CRM

---

* 고객이 서비스 센터 직원과 직접 1:1로 문의할 수 있는 시스템

시스템은 모두 데이터 수집과 관리를 위한 훌륭한 자원이다. 마켓 트렌드 분석 리포트를 통해 검색할 수 있고 경쟁적인 분석을 수행하거나 고객을 방문할 수도 있다. 중요한 점은 수집한 데이터를 해석하면서 미가공 상태의 데이터인 원 데이터의 소스도 추적할 수 있다는 것이다.

저장 공간

클라우드 저장공간과 디지털 사진 기술이 출현하기 전에는 구두 상자가 사진을 저장하기 위한 공간이었다. 구두 상자는 체계화를 거의 필요로 하지 않고(여름휴가 사진에 고무줄만 감으면 됨) 모든 사진을 안전하게 보관할 수 있어서 좋았다.

데이터 소스를 선별하다 보면 여러분의 리서치를 구성하는 메모, 기사, 그리고 그밖의 다양한 자원이 수집된다. 그리고 그러한 데이터를 저장하는 온라인 업무 공유용 '구두 상자'가 많다. 마이크로소프트의 쉐어포인트, 원노트, 에버노트, 베이스캠프, 구글 드라이브, 드롭박스는 모두 수집한 정보를 정리하는 도구다. 큐레이션을 하거나 저장 공간을 정리하는 데 너무 많은 시간을 보내서는 안 된다. 저장 공간은 중요하거나 중요하지 않은 데이터를 수집해서 편하게 저장할 수 있는 구두 상자 같은 것이어야 한다.

증거 파일

고객 개발이나 제품 개발의 과정은 조사를 수행하는 것과 비슷하다. 증거 파일은 법률 소송의 서류철과 같다. 여기에는 제품을 위한 나의 견해, 비전, 전략을 구성하는 몇 가지 의미있는 데이터를 포함한다.

증거 파일은 고객 환경의 사진, 직접 인용한 고객의 말, 가설의 참 또는 거짓을 입증하는 이유를 가리키는 다른 유형의 신호를 포함할 수 있다. 예를 들면 가정했던 특정 동기나 문제를 강조하는 고객 인터뷰의 직접적인 인용문을 포착할 수 있다.

증거 파일은 꾸준하게 제거하거나 정리해서 다시 살펴봐야 하는데, 이는 우리가 고객을 대표한다는 주장의 근거가 된다. 증거 파일은 팀에서 최신 정보를 정리하고 업데이트하는 데 도움을 줄 수 있다.

증거 파일을 큐레이션하기 시작하면서 심증은 가지만 물증은 아직 없는 추가적인 증거 파일을 발견하게 될 것이다. 증거 파일이 형태를 갖추면서 기본적인 의미를 명확하게 설명할 수 있는 능력도 함께 발전할 것이다. 가장 효과적인 데이터로 정리한 정보를 정교하게 다듬을 때까지는 저장 공간과 증거 파일 사이를 계속 왔다 갔다 한다.

프로젝트를 시작하면서 정리한 데이터가 모두 유의미하다고 생각할 수 있다. 그러나 프로젝트가 진행되면서 데이터 신호를 축소하고 '쭉정이에서 알맹이'를 골라내는 방법도 필요하다. 가장 의미 있다고 믿는 신념도 시간이 지나면서 진화하므로 증거 파일도 변해야 한다.

스키마

스키마schema는 데이터에 항목과 카테고리를 적용하는 과정이다. 데이터에 의미를 부여하고 데이터를 정의하는데, 흔히 이를 가리켜서 '데이터에 태그하기'라고 부른다. 예를 들면 고객이 좌절을 표시할 때 '문제' 태그로 표시할 수 있다. 이렇게 하면 인터뷰를 살펴보며 좌절이 생겨나는 순간을 확인할 때 도움을 줄 수 있다. 이러한 태그는 데이터의 패턴을 확인하고 결론을 도출할 때 도움을 준다.

또한, 가설 발전 프레임워크에서는 매개 변수 덕분에 자동으로 데이터 도식화가 시작된다. 가설과 논의 가이드가 [해야 할 일], [문제], [동기]와 같은 매개 변수를 파악하도록 구성되었다면, 이런 매개 변수를 사용해서 데이터를 태그하기가 훨씬 쉬워질 것이다.

우리는 정리한 데이터를 가설과 연결하는 스프레드시트를 생성하는 것을 반복해서 관찰해 왔다. 어떤 스프레드시트는 가설의 상태를 추적하는 상당히 단순한 것이다. 이보다 정교한 스프레드시트도 있는데, 카운터가 있는 계기판 같은 인터페이스를 사용하여 가설이 참인지 거짓인지 입증된 횟수를 바탕으로 초록색에서 빨간색으로 상태가 변경되는 형식으로 구성되어 있다.

탐색했을 만한 다양한 가설을 추적하고, 또한 탐색을 중단한 정보를 기억하는 데 도움을 주는 가설 백로그를 작성하는 팀도 있었다.

스토리

다른 사람을 당신의 비전에 참여시키고자 할 때 필요한 것이 두 가지 있다.

- 설득력 있는 스토리   • 스토리를 공유하는 방식

센스메이킹에서 제일 중요한 점은 의미를 공유하면 도움이 되지만, 데이터의 공유 그 자체로는 별로 도움이 되지 못한다는 것이다. 데이터도 중요하지만 결국 다른 사람들을 행동하게 하는 것은 감정과 공감이다.

패턴을 확인하다 보면 데이터를 사람들에게 쉽게 이해시킬 방법이 필요하다. 차트, 그래프, 모형 같은 시각적인 요소는 내가 알게 된 것을 다른 사람도 이해하도록 돕는 강력한 방법이 된다.

물론 정리했던 양적 데이터를 파이 차트나 선형 그래프로 바꿀 수 있으나 설명이 더 자세한 모형을 찾아야 한다. 예를 들면 우수한 서비스 업체를 찾는 고객과 돈을 절약하고자 하는 고객 사이에서 긴장감을 확인할 수 있다. 이러한 긴장은 고객이 찾고 있는 서비스 유형에 따라 변한다. 잔디 관리 서비스를 검색할 때는 비용 절약이 중요하기도 하지만, 양질의 보육 서비스를 찾을 때는 더 많은 돈을 사용할 용의가 있을지 모르기 때문이다.

그래프 모형에서 위와 같은 미세한 차이를 설명한다면, 다른 사람들이 데이터의 관계와 연관성을 쉽게 이해할 수 있다.

또한, 비유와 은유는 다른 사람들에게 복잡한 아이디어를 전달하는 데 도움이 되는 확실한 도구다. 고객에게 친숙하고 접근성이 좋은 다른 상황과 리서치 결과의 유사성을 찾는 것도 좋은 방법이다. 예를 들면 팀원 중 한 명이 새로운 프로그램 언어를 배우려고 하는 사람과 수영을 배우는 사람들 사이에 유사점을 발견했다. 해당 비유는 프로그램 언어에 관한 지식이 없어도 프로그램 언어를 배우는 일이 얼마나 어려운지를 조직의 나머지 사람들이 공감하는 데 도움을 준다.

흥미로운 스토리가 있으면 조직의 다른 사람들과 공유할 방법이 필요하다. 누구나 쉽게 사용하고 접근할 수 있는 소통 채널(또는 다양한 채널)을 만들어야 한다. 소통 채널은 격식을 덜고 가벼울수록 사람들이 사용할 확률이 올라간다. 이메일이나 메신저 같은 기존에 있는 채널을 활용하는 것도 좋다.

가설 발전 프레임워크의 모든 단계에서, 당신은 지속적으로 센스메이킹의 패턴을 이용해야 한다. 또한 이러한 활동은 고객 및 제품 개발과 병행하여 이루어져야 한다. 이를 위해 팀의 작업을 분담시키거나 기획 중에 매주의 하루는 작업을 멈추고, 수집한 데이터를 이해할 수 있도록 한다. 시간이 지나면서 센스메이킹 루프의 반복적인 패턴은 고객에 대한 이해와 조직 전반의 공감을 향상시킬 것이다.

이 단계에서 고객 중심 케이던스의 3가지 단계인 공식화, 실험, 센스메이킹을 다루었다. 고객 중심 케이던스는 가설 발전 프레임워크의 각 단계에서 발생한다. 가정을 가설로 작성하고, 데이터 정리를 위해 실험을 수행하면서 인사이트를 주는 데이터를 해석한다.

이제 가설 발전 프레임워크의 각 단계에 대해 살펴보고 고객과 고객의 문제, 고객이 높이 평가하고 유용하게 생각하는 바를 잘 이해하기 위해 사용할 가설과 매개 변수를 검토할 것이다.

핵심 정리

- 센스메이킹은 고객의 가공되지 않은 데이터를 다른 사람과 공유할 수 있는 의미 있는 결과로 바꾸기 위한 과정이다.
- 센스메이킹 루프는 센스메이킹 과정을 구성하는 일련의 요소이다. 이러한 구성 요소에는 외부 데이터 소스, 저장 공간, 증거 파일, 스토리를 포함한다.

- 외부 데이터 소스는 수집 중인 데이터 소스의 목록이다. 우리는 고객의 직접 참여에 주로 관심을 두고 있지만, 마켓 리포트, 경쟁 분석, 종합토론, 고객 문의, 고객 관계 관리 시스템에서 얻은 보조 데이터를 사용할 수도 있다.
- 저장 공간은 고객 개발과 제품 개발 과정에서 생성된 인터뷰 노트, 기사, 사진, 기타 자원을 보관하는 곳이다.
- 증거 파일은 가설의 참 또는 거짓을 입증할 발견을 위해 큐레이션하고 정리하는 공간이다. 여러 리서처와 마찬가지로 주장을 타당화하는 데 도움을 주는 증거 파일이 필요할 것이다. 스프레드시트 소프트웨어나 공식, 특별한 형식을 사용해서 가설의 참 또는 거짓을 입증하는 데이터 지점을 연결하는 팀들도 있다.
- 스토리텔링은 소비자 중심 과정에서 중요한 요소이다. 차트, 그래프, 모형, 설명을 활용해서 리서치 결과를 더 많은 대중에게 공유할 수 있다. 비유와 은유는 복잡한 학습을 고객이 쉽게 접근하고 이해할 수 있는 것으로 유사점을 도출하기 위해 사용될 수 있다.
- 알게 된 내용을 표현하려면 정보 공유를 위한 다양한 채널을 지원해야 한다. 일일 혹은 주간 회의, 월간 화보, 이메일 필명을 사용해서 팀원이 고객 인터뷰 노트를 공유할 수 있게 하는 팀들도 있다.

PART 2
사례를 통해 이해하기

CHAPTER 5.
고객

2012년은 미국 이동통신사인 T-모바일T-Mobile에게 힘든 한 해였다. T-모바일은 세계 최대 통신 기업인 AT&T와의 합병에 필요한 규정 승인을 받는 데 실패하여 크게 당황했다. 회사의 불안정한 미래와 아이폰 지원 부족, 빈약한 네트워크 유지 범위로 무려 80만 명의 가입자가 이탈했다.[1] 버라이즌Verizon과 AT&T와 같은 대기업과 경쟁하려고 노력했던 작은 이동통신사인 T-모바일로서는 사망신고와 다를 바 없었다. 당시 많은 사람이 T-모바일의 수명이 얼마 안 남았다고 생각했다.

2013년 초, T-모바일의 CEO 존 레저John Legere는 회사가 새로운 방향으로 가고 있음을 발표했다. 그는 T-모바일이 미국을 '언캐리어un-carrier*'할 것이라 선언했다.[2]

레저는 소비자들이 복잡한 요금제, 장기 계약, 혼란스러운 부가 요금제 등으로 불편함을 느꼈다고 좌절하고 있다고 주장했다. 그러면서 T-모바일은 다르게 사업을 하기 위해 노력하고, 이동통신사들과

---

* 기존의 이동통신사와 다르게 가는 전략

의 차별화를 만들어낼 것임을 확실히 했다.

고객의 좌절을 설명할 때 레저는 다소 거칠고 과장된 표현을 사용했다. 그만큼 자신이 고객의 어려움을 이해한다는 사실을 전달하고 싶었던 것이다.

T-모바일은 다른 방향으로 가고 있었다. 그들은 솔직하고 정직하게 말하며, 무엇보다 고객에게 옳은 일을 하고자 했다.

4G LTE 출시를 위한 업그레이드를 하는 데 40억 달러를 쏟아부으면서 T-모바일은 고객에게 '필요한 통신 회선은 몇 대이며, 원하는 데이터 용량은 얼마입니까?'라는 두 가지 단순한 질문만을 던졌다. 해당 요금제는 이해하기가 굉장히 쉬웠으며, 불리한 계약 혹은 전문적인 법률 용어가 전혀 없었다.

그림 5-1 마이크 시베르트^{Mike Sievert}, T-모바일의 CEO, 무선 요금제 경쟁의 복잡함을 보여주고 있다.

이는 경쟁하던 다른 이동통신사들의 기존 방식과 급격히 달랐다 (그림 5-1 참고). T-모바일은 수수료를 숨기고 눈에 띄게 요금을 인상할 수 있는 터무니없는 계약과 복잡한 법률 뒤에 숨는 대신, 그들의 제안을 명확하고 단순하게 제시했다. 장난치거나 속이지 않고, 그저 고객 서비스를 대폭 개선한 것이다.

선명한 색채와 혁신적인 광고로 '언캐리어' 방식을 내세운 전략은 회사에 관한 고객 인식에 강한 영향을 미쳤다. T-모바일은 기존 통신업체에 대한 고객의 좌절을 활용해 상황을 개선하려고 진심으로 노력하는 것 같았다.

T-모바일은 기기 선정이나 네트워크 범위에 관해 경쟁자들과 정면승부 하지는 않았지만, 고객은 T-모바일을 진실하고 용감한 을(乙)이라고 가치를 인정하기 시작했다. 그해 T-모바일은 4년 만에 처음으로 가입자가 증가했고, 이후 13분기 연속으로 분기마다 백만 명 이상이 증가하였다.[3]

T-모바일은 죽음의 문턱에서 빠르게 성장하는 이동통신사로 순식간에 기사회생했다. 게다가 회사는 고객 만족 평가에서 좋은 성과를 거두었고, 경쟁사와 비교해도 꾸준히 상위권의 순위를 유지했다.

고객의 동기와 열망에 집중하면서 T-모바일은 회사를 완전히 회생시켰다.[4] 지배적인 산업에서 밀려난 소규모 이동통신사가 아니라 고객을 주도하는 경쟁자가 되었다. 버라이즌과 AT&T는 T-모바일의 단순한 방식으로 고객이 대거 이탈했기 때문에, 결국 통신 요금제를 수정해야 했다.

고객 가설 공식화하기

T-모바일과 같이 성공을 거둔 회사들은 대부분 고객에 관해 근본적인 세 가지 질문에 응답하려고 끊임없이 노력하고 있다.

- 고객은 어떤 사람인가?
- 고객이 이루고자 하는 바는 무엇인가?
- 고객을 어떻게 도울 수 있는가?

가설 발전 프레임워크의 고객 단계에서 우리는 위의 두 가지 질문에 답변하고자 한다(3번째 질문은 콘셉트 단계에서 답을 찾을 수 있다). 우리는 가정을 반영하는 가설을 형성해서 답을 찾고 고객과 이러한 우리의 믿음을 검증한다.

고객 단계에서 적용될 수 있는 가설 템플릿을 살펴보자.

우리는 [고객 유형]이 [해야 할 일]을 할 때 [동기] 부여가 된다고 믿는다.

2장에서 논의한 것과 같이 각 가설 템플릿은 모든 단계에 [고객 유형]과 [해야 할 일]이라는 매개 변수를 포함한다. 고객 단계는 내가 목표로 생각하는 고객을 정의하고 세분화하기 시작하는 단계이다. 고객 가설의 참 또는 거짓을 입증하는 과정을 통해, 고객은 어떤 사람이며 무엇을 하고자 하는지, 어떤 동기가 있으며 왜 동기가 부여되는지 잘 이해할 수 있게 된다. 고객 가설 템플릿의 3가지 매개 변수를 좀 더 자세히 살펴보자.

고객 유형

똑같은 고객은 아무도 없다. 그러므로 고객을 우리 제품을 사용하는 사람과 사용하지 않는 사람, 이렇게 단순하게 두 가지 큰 틀로 분류하면 안 된다. 그렇게 하면 사용자와 비사용자라는 두 카테고리 사이에서 수많은 섬세한 차이를 놓친다.

고객 가설을 작성할 때 [고객 유형]의 매개 변수가 고객 문제나 고객이 하는 일, 고객이 사용하는 제품으로 정의되지 않도록 확인해야 한다. 이 매개 변수는 고객의 정체성을 반영해야 한다.

《린 엔터프라이즈Lean Enterprise》에서 저자인 제즈 험블Jez Humble, 조앤 몰레스키Joanne Molesky, 배리 오렐리Barry O'Reilly는 고객 세분화의 가장 효과적인 방법이 '고객의 특성과 제품에 관한 관심 사이의 인과관계를 정확히 파악하는 것'이라고 시사했다.[5] 다시 말하면 우리 제품에 관심이 있거나 혹은 관심이 없는 사람들의 고유한 특성을 구별하려고 한다.

신디 앨버레즈는 이때 마케팅 인구 통계 같은 전통적인 분류에 지나치게 의존하면 안 된다고 말한다.[6] 나이, 성별, 민족성, 위치도 물론 중요하다. 그러나 이러한 속성들은 고객을 완벽하게 정의하지 못한다.

고객의 동기, 관심, 고유한 의견, 행동을 확인하는 것은 일반적인 인구 통계 정보의 항목보다 훨씬 더 큰 영향력과 인사이트를 준다. 그러므로 고객 유형이 구체적이면 정리한 정보를 해석하고 알게 된 정보를 공유할 때 더욱 명료하게 이해할 수 있다. 예시를 하나 살펴보자.

우리가 데스크톱 퍼블리싱 도구를 기획하는 팀 구성원이라고 가정하자. 스타독^{StarDoc}이라고 하는 우리의 제품은 고객이 전단이나 소식지, 달력, 메모나 서신 같은 기업 문서를 만들어 준다. 우리 팀은 중소기업의 문서 작성을 지원할 새로운 기회를 찾고 있었다.

고객 가설을 작성할 때는 고객을 제품과 따로 구분하는지 확인한다. 예를 들면 고객 가설을 이런 표현으로 시작해서는 안 된다.

우리는 스타독 사용자가 [해야 할 일]을 할 때 [동기] 부여가 된다고 생각한다.

대신 이렇게 말해야 한다.

우리는 중소기업에서 일하는 사무직원이 [해야 할 일]을 할 때 [동기] 부여가 된다고 믿는다.

고객은 스타독을 사용한다는 사실 이상의 정체성이 있다. 고객기반에서 고객층의 세분화를 언급할 때 누구를 말하는지 구체적으로 알 수 있도록 정체성을 파악하는 것이 중요하다.

동기

우리는 결과를 얻기 위해 하루에도 수천 가지 사소한 결정을 내린다. 가끔은 눈 깜짝할 짧은 순간에 결정을 정하기도 하고 곰곰이 고민해서 생각하고 결정하기도 한다.

이런 결정이 힘을 얻는 이면에는 우리의 동기가 있다. 우리는 특정한 성취를 이루고 싶다는 동기로 제품을 이용하고 서비스를 구매한다. T-모바일은 소비자가 길고 복잡한 계약을 싫어한다는 동기를 이해했고 이런 이해는 회사를 경쟁사와 차별화하는 데 도움을 주었다.

중소기업에서 근무하는 사무원의 예로 다시 돌아오자. 우리는 사무원이 기업을 위한 홍보물을 만드는 데 강한 동기가 있다고 생각한다. 다음과 같은 말로 고객 가설을 계속하려고 할 수 있다.

우리는 중소기업에서 일하는 사무직원이 [해야 할 일]을 할 때 홍보물을 만들려는 동기가 있다고 믿는다.

하지만 이 가설을 살펴보면 상위 수준의 동기가 빠져있는 것 같은 기분이다. 물론 고객의 목표는 홍보 책자를 만드는 것이지만, 먼저 떠오르는 첫 번째 질문은 "왜 홍보 책자를 만들어야 하죠? 고객이 홍보 책자를 통해 무엇을 성취하길 원하나요?"이다.

홍보 책자를 만들려는 욕구가 있는 사무원과 대화를 나눈 후, 사무원 중에 상당수가 기업의 제품이나 서비스 홍보에 비용이 적게 드는 방법을 찾느라 열심이라는 점을 알게 되었다. 그래서 이런 동기를 파악하기 위해 고객 가설을 수정했다.

우리는 중소기업에서 일하는 사무직원이 [해야 할 일]을 할 때 자신들의 비즈니스 제품을 홍보할 동기가 있다고 믿는다.

높은 수준의 동기를 파악함으로써, 가설을 더 많은 기회로 열어놓았다. 이는 사무원이 우리 제품을 '활용'할 수 있는 다양한 업무를 탐색하여 회사 홍보의 목표를 달성할 수 있다.

해야 할 일

2장에서 논의한 대로 [해야 할 일]은 고객이 목표를 성취하기 위해 수행할 과업을 잘 보여준다. 사무원이 홍보 책자를 만들려고 하는 사례를 살펴보자. '할 일 이론'에 따라 사무원이 홍보 책자를 만들기 위해 '이용한' 제품이 스타독이라고 할 수 있다.

이쯤 되면 "이건 말장난이거나 의미가 다중적인 것 같다."라고 생각할 수 있겠다. 그럴 수도 있지만, 사용하는 단어는 고객이 무엇을 성취하고 싶은지에 대한 이해에 큰 영향을 미친다. 그러므로 언어를 최대한 구체적으로 표현하고, 고객의 목표 달성을 위해 무엇을 하고 있는지(그리고 무엇을 하고 있지 않은지)를 명시하는 것은 중요하다.

그러면 스타독을 고객 가설에 따라 [해야 할 일]과 연결해보자.

우리는 중소기업에서 일하는 사무직원이 [스타독을 사용]할 때 기업의 제품을 홍보할 동기가 있다고 믿는다.

아마 '할 때'가 '사용할 때'로 변경된 점이 눈에 들어왔을 것이다. 때로는 독자가 쉽게 읽고 이해할 수 있도록 가설 발전 프레임워크를 변경할 필요가 있다. 다시 말하지만, 이런 템플릿은 예시로만 사용해야 한다. 원하는 대로 수정하는 것은 자유다. 그대로 쓰도록 강력하게 권장하는 내용은 바로 가설의 매개 변수다.

이 가설에서 해야 할 일은 일(홍보 책자를 만드는 일)보다는 제품(스타독)에 집중하는 것이다. 그러므로 고객이 기업을 홍보하려고 '이용하는' 일이 무엇인지 정확하게 명시하기를 원한다. 이때 우리는 고객이 목표를 성취하기 위해 홍보 책자를 골랐다고 믿는다.

우리는 중소기업에서 일하는 사무직원이 홍보 책자를 만들 때 기업의 제품을 홍보할 동기가 있다고 믿는다.

완성된 고객 가설은 고객 유형, 동기, 고객이 종사하는 일에 새로운 정보를 밝히고 있다. 사무원이 기업을 어떻게 홍보하는가에 관해 이야기하면서 이 가설을 실험할 수 있다. 그러고 나면 고객이 홍보 책자를 만드는 것과 같은 활동에 개입할 것인가를 판단할 수 있다.

홍보 책자, 전단지, 뉴스레터 작성 등 해야 할 일의 매개 변수를 다르게 해서 가설에서 몇 가지 변형을 만들 수 있다. 이런 변형은 고객 매개 변수 중 하나에서 생길 수 있다.

예를 들어, 사무직원이 비즈니스 홍보 촉진을 위해 이용하는 다양한 일이 있을 수 있다(그림 5-2).

스타독 팀은 다양한 고객 유형, 동기, 업무를 확인할 수 있다. 동기나 업무 중 일부는 특정 고객 유형에 고유할 수도 있으며, 일부는 다양한 고객 유형에 걸쳐 공통적인 요소도 있을 수 있다(그림 5-3).

고객층 세분화가 중요한 이유는 바로 이 때문이다. 그러므로 한 집단에서 포착한 신호를 다른 집단에도 일반화하여 적용하지 않도록 유의하자.

이번 장의 남은 부분에서는 파티타임 앱의 사례를 다시 살펴보고자 한다. 파티타임은 이 책의 서문에 등장했던 회사를 위해 '수익을 3배 늘려줄' 방법을 찾는 데 10주를 보냈던 팀이다. 그러한 도전을 위해 가설 발전 프레임워크를 어떻게 사용하고 고객 중심 케이던스를 구축할 수 있는지 살펴보도록 하자.

고객 유형	동기	해야 할 일
중소기업에서 일하는 사무직원	기업이 제공하는 제품, 서비스를 홍보하는 것	지역 신문에 광고 싣기
		웹 사이트 만들기
		홍보 책자 만들기
		월간 뉴스레터 만들기
		간판이나 배너 만들기

그림 5-2 회사 홍보를 위해 '고용될' 수 있는 일들

고객 유형	동기	해야 할 일
학부 졸업생	새로운 고용 기회를 찾는 것	이력서 만들기
자신의 사업을 운영하는 전기 기술자	수익을 안정화 할 수입원을 조직하는 것	송장 작성하기
새로운 회사를 창업한 기업가	투자자에게 어필하는 방법을 찾는 것	명함 만들기
중소기업에서 일하는 사무직원	**기업이 제공하는 제품, 서비스를 홍보하는 것**	**홍보 책자 만들기**
비영리단체의 회장	기부자 유치 및 활성화 유지	월간 뉴스레터 만들기

그림 5-3 다양한 유형의 고객, 동기, 일

파티타임 앱의 사례 다시 보기 I

"앞으로 10주 동안 새로운 고객을 유치하고, 수익을 세 배로
늘릴 수 있는 제품 아이디어를 생각했으면 좋겠습니다."

수잔과 그녀의 팀은 이러한 대범한 요청의 충격을 극복하고, 신속하게 일을 처리하고자 했다. 이들은 새로운 사업 기회에 관여하는 잠재적인 고객 유형에 관한 가정을 수립하기 시작했다. 팀은 자신이 생각할 수 있는 사무실 벽은 고객의 모든 특성을 나열했다. 1시간도 채 안 돼서 고객의 환경, 스킬 수준, 가치, 동기, 관계, 사용 패턴 등 고객이 관심 있을 만한 모든 내용이 자세히 담긴 메모지로 덮였다.

다음으로, 이들은 가정에 관한 포커스 그룹, 재구성, 패턴을 찾기 위해 기록을 살펴보기 시작했다. 많은 사람이 전문 파티 플래너들과 대화하는 것에 흥미를 가지고 있는 것 같았다. 파티타임이 이전에 목표로 삼았던 고객은 아니었지만 전문가를 위한 기능을 추가하는 것이 회사에 수익성이 있다는 아이디어는 굉장히 타당해 보였다.

다음 단계는 파티 플래너에 관한 팀의 가정을 고객 가설로 공식화하는 것이었다. 팀에서 생각해낸 가설 중 하나는 다음과 같다.

우리는 전문 파티 플래너가 스마트폰을 사용해서 파티를 준비
할 때 고객과 꾸준히 연락하고자 하는 동기가 있다고 믿는다.

첫 번째 미팅이 끝날 무렵에 팀은 위와 같은 고객 가설을 약 20개 정도 만들었는데, 각각 동기(비용 절약, 신규 고객 찾기, 비즈니스의 제공 범위 확장하기)와 해야 할 일(사업 홍보하기, 장소 찾기, 음식 서비스 업체 예약하기)에 약간 차이가 있었다. 이러한 가설들은 팀이 현재 어떤 생각을

하고 있는지 문서화하는 데 완벽한 지침서로 작용했다.

팀은 파티 플래너에게 가설 검증을 위한 질문 목록이 담긴 논의 가이드를 만들었다. 그들은 고객과 대화를 시작한다는 사실에 들떠 있었다. 수잔은 지역의 전문 파티 플래너들과 함께 고객 방문 일정을 잡았고, 고객 방문 이후 의뢰인과 파티 플래너가 서로 이야기하는 것을 지켜본 후, 팀의 가설 중 상당 부분이 거짓이라는 사실을 알게 되었다. 팀에서 관찰한 파티 플래너는 대부분 일정 예약, 신규 고객 찾기, 사업 확장을 위한 최신 툴을 가지고 있었던 것으로 밝혀졌다.

전문 파티 플래너가 사용하던 도구는 수잔의 팀이 기획 중인 모바일 앱 파티 오거나이저보다 훨씬 더 정교했다. 대부분의 파티 플래너가 데스크에 앉아서 고객과 대화했다. 스마트폰보다는 노트북이나 유선 전화를 사용하는 경우가 많았다.

결국 해당 가설은 거짓으로 밝혀졌지만, 팀은 중요한 발견을 했다. 파티 플래너의 니즈가 모바일 앱의 단순함과 일치하지 않다는 사실을 알게 된 것이다. 파티 오거나이저를 전문 파티 플래너의 고급 니즈에 맞추기 위해 확장하는 것은 흥미로웠을 수 있었으나, 작은 팀으로서는 너무 야심 찬 전략이었다. 다행히 그들에게는 파티 플래너 고객층을 세분화해서 전략을 재빨리 바꿀 충분한 시간이 있었다.

수잔의 팀은 파티 오거나이저를 적극적으로 활용하는 고객에게 초점을 맞추기로 했다. 그들은 '적극적^{active}'이라는 표현에 해당되는 고객을 지난 6개월 동안 최소 3개의 파티를 계획한 고객으로 정의했다. 제품을 이미 사용하는 고객이고, 팀이 고려하지 못한 니즈를 가지고 있을 수 있으므로 해당 고객과의 대화가 매우 도움이 될 것으로 생각했다.

팀에서는 트위터 계정을 사용해서 수행 중인 리서치에 도움을 줄 적극적인 고객을 필요로 했고, 더욱 활발한 고객 관여를 위해 상품권을 증정하기도 했다. 트위터 글에는 5개의 짧은 질문을 포함시켰는데, 이 질문은 고객이 '적극적'이라는 정의에 적합한지를 결정하는 데 도움을 주었다. 몇 시간 만에 팀은 답변을 얻었고 적합한 고객과 통화 일정을 잡기 시작했다. 새로운 고객 그룹과 대화를 나눈 후에 팀은 고객 인터뷰 기록을 정리하고 인쇄했다.

그들은 고객 단계 템플릿을 활용해서 인터뷰 기록 원본에 대한 센스메이킹 연습을 완료했다. 놀라운 발견은 고객 중 상당수가 파티 플래너 앱을 사용해서 생일이나 졸업, 은퇴식을 계획하는 일을 매우 좋아했지만, 한가지 공통적인 불만은 포틀럭 파티potluck party*를 계획할 때 사용하기에는 불편하다는 것이었다.

스프레드시트, 이메일, 다른 대안 도구를 활용해서 파티 오거나이저에는 없는 기능을 보완하여 포틀럭 파티를 관리하는 고객들이 많았다. 고객이 파티 오거나이저로 포틀럭 파티를 계획하고 파티 참석자와 연락하기를 선호하는 것은 분명했다.

수잔의 팀은 신속히 경쟁 분석을 수행했고 포틀럭 파티를 계획하기 위한 특정한 기능이 어떤 경쟁사 제품에도 없다는 점을 발견했다. 이는 파티 오거나이저에 결정적인 차이를 만들 기회로 보였다. 그들은 포틀럭 파티와 관련되어 가지고 있는 모든 정보를 증거 파일로 옮

---

* 참석자들이 자신의 취향에 맞는 요리나 와인 등을 가지고 오는 파티

겼다.

올바른 업무 처리를 위해 그들은 포틀럭 파티를 계획할 때 고객이 직면하는 문제를 바르게 이해할 필요가 있었다. 또한 이것이 해결할 가치가 있는 문제인지를 반드시 확인해야 했다.

핵심 정리

- 훌륭한 제품을 만들기 위해서는 고객 전체를 이해해야 한다. 고객 가설을 공식화하는 것은 고객에 관한 가정 검증을 확인할 수 있게 한다.
- 고객 유형을 세분화하는 것이 중요하다. 내가 타깃으로 하는 고객 유형에 관한 구체적인 특성을 정의하면 결과를 다른 그룹에 일반화하지 않을 수 있다.
- 고객 가설의 근본적인 매개 변수는 [동기]이다. 동기는 고객의 목표를 깊게 이해하는 데 도움을 주며 제품과 과업에서 고객을 분리시키는 역할을 한다.
- 고객 가설의 [해야 할 일] 매개 변수는 고객이 목표를 성취하기 위해 이용하는 일을 파악하는 데 사용된다. 제품 사용 전반에서 고객은 원하는 결과나 목표를 성취하기 위해 다양한 작업에 참여할 것이다. 이러한 과업은 고객이 수행하는 작업을 제품에서 분리할 수 있도록 추적하는 요소다.

CHAPTER 6.
문제

글로벌 생활용품 기업 P&G^{Procter & Gamble}(프록터앤드갬블)가 면도기 제조사 질레트^{Gillette}를 합병할 때, 브랜드 마케팅 전문가 칩 버그^{Chip Bergh}는 새로운 전략을 세우게 되었다. 질레트는 미국에서 이미 성공한 기업이었지만, 버그는 새로운 성장 기회를 찾으면서 질레트의 현재 가능성을 활용하고자 했다. 성장을 위한 목적으로 버그는 질레트 사업을 새로운 시장인 인도로 확장하고자 했다.[1]

고객 중심 리서치로 유명한 P&G는 2주간 팀 전체를 인도로 보내는 것이 최선이라고 생각했다. 질레트 리서치 팀에게 에스노그라피 리서치는 새로운 업무였다. 질레트 팀은 고객을 이해하기 위해 양적 측정을 사용하여 매우 성공적인 회사를 설립했기에 고객을 더 잘 이해하기 위해 인도로 떠나는 아이디어는 자원 낭비처럼 보였다. 그래서 질레트 팀은 굳이 인도 여행 경비를 들이지 않아도 미국에 사는 인도 남자들에게서 똑같은 인사이트를 쉽게 얻을 수 있을 것으로 생각했다.

이러한 반대에도 불구하고 버그는 질레트의 리서치 팀이 인도로 가도록 설득했다. 방문 동안, 리서치 팀은 일주일 내내 남성이 면도하는 일상적인 루틴과 행동을 관찰하며 시간을 보냈다. 미국 남성들과 똑같은 부분이 많았지만, 곧 근본적인 차이를 알게 되었다. 인도 남성의 대다수가 수돗물을 사용하지 않고 면도한다는 점이었다. 면도를 위해 찬물 한 컵만을 사용하는 남성이 대부분이었다.

리서치 팀은 몹시 당황했다. 그들은 칼날에 털이 엉겨 붙어서 아무런 효과도 보지 못한 체, 면도기와 사투를 벌이고 있었다. 질레트의 면도 기술이 제대로 작용하기 위해서는 칼날을 깨끗하게 씻을 따뜻한 물이 필요했다. 고객이 큰 세면대 없이 찬물로 면도기를 사용할 것이라고는 상상도 할 수 없었다. 질레트 면도기 라인 전체가 이 같은 조건에서는 제대로 작동할 수가 없었다. 미국에서는 수돗물이 풍부했기에 물 사용과 이용 가능 여부에 관해 질문하려는 생각조차 하지 못했던 것이다.

그림 6-1 질레트가 만든 가드 레이저 면도기

신흥시장에서 발견한 새로운 기회에 흥분했던 리서치 팀은 따뜻한 수돗물을 이용할 수 없는 시장에 적합한 특별한 면도기를 새롭게 디자인하기로 결정했다. 그렇게 석 달 만에 출시된 질레트 가드 레이저는 인도 시장에서 가장 잘 팔리는 면도기로 자리잡게 되었다(그림 6-1 참고).[2]

질레트의 이야기는 고객이 당면한 문제를 잘못 가정했을 때 생길 수 있는 비용을 상기시키는 강력한 예시이다. 질레트 팀이 미국에 머물면서 미국인이 부딪히는 어려움을 다른 나라의 집단에도 일반화했더라면 인도에 사는 새로운 고객을 찾을 독특한 기회를 발견할 수 없었을 것이다. 결론적으로 고객은 문제를 해결한 것에 대해 보상을 해주지만, 해결하지 못한 경우에는 무시해버리고 마는 것이다.

고객의 유형, 동기와 마찬가지로 고객의 문제에 대해서 잘못 추측하기 쉽다. 고객이 실제로 문제를 겪고 있고 그 문제가 해결책을 찾을 만큼 불편한가를 검증하지 않으면, 결국 없는 문제를 찾아 해결책을 만들고 있는 최악의 결과를 초래하게 된다.

고객의 한계에 집중하기

문제 단계의 핵심은 무엇이 고객의 목표 달성을 가로막고 있는지에 초점을 맞추는 것이다. 고객 단계와 마찬가지로 문제 공간의 전체적인 그림을 파악할 수 있어야 한다. 전체적으로 파악이 되어야 적절한 해결책을 제시할 수 있다. 문제를 잘못 이해하면 비효율적인 해결책으로 방향을 잘못 잡거나, 더 나쁜 경우에는 고객에게 없는 문제를 새롭게 만들게 된다. 당신이 가진 제품에 기술적인 한계가 있을 수도 있지만, 고객이 원하는 결과를 성취하지 못하도록 걸림돌이 되는 여러 가지 외부 요인이 있을 수도 있다는 점을 명심하자.

고객이 지역 내에 있는 서비스 업체를 찾는 데 도움을 주는 웹 사이트의 사례로 되돌아 가보자. 고객이 서비스 업체를 찾지 못하는 요인에는 여러 가지가 있을 것이다.

돈

고객은 집 청소나 육아와 같은 서비스에 쓸 수 있는 돈이 한정되어 있다. 그러므로 정해놓은 비용 안에서 모든 조건을 충족할 수 있는 서비스 업체를 찾는 것은 매우 중요하다.

시간

고객에게 적당한 서비스 업체를 찾을 시간이 많지 않을 수 있다. 서비스 업체를 빠르게 찾을 수 있을 거라는 기대감을 품고 웹 사이트에 방문했는데, 검색 결과를 거르는 데 생각보다 시간이 너무 많이 걸려서 실망감을 느낄 수 있다.

지식

고객의 지식과 경험이 다양할 수 있다. 웹 사이트가 너무 단순해서 고급 기능을 선호하는 고객이 있는가 하면 초보 수준에 맞는 검색 경험을 원하는 고객도 있다.

자신감

고객에게 걱정이 많거나 좌절감이 들면 결정을 보류하거나 동기를 상실할 수 있다. 훌륭한 제품은 신뢰를 조성하고 고객에게 힘을 실어주며 목표 달성에 있어서 자신감을 심어 준다.

스킬

고객은 서비스 입체에 대해 전문적인 지식이 있고 웹 검색을 잘할 수 있다는 자신감이 있지만, 긴 메시지를 타이핑하는 스킬이 부족할 수 있다. 이 경우, 고객은 웹 사이트가 마음에 들어도 서비스 업체에 보낼 연락 양식을 모두 기입하는 과정이 어렵고 힘들게 느껴질 것이다.

고객의 문제 확인하기

"고객과 늘 대화는 나누는데, 막상 고객을 어렵게 하는 문제가 무엇인지 물어보면 그냥 '괜찮다'라고 말하거나 고객이 우리가 해결할 수 없는 문제를 요청해요."라고 말하는 이가 많다.

조사에 착수하고 고객과 대화하면서 걸림돌을 모두 제거하는 과정에서 단서가 부족해 팀이 좌절할 수 있다. 고객과의 대화는 고객의 문제를 살피는 훌륭한 방법이지만, 팀에서 실제로 해결할 수 있는 문제인지 확인하기는 어려울 수 있다.

인터뷰 진행자로서 고객이 하는 말을 듣는 것도 중요하지만, 고객이 말하지 않는 것을 살피는 일도 필요하다. 고객은 친절하게 보이고 싶어 하며, 무례하거나 불평이 많은 사람으로 보이고 싶어 하지 않는 경향이 있다. 문제를 '별거 아니다'라고 생각해서 문제나 비효율적인 해결책을 쉽게 받아들이고 마는 것이다. 그렇기 때문에 고객과 대화할 때 있어서, 신중하게 관찰하거나 자세히 듣지 않으면 이런 유형의 문제를 못 보고 넘어가는 실수를 범할 수 있다.

P&G의 또 다른 사례를 살펴보자. 1994년 P&G는 디자인 리서치 스튜디오인 컨티뉴엄과 제휴를 맺고 신제품 라인에 50억 달러의 수익을 창출하는 것을 목표로 청소 가전 제품에 새로운 혁신을 만들어 내는 데 도움을 주었다.[3]

마룻바닥을 어떻게 청소하는지 물었을 때, 다수의 고객이 빗자루와 대걸레를 사용한다고 답할 것이고, 대부분 그 방법도 나쁘지 않다고 생각한다.[4] 이 문제를 해결하고자 컨티뉴엄은 고객과 대화할 뿐만 아니라 고객의 집을 직접 방문해서 바닥을 청소하는 모습을 관찰하기로 했다. 컨티뉴엄 웹 사이트의 사례 리서치는 그들이 알게 된 것을 설명하고 있다.

> 바닥 청소는 하기 싫은 일에 속한다. 지루한 데다가 시간도 많이 소요되기 때문이다. 고객의 집을 방문하는 동안 우리는 사람들이 대체로 불쾌한 경험을 하게 되는 것을 관찰했다. 먼지와 물에 직접 접촉하게 되고 예상했던 것보다 시간도 오래 걸렸다. 사람들은 지저분해지게 될 것을 고려하고 미리 헤진 옷으로 갈아입었다. 그리고 빗자루와 쓰레받기로 바닥을 쓸었다. 그러고는 양동이를 가지고 와서 대걸레의 물기를 짜는 데 상당한 시간을 들여야 했다.

이들은 곧 바닥 청소 과정에 문제가 있음을 알게 되었다. 갈등을 일으키는 것은 단순히 제품 하나의 문제가 아니었다. 과정 자체가 문제였다. 거듭해서 관찰되는 것은 마룻바닥을 걸레질하는 일이 단조롭고 불필요하게 시간을 많이 잡아먹는다는 점이었다.

그래서 디자인 팀은 사람들이 걸레질하는 방식을 대폭 바꿀 방법을 알아보기로 했다. 대걸레가 먼지를 밀어내는 모습을 관찰하고, 고객이 걸레질하기 전에 빗자루로 먼저 쓴다는 점에 주목하면서 "대걸레가 스스로 먼지를 끌어당기면 어떨까?"라고 생각하기 시작했다.

팀은 일회용 패드로 정전기를 발생시켜 고객이 청소하는 동안 먼지를 끌어당길 수 있는 과정을 조사했다. 이 제품은 마침내 스위퍼 Swiffer로 이름을 알리게 되었고, P&G의 천문학적인 성공 사례로 꼽히게 되었다(그림 6-2). 실제로 2004년까지 스위퍼는 25%의 가정에서 사용했고 〈비즈니스위크Businessweek〉지는 '증권 시장을 놀라게 한 20가지 제품' 중 하나로 스위퍼를 소개하기도 했다.[5]

그림 6-2 스위퍼 청소기

고객의 행동을 통해 문제를 발견하는 것은 엄청난 능력이다. 보통 이런 문제는 발견되지 못하는 경우가 많은데, 고객에게는 일상의 일부이기 때문이다. 이러한 문제에 이미 익숙해져서 문제라고 표현하지 않는 것이다.

인도 여행이나 고객의 가정 방문은 어려울 수 있지만, 그렇다고 해서 고객 반응 유도에 도움을 주는 질문을 할 수 없는 것은 아니다.

웹 사이트 사례로 되돌아가서, 사이트에서 서비스 업체를 찾는 고객의 행동 방식을 이해하고 싶다면 이런 질문을 할 수 있다.

- 지난 6개월 동안 우리 사이트에서 서비스 업체를 몇 번 검색했나요?
- 서비스 업체를 찾지 못했던 적이 있었나요? 어떻게 검색했었나요?
- 마음에 드는 서비스 업체를 찾으면 어떻게 연락하나요?
- 서비스 업체가 24시간 안에 다시 연락하지 않으면 어떻게 하실 건가요?

완전히 과학적인 접근방법에서는 고객의 기억이나 본인 행동을 예측하는 고객의 능력에 의존하는 것이 이상적이지만은 않다. 하지만 이런 유형의 질문에 대한 답변은 고객의 행동에 유용한 지표가 될 수 있다. 직접 관찰이 늘 최선이긴 하지만, 그럴 시간이나 예산이 부족할 경우에 이런 유형의 질문도 분명한 도움이 되는 것이다.

문제 가설 공식화하기

고객 단계에서와 마찬가지로 고객과 대화를 나누기 전에 고객 문제에 관한 가정을 검증할 수 있는 가설로 공식화해야 한다. 가설 발전 프레임워크의 문제 단계는 아래의 가설 템플릿을 사용하고 있다.

우리는 [고객 유형]이 [문제] 때문에 [해야 할 일]에 좌절한다고 생각한다.

앞에서 [고객 유형]과 [해야 할 일] 매개 변수에 관해 논하였다. 문제 단계는 [문제] 매개 변수를 소개하는데, 이는 본질적으로 고객이 [해야 할 일]을 할 때 존재한다고 믿는 문제 혹은 한계이다.

데스크톱 퍼블리싱 소프트웨어인 스타독을 위해 설정한 고객 가설로 다시 돌아가 보자.

우리는 중소기업에서 일하는 사무직원이 홍보 책자를 만들 때 기업의 제품을 판촉하고자 하는 동기가 있다고 믿는다.

이상적으로 문제 단계에서 이 명제가 참인 것을 검증했다. 즉, 중소기업에 근무하는 사무직원과 충분히 이야기하고 난 뒤, 중소기업 근무자의 상당수가 기업 제품을 홍보하기 위해 홍보 책자를 사용한다고 판단한 것이다. 만약 많은 중소기업 근무자가 홍보 책자를 만들기 위해 스타독을 사용한다면, 이러한 목표를 달성하지 못하게 하는 장애물은 무엇일까?

이런 질문을 토대로 다음의 문제 가설 템플릿을 작성한다.

우리는 중소기업에 일하는 사무직원이 [문제] 때문에 홍보 책자를 만들 때 좌절한다고 믿는다.

우리는 고객 유형(중소기업에서 일하는 사무직원)과 해야 할 일(홍보 책자를 만드는 일)에 몰두했고 비로소 문제 단계에 넘어온 것이다. 여기가 바로 가설 발전 프레임워크에서 '진행'이 나오는 시점이다.

사무직원이 제품 홍보 책자를 잘 만드는 데 방해되는 한계, 제약, 문제, 좌절이 열거될 수 있었다. 예를 들어서, 직원이 홍보 책자를 만들 때 이런 점에 좌절한다고 생각할 수 있다.

- 미적으로 아름다운 디자인이 부족하다.
- 시작하는 데 많은 시간이 소요된다.
- 책자를 오류 없이 인쇄해서 바르게 접는 일이 어렵다.
- 책자에서 이미지 크기를 다시 지정해서 고품질로 인쇄해도 이미지가 잘 보이는지 확인이 필요하다.

이런 문제에 대해 고객과 대화하려고 한다면 논의 가이드에 이런 질문을 넣을 수 있다.

- 스타독에서 선택할 수 있는 책자 디자인 옵션에 대해 어떻게 생각하시나요?
- 책자 만들기를 시작하는 데 대략 시간이 얼마나 걸렸나요?
- 책자를 인쇄하는 과정이 어땠나요?
- 책자에 어떻게 이미지를 추가했나요? 그 과정은 당신에게 어떤 경험이었나요?

물론 논의 가이드에는 더 많은 질문을 포함할 수 있다. 우리가 인터뷰를 시작할 때 사용하는 한 가지 질문은 신디 앨버레즈의 '마법 지팡이 질문'이다.[6] 이 질문은 인터뷰에서 이렇게 사용할 수 있다.

> "당신에게 마법 지팡이가 있어서 무엇이든 비꿀 수 있다면, 홍보 책자 작성에 대해 무엇을 바꾸고 싶으신가요? 실행 가능성은 여기서 고려하지 맙시다."

고객에게 '마법 지팡이'는 해야 할 일을 언급할 때 창의적인 자유를 허용하고 꿈의 시나리오를 탐색할 수 있게 한다. 고객은 어느 정도 말이 안 되고 현실성 없는 답을 생각해낼 수도 있지만, 고객이 즐거운 상상을 경험하게 하는 동안 의미 있는 인사이트를 발견하게 된다.

해결할 가치가 없는 문제는 피하기

고객과 대화하면서 해결할 가치가 있는 질문을 듣는 것뿐만 아니라 해결할 가치가 없는 문제를 듣는 것도 중요하다.

서비스 업체 웹 사이트 사례로 돌아가서, 서비스를 홍보할 홈페이지가 없어서 서비스 업체가 불만을 가진 경우를 상상해 보자. 우리는 서비스 업체가 자체 홈페이지를 만들면 웹 사이트에서 관리를 도와주는 서비스 기회가 있을 것으로 생각했다.

홈페이지가 없는 서비스 업체와 이야기해 보니 많은 어려움을 듣게 되었다. 업체들은 인터넷상에서 자신이 존재감이 없다는 점을 불평하며 사업을 수월하게 해줄 수 있는 홈페이지가 있었으면 좋겠다고 했다. 홈페이지가 있는 경쟁사가 많은데, 홈페이지가 있으면 경쟁적인 우위에 있다고 생각했기에 이들은 좌절했다. 실제로 우리에게 홈페이지 제작 서비스를 요청한 업체도 있었다. 한 업체는 자체 홈페이지를 제작해달라면서 "제 지갑을 드리겠어요."라고 말했다.

이 문제는 해결할 가치가 있는 것처럼 보일 수 있다. 하지만 홈페이지를 원하는 니즈는 홈페이지가 있어도 문제가 존재하는 상황과 별반 다를 게 없었다.

고객에게 다음과 같은 질문을 한다고 가정해 보자.

- 현재 이 문제를 해결하고자 어떤 노력을 하고 있습니까?
- 이 문제를 해결하려고 얼마나 자주 노력하고 있습니까?
- 이 문제의 해결책을 찾는 데 보통 시간을 얼마나 사용합니까?
- 이 문제를 해결하려고 돈을 얼마나 투자했습니까?

업체 중 상당수가 자신의 홈페이지를 구축하는 데 도움을 달라고 말했지만, 그들에게 현재 이 문제를 해결하려고 무엇을 하고 있는지 물어보았을 때 업체들의 반응은 별로 의욕적이지 않았다.

우리와 대화한 업체 중 단 한 군데도 문제 해결에 돈을 들이지 않았다(자기 지갑을 주겠다고 했던 업체도 마찬가지였다). 게다가 해결책을 찾는 데 시간을 들이는 업체도 매우 소수였다. 상당수 업체에서 우리가 언급하기 전까지는 그 문제를 별로 생각하지 못했다고 인정했다. 그러므로 서비스 업체는 홈페이지가 없어서 불만스럽지만, 그것은 업체들이 해결하려는 동기가 있는 문제가 아니라고 결론을 내릴 수 있다.

그래서 스스로에게 질문을 해야 한다. "고객이 문제를 해결하려고 다른 제품도 사려고 하지 않는데, 우리 제품을 살 것으로 생각할 이유가 있는가?"

고객의 동기와 문제를 살펴본 바와 같이 결과를 수집하고 정리하는 일은 더욱 중요해질 것이다. 4장에서 논의한 대로 문서와 기록을 정리하는 데 도움을 줄 수 있는 디지털 도구가 많이 있다.

그리고 고객 인터뷰가 어떻게 진행되는지 성찰하고 평가하기 위해 프로젝트 전반에 걸쳐서 정기적으로 팀 미팅을 하는 게 매우 유용하다는 것을 발견했다. 알아가는 것에 대해 끊임없이 대화하는 팀은 고객과 고객의 문제를 훨씬 더 빠르게 이해하는 경향이 있다.

이 책의 후반부에 있는 10장과 11장을 반드시 살펴보기를 바란다. 후반부에 고객 인터뷰 데이터 수준을 유지하는 데 도움을 줄 수 있는 센스메이킹 활동을 포함했다. 이런 활동은 수집한 모든 데이터 지점을 보여줌으로써 당신의 팀이 패턴을 확인할 수 있게 도움을 준다.

우리는 고객들과 그들의 문제를 이해한다는 확신이 들 때까지 이러한 과정을 되풀이하고 고객 가설과 문제 가설을 검증할 것이다. 가설 발전 프레임워크의 처음 두 단계인 고객과 문제 단계를 통해서 고객의 이해를 발전시키고 있다. 그러나 고객 개발은 문제의 절반일 뿐이다. 고유한 기회나 해결할 가치가 있는 문제를 찾는 일은 흥미로울 수 있지만, 그 문제를 어떻게 해결하느냐에 따라 성공이 좌우된다.

핵심 정리

- 고객의 문제를 완전히 이해하면 비즈니스에 새로운 기회가 열릴 것이다.
- 돈, 자원, 지식, 자신감, 기술의 부족은 고객이 목표를 성취하지 못하는 걸림돌이 될 수 있다.
- 고객과의 대화는 풍부한 고객 데이터를 파악하는 훌륭한 저비용 방법이지만, 고객 행동을 직접 관찰하면 고객이 관심 없거나 중요하다고 생각하지 않아서 말하지 않는 인사이트를 열어줄 수 있다.
- 고객이 문제 해결에 필요한 제품이나 기능을 요청하는 데 상당한 목소리를 낼 수 있지만, 그것을 해결책을 얻기 위해 돈을 쓸 것이라는 암묵적인 합의로 착각해서는 안 된다.

파티타임 앱의 사례 다시 보기 Ⅱ

몇 가지의 타당화된 고객 가설로 무장하게 된 팀은 이벤트 계획에 스마트폰을 사용하는 적극적인 고객 이해에 더 자신감을 보이게 되었다. 수잔의 팀은 포틀럭 파티 기회에 관해 크게 기대했지만, 고객이 전부 문제 해결에 투자하지 않는다는 점을 알게 되었다.

고객이 포틀럭 파티를 계획하는 과정에서 불만을 느끼고, 그것을 유발하는 한계가 무엇인지 리서치하면서 자신감을 끌어올려야 했다. 한 주 전과 마찬가지로 고객이 성공적으로 포틀럭 파티를 못 하게 되는 원인이 무엇인지 여러 가지로 추측했다. 그러고는 가정을 문제 가설로 공식화하기 시작했다.

우리는 포틀럭 파티 플래너가 포틀럭 파티를 준비하면서 손님들이 파티에 똑같은 음식을 가져오는 일이 많아 좌절했다고 믿는다.

이렇게 수정된 가설을 통해 논의 가이드를 쉽게 만들어 수잔의 팀은 올바른 질문을 할 수 있게 되었다. 그들은 자체 고객을 유치하기보다, 스마트폰을 소지하고 지난 6개월 이내에 포틀럭 파티를 최소 2번 이상 계획한 사람들을 모집하기로 했다.

일은 순조롭게 진행되었고, 한 주 이내에 포틀럭 파티에 참여하거나 기획한 적이 있는 고객으로 거의 40명과 대화를 나누었다. 결과적으로 문제 가설의 상당 부분이 타당화되었다. 팀의 사기를 크게 올려주게 된 사건이었다.

게다가 고객은 문제 해결 방법으로 여러 가지 시도를 하는 것 같았다. 서면 참가 신청서를 올리거나 이메일로 음식을 추적하거나 어떤 고객은 포틀럭 파티를 계획하려고 3개의 다른 모바일 앱을 구매하기도 했다. 고객은 이런 방법 중에 어느 것도 썩 효과가 좋지 못했다는 의견에 모두 동의하는 듯했다.

팀원들의 에너지는 폭발적이었고, 그들은 유망한 기회를 발견했다. 이제 그들이 해야할 일은 그것을 해결할 올바른 방법을 알아내는 것이었다.

CHAPTER 7.
콘셉트

1950년, 미국 공군이 해결해야 할 중요한 문제가 생겼다. 조종사가 비행기를 조종하는 데 어려움을 겪어서 추락 사고와 사망 건수가 증가한 것이다.[1]

공군은 비교적 새롭게 확장된 군사력이었고, 미국은 한국전쟁에 참전하기 직전이었다. 당시는 조종사의 조종 능력에 대한 자신감이 떨어지기 시작해서는 안 되는 상황이었다.

그래서 팀은 문제를 찾기 시작했다. 엔지니어는 비행기를 점검하고 교관은 훈련 프로그램을 검토했으며 수사관은 조종 실수의 가능성을 고려했다. 하지만 이런 요소들은 비행기 추락 사고에 큰 영향을 주지 않은 것처럼 보였다.

공군이 조종석 자체의 문제를 고려하게 된 것은 바로 이때였다. 예전에 공군은 20년이 넘도록 조종사의 신장, 몸무게, 팔길이, 기타 신체 치수의 평균값을 근거로 처음 조종석을 디자인했다(그림 7-1 참고). 좌석의 크기, 모양, 페달과 기어 레버의 거리, 앞면 유리의 높이, 헬멧의 크기도 모두 이런 평균 치수를 사용해서 만들었다.[2]

만약 당신이 XL, L, M, S로 적절한 옷 사이즈를 정하는 데 문제가 있었다면 이 '평균 치수'가 좌절감을 주는 경험이라는 점이 분명하게 느껴질 것이다.

공군은 문득 비행기의 조종석이 너무 작다고 느꼈다. 무엇보다도 영양 상태와 생활 수준이 개선되면서 평균 미국 남성의 신장이 20년 전보다 커졌을 확률이 꽤 높았다(물론 이 시기에 여성 공군 조종사는 고려 대상조차 되지 않았다).

그림 7-1 항공업계에 많은 발전이 있었지만, 공군은 여전히 커티스 A-3 팰콘^{Curtiss A-3 Falcon} 과같은 훨씬 예전 모델의 비행기를 바탕으로 조종간을 디자인하고 있었다.

더 나은 조종석 디자인을 위해 공군은 평균 치수를 업데이트하기로 결정했다. 오하이오의 라이트 패터슨^{Wright-Patterson} 공군 기지 소속 연구진들은 4천 명이 넘는 조종사를 대상으로 새로운 치수를 측정했다. 총 140가지를 측정했는데, 여기에는 엄지손가락 길이, 밑위

길이, 조종사의 귀에서 눈까지 길이를 포함했다.[3]

23세의 리서처였던 길버트 S. 다니엘은 프로젝트에 배정된 팀원으로, 비행기 조종사의 신체 치수를 측정하면서 끊임없이 이 질문으로 괴로워했다. 남성 조종사 중 '평균 치수'에 실제로 맞는 사람이 얼마나 될까? 예를 들면 팀에서 측정한 조종사 4천 명 중 평균 치수와 딱 맞는 엄지손가락이 있는 사람이 있었을까?

그래서 다니엘은 지금까지 측정했던 모든 치수를 살펴보았다. 첫째, 평균으로 잡았던 140가지에서 최소한 10가지 치수에 맞는 조종사를 찾아보려 했다. 그는 최소한 10가지 치수에 맞는 사람도 아무도 없다는 점을 발견했다. 그러고 나서 최소한 140가지 중에서 5개 이상 정확하게 맞는 사람을 찾으려고 시도해보았다. 마찬가지로 최소 5가지 치수에 맞는 조종사가 한 명도 없었다. 마지막으로 140가지 중에 적어도 3가지에 부합하는 조종사가 없는지 살펴보았다. 분명하게 비행기 조종사 4천 명 중에 평균 치수 3가지에 정확히 맞는 사람이 한 사람이라도 있는 게 합리적일 것이다. 그러나 아무도 없다는 점을 알게 되었다.

1952년 보고서의 '평균적인 사람'에서 다니엘은 다음과 같은 결론을 내렸다.[4]

'평균적인 사람'은 디자인 평가 기준의 근거를 오해하게 하는 착시적인 개념이며, 특히 치수가 둘 이상 고려되었을 때 더욱 그러하다.

그러므로 다니엘은 공군이 조종석을 평균에 맞추어서 디자인하려고 했다면, 실제로는 누구에게도 맞지 않는 조종석을 디자인하고 있

었던 것으로 결론지었다. 공군은 문제를 이런 식으로 살펴보리라고
는 생각지 못했다. 공군은 조종사의 평균 치수를 가장 정확하게 측정
해서 기존에 생각하지 못했던 최대한 많은 조종사에게 적합한 조종
실을 디자인하기 위한 해결책을 도출하는 데 집중하고 있었다.

이런 발견은 시트, 페달, 헬멧, 조종 핸들 등을 포함한 새로운 혁신
의 맹위를 떨쳤다. 기술자들은 조종석이 비행기 조종사가 고유한 치
수에 맞게 조절할 수 있는 환경이어야 한다는 사실을 깨달았다. 비행
기 조종사가 자신의 개인적 니즈에 맞추기 위해 조종석의 환경을 설
정할 수 있게 했더니 성과가 상당히 오르고 추락 사고도 감소했다.

조종석을 조절 가능하도록 바꾸었더니 의도하지 않은 장점이 생
겼다. 여성이 군대에서 역할을 선보이기 시작하면서 장비와 비행기
가 여성의 치수와 크기에 맞게 조정할 수 있게 되었던 것이다. 이것
은 미국 역사상 가장 위대한 여성 조종사가 탄생하는 데 일조했고,
이후 더욱 다양하고 포괄적인 군대가 만들어지게 되었다.

문제 구조화하기

문제를 푸는 데 한 시간이 있다면, 나는 55분은 문제를 생각하
는 데 사용하고 5분은 문제를 푸는 데 쓸 것이다.

- 알버트 아인슈타인Albert Einstein

길버트가 단순히 명령을 따르고 더 정확하게 치수를 측정하려고
했다면, 공군은 누구에게도 맞지 않는 조종석을 만들었을 것이다. 하
지만 그는 전통적인 지혜에 의구심을 가졌다. "이 문제를 해결할 다

른 방법이 있을까?" 그는 스스로 자문하며 인사이트를 얻어냈다.

문제 해결을 위해 사용하는 전략은 해결책에 엄청난 영향을 미친다. 문제의 초점이 너무 좁으면 이면에 작용하는 더 큰 문제를 놓치게 된다. 초점이 너무 넓으면 문제 공간에 영향을 미치는 중요하고 미세한 차이를 놓친다.

문제의 구조화는 문제를 파악하고 정의하는 가장 정확한 방법을 찾는 과정이다. 우리가 직접 경험한 문제를 어떻게 구조화하는가는 적절한 해결책을 제시하는 능력에 영향을 미친다. 구조화는 자원과 능력을 고려하여 중요한 부분에 초점을 맞추고 효과를 창출할 수 있는 지점에 도달할 수 있게 도움을 준다.

우리가 기후 변화 문제를 해결하기 위해 5명으로 구성된 작은 팀을 꾸렸다고 가정해 보자. 기후 변화는 크고 복잡한 문제이다. 우리는 스스로에게 이렇게 말할지 모른다. "기후 변화 문제에 관해서는 끝이 없고 구조적인 문제가 있어서 5명으로 구성된 팀 하나가 문제를 해결하는 것은 불가능해요."

물론 이런 문제는 너무 광범위하게 구조화된다. 5명뿐인 팀 하나가 기후 변화를 근절할 수 있다고 기대하는 것은 합리적이지 못하다. 하지만 문제의 구조를 조금 다르게 보면 어떨까? 팀이 가족들에게 일상에서 환경친화적인 선택을 하도록 장려하는 방법에 집중하기로 정한다면? 소수 인원으로 구성된 팀으로서, 갖가지 디자인 챌린지를 다루는 방향성을 상상하는 일은 비교적 쉽다. 에너지 효율적인 전구, 온도조절장치, 창문 같은 제품을 설계하는 것부터 시작할 수도 있겠다.

제품을 설계하는 사람으로서 우리는 문제 공간을 탐색하고 정의하는 데 충분한 시간을 할당해야 한다.

고개 개발을 제품 개발로 효과적으로 전환하는 것은 다소 어려울 수 있다. 가설 발전 프레임워크에 콘셉트 단계를 추가하는 것은 바로 이 때문이다. 콘셉트 단계는 문제에 반응하는 아이디어를 형성하고 이 아이디어를 고객에게 테스트하는 데 집중한다.

아이디어 구상하기

가장 창의적인 팀은 서로 도움을 주는 환경과 공간을 유지하고 판단의 걱정 없이 아이디어를 탐색하고 공유한다. 아이디어를 제안하면 그 아이디어를 끝까지 지켜야 하는 법적 계약이라도 한 것 같은 잘못된 느낌이 들 수 있다. 우리는 아이디어가 비용이 거의 들지 않는다는 점을 잘 잊어버린다. 아이디어는 쉽게 구체적으로 만들거나 버릴 수 있다. 하지만 무언가를 잘못 디자인하는 것은 값비싼 대가를 치르게 된다.

그러므로 '계속해서 협동적으로' 남을 수 있는 최선은 아이디어를 공유하고 대안적인 견해에 귀 기울이며 다른 사람의 아이디어를 확장하려는 마음을 가지는 것이다.

세계적인 디자인 에이전시 IDEO의 설립자 데이비드 켈리[David Kelly]와 총괄 매니저 톰 켈리[Tom Kelly]는 지속적인 협업이 창의적인 탐구의 핵심 요소라고 생각한다.[5]

"IDEO에서는 "그건 나쁜 생각이야.", "효과가 없을 거야.", "예전에 해본 적 있어."라는 말을 잘 안 합니다. 우리는 다른 사람의 생각과 내 의견이 다를 때는 스스로 질문하도록 애씁니다. "아이디어를 어떻게 하면 더 좋게 만들까? 멋진 생각으로 만들려면 무엇을 더할 수 있을까?" 아니면 "새로운 아이디어가 영감을 주는 것은 무엇인가?" 이렇게 하다 보면 아이디어의 흐름이 끊기지 않고 창의적인 분위기의 에너지가 계속 유지됩니다. 누군가가 애써 노력했는데 찬물을 끼얹으면 대화가 중단될 수 있죠. 예상하지 못한 아이디어를 생각해내려면 이런 과정을 필수적으로 거쳐야 합니다.

문제에 접근하는 방식은 아이디어를 생성하는 능력에 영향을 미칠 수 있다. 민 바사더^{Min Basadur} 박사는 응용창의력 분야의 전문가로, 조직에서 창의적인 잠재력을 여는 데 도움을 주는 일을 하며 일평생을 보냈다. 바사더는 〈개념적 사고에서 복잡성을 줄이기^{Reducing Complexity in Conceptual Thinking}〉라는 글에서 팀의 창의적 탐구를 장려하는 방식으로 문제를 구체화하도록 도움을 주는 문제 구조화 기술을 설명하고 있다.[6] 이 방법은 "우리가 어떻게 할 수 있을까?"라고 하는 본질적인 질문으로 시작한다.

어떻게

새로운 질문과 호기심의 문을 연다. 문제를 바라보는 새로운 방법을 제안할 수 있다.

어쩌면

문제를 해결하는 데 여러 가지 방법이 있음을 시사한다. 효과가 있을 수도 있고 없을 수도 있다. 당장은 단순히 자신에게 무엇이 효과가 있을 것 같은지 질문한다. 이를 통해 전통적인 기대에서 완전히 창의적인 방법까지 다양한 가능성을 전반적으로 탐구할 수 있게 된다.

우리

복잡한 문제 해결에는 한 사람이 아닌 여러 사람의 협력이 필요하다. 미완성된 아이디어라도 보태려는 마음과 열린 마음으로 경청하고 다른 사람의 아이디어를 확장하려는 마음이 필요하다.

'우리가 어떻게 할 수 있을까?'는 아이디어를 생각해내는 훌륭한 방법이지만, 한편으로는 개발 수명 주기의 다른 많은 단계에서도 사용될 수 있다. 작은 내부적 문제(예: '이 리서치에 고객을 얼마나 모집할 수 있을까?')에 활용될 뿐만 아니라 큰 전략적 비즈니스 문제('우리 제품을 대학생들에게 어떻게 어필할 수 있을까?')에도 활용된다.

이 경우에 고객 문제를 해결할 아이디어를 생각하는 데 도움이 된다. 고객 중심을 유지하기 위해 우리 자신의 한계에 집중하는 질문을 자신에게 하는 일은 삼가야 할 것이다. 예를 들면 '우리가 왜 할 수 없을까?' 같은 질문을 해서는 안 된다. 이런 연속된 질문은 초점을 우리의 한계로 돌리기 때문이다.

문제를 다루는 아이디어를 탐색하면서, 주요 문제로 시작해서 팀이 '고객에게 걸림돌이 되는 것은 무엇일까?', '다른 방법은 없을까?' 하는 질문을 통해 문제 공간과 관련된 이면의 문제를 파악하게 하는 개념 지도인 아이디어 맵을 만들 수 있다.

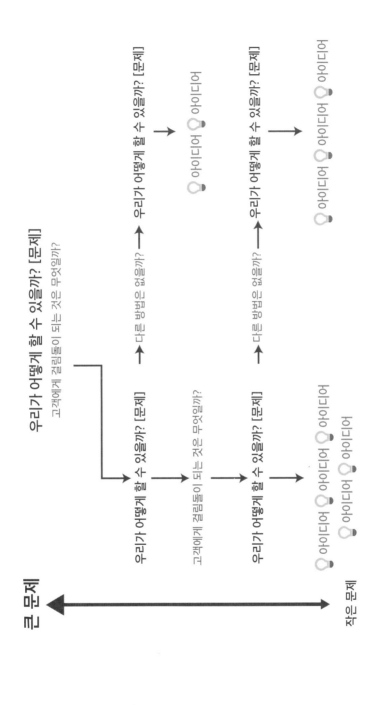

그림 7-2 "우리가 어떻게 할 수 있을까?"를 사용해서 아이디어 맵 만들기

더 큰 문제를 확인하기 위해 아이디어 맵에서 상위로 이동할 수 있고, 작고 해결할 수 있는 문제를 찾기 위해 하위로 이동할 수도 있다. 바사더는 이런 활동은 기습공격blitzing이라고 불렀는데, 문제들 사이의 관계를 파악하고 문제를 어떻게 해결할지 아이디어를 짜내기 시작할 수 있도록 스스로 질문하여 도전하는 활동을 의미한다.[7]

이 활동은 문제에 관한 정확한 표현을 찾기 위한 것이다. 다시 말해 대부분 아이디어를 생각해내는 기술이다. 아이디어 생성은 조직적으로 발생하는 경우가 많다. 넓은 문제로 시작하는 팀도 있고(예: 기후 변화 위기를 어떻게 해결할 수 있을까?) 좀 더 관리할 수 있는 문제로 방향을 좁힐 수도 있다. (예: 고객이 환경에 유익한 방법으로 조명을 켜도록 어떻게 지원할 수 있을까?) 어떤 팀은 문제 조사를 매우 좁은 질문으로 시작해서 더욱 체계적인 문제를 조사할 수 있도록 방법을 발전시켜 나가야 할 필요가 있다는 점을 알게될 수도 있다.

잠재력이 가장 높은 기회를 선택하기

일단 가능한 아이디어를 목록으로 만들고 나면 어떤 아이디어가 가장 많은 기회를 제공하는지 알기 어려울 수 있다. 또한 아이디어 맵에 표현된 아이디어에 대해서도 팀이 의견을 달리할 수 있다. 잘 조율된 팀에서도 진행을 지연시킬 수 있는 도전과제들인 것이다.

그러므로 콘셉트로 만들 가치가 있는 아이디어를 확인하기 위해 아이디어의 우선순위를 정해야 한다. 아이디어의 우선순위를 설정하는 데 도움을 주는 지침을 소개하고자 한다.

비용

자원 보유 수준에 따라 예상 개발 비용을 기준으로 아이디어의 우선순위를 결정할 수 있다. 다음에 투자할 큰 프로젝트를 찾고 있다면 가장 흥미롭고 비용이 많이 드는 아이디어를 검증하는 편이 높은 가치가 있다. 가장 저렴한 아이디어는 제품에서 없애야 하는 한계(예: 소프트웨어 프로그램 오류)가 명확하므로 추가적인 리서치 없이 구현이 가능하다.

위험

제품 위험을 바탕으로 아이디어의 우선순위를 정할 수 있다. 유망한 아이디어를 기획했는데 나중에 알고 보니 완전한 실패작으로 드러났을 때 그 제품이 고객에게 미치는 부정적인 효과는 얼마나 될까? 가장 유망한 아이디어를 리서치할 수도 있지만, 잘못 짚었을 때는 가장 높은 위험 요소를 떠안게 된다.

고객에 대한 효과

고객과 대화를 계속하면서, 이를 근거로 고객에게 가장 효과가 크거나 가장 큰 만족을 줄 것으로 생각하는 아이디어를 정리할 수 있다. 그러고 나면 가장 효과가 클 것으로 예상되는 아이디어를 선택해서 관련 콘셉트를 기획하고 실행할 수 있는지 확인하기 위해 고객에게 테스트할 수 있다.

차별화

경쟁사가 제공하는 해결책과 비교해서 고유함을 기준으로 아이디어를 정할 수도 있다. 가장 차별화된 아이디어는 추구할 가치가 있는 아이디어다. 하지만 없는 문제를 찾아 해결책을 만들고 있지는 않은지를 확인하고자 고객에게 테스트할 수 있다.

사업 목표

딩신이 속한 조직에는 신규 시장 진입, 고객이 앱을 최신 버전으로 업데이트하게 하기, 앱 내 구매 장려하기 등의 목표가 있을 것이다. 조직의 사업 목표와 가장 부합하는 아이디어를 우선순위로 정할 수 있다. 이 단계에서 최선이라고 생각되는 추측을 하고 있으면 괜찮다. 아이디어를 콘셉트로 구체화하면서 이런 사업 목표에 대해 고객과 함께 아이디어를 검증할 수 있다.

팀으로서 최선의 수익을 가져다줄 프로젝트를 결정해야 한다. 유용한 의사 결정 훈련 중 하나는 아이디어를 효과/노력 매트릭스로 구성하는 것이다(그림 7-3 참고).[8]

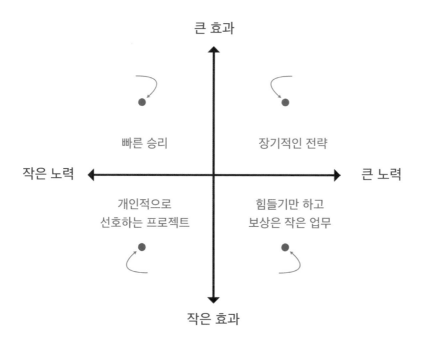

그림 7-3 효과/노력 매트릭스

기본적으로 아이디어를 2×2 매트릭스로 정리하여 고객에게 주는 효과와 팀의 노력을 비교한다. 고객에게 직접적으로 효과를 주는 아이디어는 팀에서 고객 가치, 만족, 바람직함, 유용성을 향상시킬 것으로 예측하는 프로젝트다. 그런 아이디어를 매트릭스로 정리할 때, 다음의 기준에 따라 평가할 수 있다.

큰 효과/작은 노력(빠른 승리)

고객에게 큰 효과를 주지만 요구하는 일의 양이 적은 아이디어는 분명하고 확실한 승리로 볼 수 있다. 이런 프로젝트는 쉽게 달성할 수 목표이기 때문에, 변화를 만들려면 그냥 계획을 세우면 된다.

큰 효과/큰 노력(장기적인 전략)

이러한 아이디어는 고객에게 큰 효과를 줄 수 있지만 팀원들의 상당한 헌신과 노력을 요한다. 하루아침에 실현되지는 않으니, 결과를 얻으려면 전략적으로 장기적인 목표를 세워야 한다.

작은 효과/작은 노력(개인적으로 선호하는 프로젝트)

해당 아이디어는 고객에게 직접적인 효과가 거의 없으며 시간의 투자나 자원 면에서도 비용이 많이 들지 않는다. 팀 전체가 프로젝트에 집중하기에는 명분을 세우기 어렵고, 상황을 정리할 필요가 있는, 일종의 '봄맞이 대청소'와 같은 개인적인 프로젝트나 해결책이 이에 해당한다.

작은 효과/큰 노력(힘들기만 하고 보상은 작은 업무)

이러한 프로젝트는 상당한 투자가 필요하지만 고객에게 즉각적이고 직접적인 이익을 가져다 주지는 못한다. 소프트웨어 코드에 대한 플랫폼 변경 혹은 팀의 효율성을 높이기 위한 도구나 프로세스의 재구성이 여기에 해당될 수 있다. 개인적으로 선호하는 프로젝트처럼, 팀에서 명분을 세우기 어려운 업무일 수는 있지만, 미래의 중요한 문제로 이어질 수 있다.

콘셉트 가설 공식화하기

아이디어를 콘셉트로 전환할 때, 콘셉트에 당신의 의도를 반영하는 것이 중요하다. 어떤 문제를 해결할 계획인지, 누가 사용할 것인지, 개념이 고객의 목표를 충족하는 데 효과적이라는 것을 어떻게 알 것인지 등을 고려하는 것이다. 고객 단계, 문제 단계와 마찬가지로 콘셉트 단계에도 이런 유형의 매개 변수를 추적할 수 있는 가설 템플릿이 있다.

우리는 [콘셉트]가 [문제]를 해결하고 [고객 유형]이 [해야 할 일]을 할 때 가치를 높이 평가할 것으로 믿는다.

우리는 [평가 기준]을 살펴봄으로써 이것이 사실이라는 것을 알게 될 것이다.

이전 장에서 논의한 것처럼 고객 단계와 문제 단계의 매개 변수는 콘셉트 단계로 이어진다. 하지만 새롭게 소개되는 매개 변수가 두 가지 있다.

콘셉트는 문제 해결뿐만 아니라 고객이 가치 있다고 평가하는 방식으로 문제를 해결해야 한다.

[평가 기준]

이 매개 변수는 콘셉트가 고객에게 가치를 제공하는지를 여부를 판단할 때 사용되는 평가 기준을 제시한다.

'우리가 어떻게 할 수 있을까?'와 고객 가설이 작용하는 방법을 알아보기 위해 파티타임 앱을 다시 살펴보도록 하자.

파티타임 앱의 사례 다시 보기 Ⅲ

수잔의 팀은 '어떻게 하면 고객들이 포틀럭 파티를 쉽게 구성할 수 있을까?'라는 질문을 던지면서 문제를 구조화하기로 했다. 그리고 '고객에게 걸림돌이 되는 것은 무엇일까?'라고 자문하기 시작했고, 고객이 인터뷰 동안 언급했던 좌절들을 모두 쏟아붓기 시작했다.

- 사람들이 비슷한 음식을 가져오는 것이 불만스럽다.
- 모두가 좋아할 음식을 찾기 어렵다.
- 가져올 음식을 바꿀 때 다른 사람들에게 알리기 어렵다.
- 모두가 먹을 음식량을 준비하기에는 비용이 많이 들 수 있다.
- 엄격히 식단을 조절할 때 먹어도 되는 음식인지 알기 어렵다.

고객의 여러 가지 문제가 확인되었으므로 '우리가 어떻게 할 수 있을까?'라는 언어를 사용해서 문제를 하나씩 쉽게 풀어보았다.

- 고객이 비슷한 음식을 가져오지 않도록 우리가 어떻게 미리 조치할 수 있을까?
- 고객이 포틀럭 파티에 어떤 음식을 가져올지 정하는 데 우리가 어떻게 도움을 줄 수 있을까?
- 고객이 가져올 음식을 바꾸고 싶을 때 파티 손님들에게 다시 알리는 데 우리가 어떻게 도움을 줄 수 있을까?
- 고객의 식단에 맞지 않는 음식을 가져오지 않도록 우리가 어떻게 도움을 줄 수 있을까?

팀원들은 파티 오거나이저 앱이 문제 해결에 도움을 줄 수 있는 온갖 방법을 브레인스토밍하기 시작했다. 이들은 효과/노력 매트릭스를 사용해서 아이디어의 우선순위를 정했다. 이를 통해 각 아이디어와 그와 관련된 개발 노력이 고객에게 주는 효과를 시각화할 수 있었다. 그들은 가장 큰 효과를 내는 아이디어의 파악이 가능해졌다. 또한 그들은 바로 실행해서 고칠 수 있는 쉽게 달성 가능한 목표를 확인하였다.

마지막으로 앱 스토어에서 고객이 인앱으로 구매해서 파티 오거나이저 앱에 추가할 수 있는 '포틀럭 플래너 팩'을 생성하는 아이디어를 수렴하기 시작했다.

팀은 다음의 콘셉트 가설을 세웠다.

우리는 포틀럭 플래너 팩이 포틀럭 파티를 계획하는 어려움을 해결하고, 포틀럭 파티를 계획할 때 포틀럭 파티 플래너가 이 앱을 가치 있게 생각할 것으로 믿는다.

그런데 이 가설이 유효한지 팀이 어떻게 알 수 있었을까? 이 콘셉트가 고객이 가치가 높다고 평가하는 방식으로 문제를 해결한다는 것에 동의하는 평가 기준은 어떤 식으로 만들었을까?

팀은 다음의 평가 기준을 콘셉트 가설에 더했다.

우리는 포틀럭 플래너 팩이 포틀럭 파티를 기획하는 어려움을 해결하고, 포틀럭 파티를 준비하는 파티 플래너가 이 앱을 가치 있게 생각할 것으로 믿는다.

우리는 고객이 '사용할 의향', '필요 충족'에서 5점 중에 최소 4점의 점수를 줄 때 이 명제가 사실임을 알게 될 것이다.

요약하자면 파티타임 앱 팀은 콘셉트 가설의 다음 매개 변수가 참이라고 믿었다.

콘셉트
포틀럭 플래너 팩 추가는 파티 오거나이저 앱에 포틀럭 파티를 계획하기 위해 특별히 디자인한 몇 가지 기능을 추가한다.

문제
포틀럭 플래너 팩이 해결할 수 있는 다른 문제가 있지만, 이 콘셉트를 실행할 수 있게 하려면 적어도 포틀럭 파티를 계획하는 문제를 해결해야 한다. 만약 그렇지 못하다면, 이 콘셉트는 오래가지 못할 것이다.

평가 기준
이 경우에 팀은 콘셉트가 고객이 가치 있다고 평가하는 방식으로 문제를 해결할 것이라는 높은 기대가 있었다. 그래서 팀은 고객이 '사용할 의향', '필요 충족'에서 5점 중에 최소한 4점은 줄 것을 기대했다.

스토리보드를 이용해 이벤트 구성하기

콘셉트는 기능을 그냥 모아놓은 것이 아니라 다양한 고객 접점에서 도출된 경험이다. 스토리보드는 고객이 콘셉트로 하게 될 경험을 설명하는 데 도움을 주는 효율적인 도구가 될 수 있다.

콘셉트의 스토리는 스토리보드의 각 프레임을 통해 구체화할 수 있다. 우리는 경험의 '넓은 획'을 보여주는 스토리보드의 3가지 프레임으로 시작하는 것을 좋아한다. 이 3가지 프레임은 콘셉트가 소개되기 전과 콘셉트가 소개되는 과정, 그 이후에 고객의 스토리를 보여준다(그림7-4 참고).

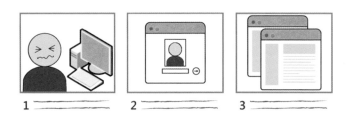

그림 7-4 콘셉트가 소개되기 전, 콘셉트가 소개되는 과정, 소개된 이후의 경험을 보여주는 3가지 스토리보드 프레임을 사용할 수 있다.

프레임마다 아래에 프레임이 보여주는 내용을 설명하는 문장을 한두 개 적으면 좋다.

스토리보드를 시작할 때 고려해야 할 사항이 몇 가지 있다.

- 고객의 동기는 무엇인가? 스토리에서 달성하고자 노력하는 바는 무엇인가? (동기)
- 고객이 참여하고 있는 일은 무엇인가? (해야 할 일)
- 고객이 목표를 성취하는 데 방해가 되는 것은 무엇인가? (문제) 고객은 이 문제를 어떻게 생각하는가?
- 고객의 한계를 극복하도록 도움을 주기 위해 어떤 해결책을 도입하는가? (콘셉트)

고객에게 정확한 피드백을 얻도록 스토리보드를 공유할 수도 있다. 또한, 고객에게 이런 질문을 할 수 있다. "공감되는 스토리가 있나요? 익숙한 스토리는 무엇인가요? 이런 스토리와 같은 경험을 해본 적이 있나요?"

고객에게 콘셉트 실험하기

1975년 휴가철에 소니[Sony]는 미국의 가정생활에 혁신적인 변화를 가져올 것으로 믿었던 기기를 출시했다. 소니는 이 기기가 전화기의 발명만큼 중요하며 '시간 장벽을 허물 것'이라고 예고했다.[9] 소니는 이 장치를 LV-901라고 불렀는데, 사람들 대부분은 배타맥스[Betamax]라고 알게 되었다(그림 7-5 참고).

이 장치는 소매가 2,295달러라는 엄청난 가격으로 등장했다.[10] 배타맥스는 무겁고 부피가 컸지만, 소니는 이것이 최첨단 디자인이라고 주장했다. 여기에는 고객들이 여태껏 본 적 없는 카세트 레코더와 아날로그 시계, 19인치 풀컬러 트리니트론 디스플레이 등이 포함됐다.

최초의 가정용 비디오카세트 레코더였던 이 장치는 기능이 많았지만, 주요 판매 포인트는 고객이 마침내 텔레비전 프로그램을 녹화할 수 있다는 점이었다. 오늘날의 DVR, 온디맨드on-demand 및 온라인 스트리밍 서비스로 인해 좋아하는 TV 프로그램을 놓칠 수 없다는 것은 상상할 수 없지만, 70년대에는 많은 TV 시청자들에게 문제가 되었다.

그림 7-5 소니의 LV-901, 일반적으로 배타맥스로 알려져 있다.

1년 후, 비디오 녹화와 유사한 개념의 영상/음향 기기 제조업체인 JVC는 비디오 홈 시스템VHS라고 불리는 테이프와 비디오 레코더를 소개했다. 그리하여 '비디오테이프 표준 전쟁'이라는 뿌리 깊은 경쟁이 시작되었다.

당시 이러한 관계는 맥 대 PC, 아이폰 대 안드로이드 간의 경쟁과 맞먹었다. 어떤 녹화 형식이 더 나은지에 대한 의견은 사람마다 매우 달랐으므로 이 주제에 관해서는 늘 열띤 토론이 열렸다.

JVC가 시장에 진입했을 때 소니는 이미 우세한 위치에 있었다. 소니는 화질과 내구성이 뛰어나다는 평가를 받는 동영상 포맷을 갖고 있었고, 미국 전자 제품에서 강자로 부상하고 있었다. 그러나 바람이 돛을 향해 불어오는 것 같은 호의적인 여건에도 배타맥스는 완전히 실패했고 JVC의 VHS 방식은 압도적인 승리를 거두었다. 왜 이런 일이 생겼을까?

고객이 집에서 텔레비전 방송을 녹화하기를 원한다는 점에는 의심의 여지가 없었다. 의도와 목적 모두에 있어서 이것이 분명하게 입증되었다는 점에 동의할 수 있었다. 그러나 소니와 JVC는 문제를 해결하기 위해 근본적으로 다른 접근방식을 취했다. 소니는 품질, 정확성, 디자인에 가치를 두었고 JVC는 적절한 비용과 이용 가능성에 중점을 두었다.

배타맥스와 VHS의 결정적인 차이는 녹화 시간의 분량이었다. 배타맥스 카세트는 VHS 카세트보다 상당히 작아서 테이프가 담을 수 있는 분량이 더 한정적이었다. 배타맥스 테이프는 한 시간 분량의 방송만 녹화할 수 있던 반면 VHS 테이프는 최대 4시간까지 녹화할 수 있었다. 소니는 텔레비전 방송이 대부분 1시간 미만이므로 녹화 시간이 짧아도 녹화 화면의 품질이 좋으면 충분히 타협할 가치가 있다고 생각했다.[11] 반면에 JVC는 품질은 조금 떨어지더라도 가격 면에서 덜 비싼 편이 더 좋으리라 생각했다.

머지않아 영화를 대여하는 회사들이 우후죽순 생겨나면서 고객들이 집에서 영화를 볼 수 있게 되었다. 이 시기에는 개인 비디오 기계를 사지 못하는 고객이 많았기 때문에 종종 영화를 빌릴 때 비디오 징치를 함께 빌렸다.

기업 소유주들은 모든 영화를 두 가지 형식으로 갖추기에는 비용이 너무 많이 들기 때문에 가게에서 어떤 형식을 취급하고 싶은지 결정해야 했다. 그리하여 더 저렴하고 이용하기 편리한 VHS 형식이 서서히 가정용 영화 대여업체들의 표준이 되어갔다.

다시 말해 대여업체에서 VHS를 이용하게 되면서 소비자가 가정용 비디오 문화의 표준을 JVC로 연상하는 것에 빠른 도움을 주었다.

소니는 '고객은 가장 좋아하는 텔레비전 방송을 녹화하고 집에서 영화를 보고 싶어 한다'라는 문제를 바르게 해결하고 있었고, 시장에 가장 먼저 뛰어들었다. 하지만 결과적으로 고객이 가치 있다고 평가하는 방식으로 문제를 해결하는 데 실패했다. 소니는 비디오와 음향 품질이 최상인 제품을 만드는 것에 집중했다. 이런 특성이 중요한 소비자도 있을 수 있지만, 대개 고객들은 적당한 가격의 테이프와 비디오 장치를 원했다. 고객은 최상의 품질을 위한 고급화에 돈을 들일 마음이 없었다.

소니가 고객에게 "방송을 녹화할 때 최상의 영상과 음질을 원하십니까?"라고 질문했다면 분명히 그렇다고 답했을 것이다. 하지만 소니가 "비디오 가격과 비교하거나 테이프 하나에 녹화할 수 있는 분량과 비교해서 품질이 얼마나 중요합니까?"라고 물었으면, 고객은 다른 이익을 위해 어느 정도의 품질 저하는 감수할 용의가 있다고 말했을 것이라 예상된다. 소니가 배타맥스의 기획을 우선순위에 놓기 시작하면서 이 점은 그들에게 중요한 발견이 되었을 것이다.

콘셉트의 베네핏과 한계를 테스트하면서, 고객에게 가치를 제공함과 동시에 제품에 포함할 최소한의 기능을 결정할 수 있다. 이렇게 가격과 이익을 조정하는 접근 방식은 MVP^{Minimum Viable Product, 최소 기능 제품}를 만들 수 있도록 할 것이다.

콘셉트 가치 테스트

고객에게 콘셉트를 테스트하고 피드백을 얻는 데 사용하는 접근 방식을 콘셉트 가치 테스트^{Concept Value Test}라고 한다. 고객은 우리의 초기 아이디어를 평가해서 피드백을 남기고 콘셉트가 충분한 가치를 제시하는지 평가하는 데 도움을 준다. 콘셉트 가치 테스트에는 어떤 요소가 있으며, 각각의 요소들이 어떻게 작용하는지 살펴보자.

고유 가치 제안(UVP)

모든 콘셉트는 흔히 'UVP'라고 불리는 고유 가치 제안^{Unique Value Proposition}을 갖추어야 한다. 비즈니스 용어로는 '엘리베이터 피치 elevator pitch'라고 부른다. 본질적으로 고객에게 설명할 때는 최대한 간단명료하게 말해서 콘셉트가 얼마나 독창적이고 주목할 가치가 있는지 설명한다.[12]

콘셉트의 가치 제안을 밝히고 나면 고객에게 "이 점에 대해서 어떻게 생각하시나요?" 혹은 "이런 것을 사용할 수 있게 된다면 어떻게 사용하실 건가요?"라는 질문을 할 수 있다. 또한 그 경험의 몇 가지 고차원적인 접점을 설명하는 스토리보드를 제시할 수도 있다. 요령은 구체적인 사항을 너무 자세히 이야기하지 않고 '이해할 수 있을 만큼만' 직당한 세부 사항을 제공하는 것이다. 가치 제안이나 스토리보드를 적당히 모호하게 하면 고객이 본인의 생각으로 경험을 채울 수 있게 된다.

예를 들면 웹 사이트 포털에 서비스 업체를 위한 홈페이지 제작 서비스를 제공하려고 한다고 가정해 보자. 우리의 가치 제안은 이렇게 들릴 수도 있다.

프로 플러스의 서비스(본문에서 다뤄온 지역 서비스 공급 웹 사이트)는 기업용 자체 홈페이지 제작에 도움을 준다. 프로 플러스는 사전에 제작된 수백 가지의 웹 사이트 템플릿에 접근할 수 있다. 템플릿은 보기에도 멋지고 쉽게 설정을 변경할 수 있다. 모든 템플릿은 자체 서버에서 운영 관리하며 99.9%의 가동 시간을 보장한다.

이런 설명은 많은 질문을 생각나게 한다. "비용을 얼마나 들까요? 템플릿은 어떻게 생겼나요? 템플릿의 설정을 바꾸는 데는 몇 가지 옵션이 있나요? 가동 시간이 99.9%라는 말은 무슨 뜻인가요?" 여기에는 의도가 있다. 해결책을 출시할 때 반드시 답해야 하는 질문이므로 고객이 어떤 유형의 질문을 하는지 알아야 한다. 고객이 실행에 관해 묻는 경우, "당신이 생각했던 템플릿 설정 변경 옵션은 무엇입니까?"와 같이 질문할 수 있다.

고객에게 여백을 채울 권한을 주는 것은 가치 있는 연습이다. 가정을 타당화하거나 간과하고 지나칠 수 있는 경험적 측면을 강조할 때 도움을 준다.

베네핏(benefits)

콘셉트마다 여러 가지 베네핏이 있다. 베네핏은 구체적으로 실행되는 세부 사항이 아니라 콘셉트를 사용하면서 고객이 얻을 수 있는 가치에 초점이 맞춰져야 한다. 플러스의 서비스 사례에서 '우리가 어떻게 할 수 있을까?'를 브레인스토밍하는 동안 구상한 기능에 관한 모든 아이디어가 베네핏이 될 수 있다.

프로 플러스는 다음과 같은 기능을 제공한다.

- 3가지 단계만으로 간단하게 홈페이지를 구성할 수 있다.
- 프로필에서 사업에 관한 구체적인 정보를 자동으로 인식해서 규격화된 웹 템플릿에 넣을 수 있다.
- 사이트의 방문객을 추적해서 고객에게 매주 '활동 보고서'를 이메일로 보낸다.
- '우리에게 연락하기' 양식을 제공하여, 입력 시 사용자의 이메일 주소로 전송된다.

이런 베네핏들은 [한두 문장]의 짧은 설명으로 소개할 수 있다. UVP와 마찬가지로, 베네핏이 고객에게 어떤 의미를 갖는지에 대한 인식에 관심을 가져야 한다. 고객의 질문은 고객 스스로 관심 있는 것을 강조하게 되기 때문에 그들의 질문에 관심을 가져야 한다. 예를 들면

고객: "활동 보고서에 고객이 실제로 방문하는 페이지를 포함하고 있습니까?"

인터뷰 진행자: "이것이 당신에게 필요한가요? 어떤 도움이 될 수 있을까요?"

고객: "그런 것 같아요. 우리 가게는 많은 자동차 세부 정보와 수리 서비스가 있는데, 사람들이 제일 많이 방문하는 서비스가 어떤 건지 저도 알고 싶은 것 같습니다."

또한 고객에게 '가장 효과가 큰 것'부터 '가장 효과가 작은 것'까지 베네핏의 순위를 정하도록 할 수 있다. 이렇게 하면 팀에서 콘셉트의 우선순위를 정하고 MVP의 마지노선을 정하는 데 도움을 준다. 고객에게 가치의 순위를 지정하도록 요청함으로써 고객에게서 가장 가치 있는 것과 가장 가치 없는 것을 확인할 수 있다.

한계

최고의 콘셉트라도 한계가 있게 마련이다. 콘셉트가 해결할 수 있는 점뿐만 아니라 해결하지 않을 사항도 모두 반영해야 한다. 콘셉트의 한계에 관해 솔직하고 투명하게 밝히는 것이 중요하다. 콘셉트 개발을 시작하기 전에 고객이 콘셉트를 사용하는 데 걸림돌이 되는 한계가 무엇인지 아는 편이 좋다.

한두 문장의 설명으로 제품의 장점을 밝힐 때처럼 제품의 한계를 드러낼 수도 있다.

프로 플러스는 다음과 같은 기능은 제공하지 않는다.

• 소스 코드 수정, 숨어 있는 CSS 파일 변경

- 100MB가 넘는 크기의 파일 관리
- 온라인 포럼에서 수집한 데이터 보내기
- 다른 사용자에게 관리 접근 권한 제공하기

베네핏과 마찬가지로, 고객에게 '가장 영향력이 큰 것'부터 '가장 영향력이 작은' 것의 순서로 한계의 순위 역시 정하도록 할 수 있다. 이렇게 하면 고객이 콘셉트를 사용하지 못하는 가장 큰 걸림돌을 확인하는 데 도움을 줄 것이다.

하지만 내 생각에 거래를 가로막는 결정적인 한계가 사실 한계점이 아닐 수도 있다. 예를 들면 웹 사이트에서 소스 코드를 수정하지 못하게 하는 아이디어를 서비스 업체가 좋아한다는 상황을 가정해 보자. 고객은 코드 관리 도구를 제공했더라면 그 경험이 매우 두렵고 혼란하다고 생각했을 수 있다. 실제로 코드를 보여주지 않는 것을 좋아했고 장점으로 보았다.

고객이 사용하지 않는 기능에 대한 투자를 피한 덕분에 팀은 많은 시간을 절약할 수 있었다. 서비스 업체가 소스 코드를 변경할 수 있는 도구를 만들려고 매우 많은 시간을 들였는데 알고 보니 그 기능을 아무도 사용하지 않는 경우를 상상해 보자.

이런 유형의 발견이 콘셉트 가치 테스트를 소중하게 만드는 이유이다.

평가

콘셉트 가치 테스트를 진행하는 중에도 우리가 제시하는 콘셉트에 관해 고객의 풍부하고 질적인 반응을 얻게 되지만, 양적인 데이터도 수집하길 원할 것이다. 콘셉트 가치 테스트는 일반적으로 소규모의 샘플로 작업하기 때문에 이런 평가를 '유연한 양적' 평가라고 간주한다. 리서치 결과에 통계학적으로 유의미함을 찾고 있는 게 아니라 단지 콘셉트에 분명한 효과가 있는지를 확인하고 싶을 뿐이다. 콘셉트가 발전하면서 고객 평가를 모니터링하고 비교하며 반복 작업의 효과를 판단할 수 있다.

고객에게 콘셉트의 가치 제안, 베네핏, 한계를 자세히 설명한 후 다음과 같은 질문을 할 수 있다.

이 콘셉트가 문제를 해결하거나 니즈를 충족할 수 있을까요?

1	2	3	4	5

매우 그렇지 않다.   매우 그렇다.

질문의 이유

고객에게 콘셉트에 관해 이야기하면서 문제 가설을 계속 타당화할 기회가 생긴다. 다시 말해 내가 올바르게 문제를 해결하고 있는지 늘 확인해야 한다.

집중해서 들어야 하는 것

다음과 같은 응답에 주의를 기울여야 한다.

- "이건 나에게 문제가 되지는 않지만, 이런 문제를 겪는 사람들을 많이 알고 있습니다."
- "나는 이런 문제는 없지만, 그래도 이건 멋진 생각이네요."

많은 고객에게 이런 유형의 의견을 듣고 있으면 콘셉트가 그 유형 고객의 문제를 바르게 해결하고 있지 않다는 신호가 될 수 있다. 고객 세분화를 조정하거나 다른 문제를 해결하는 데 집중하는 것을 고려할 수 있다.

콘셉트를 사용할 수 있게 된다면 사용할 의향이 있습니까?

1	2	3	4	5

매우 그렇지 않다.   매우 그렇다.

질문의 이유

이 질문은 고객이 콘셉트를 써볼 의향이 있는지 결정하는 데 도움을 준다. 우리가 해결하려고 하는 문제로 고객이 어려움을 겪으며 콘셉트가 그 문제를 해결한다고 생각하면 높은 점수를 기대할 만하다.

집중해서 들어야 하는 것

이런 위험 경보 신호에 주의를 기울여야 한다.

- "지금 당장은 이런 문제가 없지만, 혹시 문제가 생기면 확실히 써볼 것 같아요."
- "지금 당장은 이런 문제가 없지만, 여유가 생기면 써볼 마음이 생길 것 같아요."

이런 신호는 고객이 현재 겪고 있지 않은 문제를 해결하고 있음을 나타내는 신호이다. 그리고 해결하려는 문제가 단지 당장 급한 문제는 아니라는 신호일 수도 있다.

즉 고객에게 문제 해결을 위한 동기가 없으면 콘셉트가 필요하지 않을 확률이 높다.

콘셉트를 친구, 가족, 동료에게 추천하실 의향이 있습니까?

1	2	3	4	5

매우 그렇지 않다.   매우 그렇다.

질문의 이유

고객에게 콘셉트에 관한 의견을 물으면 긍정적인 답변을 줄 수 있다. 그런데 고객에게 자신의 평판이 걸려 있는 의견을 물으면 훨씬 더 비판적으로 된다. 우리는 이 질문을 '진실을 밝히는 약'이라고 정감있게 부르는데 고객의 진짜 의견을 이해하게 되는 방법이기 때문이다.

집중해서 들어야 하는 것

다음과 같은 응답에 귀를 기울인다.

- "글쎄요, 남에게 추천하기 전에 어떤지 제가 직접 알아봐야겠어요."

콘셉트를 추천하기 전에 고객이 알고 싶어 하는 것은 우리가 관심을 두는 요소이다.

이런 인사이트가 가치 있는 이유는 고객이 우리 해결책을 '신속하게 확인해 볼' 계획을 어떻게 세우는지 효과적으로 알려주기 때문이다. 이런 점은 만약 콘셉트를 오늘이라도 출시하면 이 콘셉트가 약속을 지키는지 고객이 점검할 수 있는 요소이다.

이 콘셉트가 해결책으로 얼마나 믿음직합니까?

1	2	3	4	5

거의 믿음이 안 간다.   매우 믿음직하다.

질문의 이유

'믿음직함'에 관한 질문은 콘셉트를 해결책으로 출시하게 되면 회의적인 반응이 나올지를 판단하는 데 도움을 줄 것이다. 이 지점에서 고객에게 처음 개념적인 아이디어를 보여주고 있다. 아직 구체적인 일의 흐름이나 특정한 실행의 세부적인 점을 깊이 있게 보여주지 않았다.

집중해서 들어야 하는 것

고객은 "어떻게 하려고 하는지는 알겠는데 그렇게 되지는 않을 것 같아요."라고 말할지 모른다. 고객은 콘셉트가 시장에서 실패할 거 같다는 의견을 내놓을 수 있다. 믿음직함의 점수로 이해하려고 하는 바는 바로 이런 유형의 의견이다.

하지만 고객이 콘셉트가 믿음직하고 유용하다고 생각하면 시장에서 해결책을 채택할 시기가 되었다는 긍정적인 조짐이 된다.

이 콘셉트가 현재 사용할 수 있는 다른 해결책과 비교해서 얼마나 다른가요?

1	2	3	4	5

조금도 다르지 않다.   매우 다르다.

질문의 이유

콘셉트가 이상적으로 진화하면서 경쟁하는 해결책들을 주시하게 될 것이다. '고유함'에 대한 질문은 고객이 콘셉트에서 경쟁사가 제공하는 것보다 더 새롭고 다른 가치를 발견하는지 확인하는 데 도움을 준다.

집중해서 들어야 하는 것

고객이 인식하지 못하는 해결책을 제시할 기회이다. 많은 고객이 자체 도구나 대안을 활용해서 문제를 해결하는 방법을 찾는다. 자신의 고유한 해결책으로 만족하는 고객에게 귀를 기울여본다. 이것은 콘셉트가 경쟁사가 제공하지 않는 무엇을 제공하고 있기는 하지만, 고객은 스스로 문제를 해결하고 있음을 보여주는 것일 수 있다. 요약하자면 콘셉트가 독특하게 문제를 해결한다고 해서 고객이 이 콘셉트가 필요할 거라고 가정해서는 안 된다.

콘셉트 가치 테스트의 고려 사항

콘셉트 가치 테스트가 고객의 피드백을 이해하는 훌륭한 평가 방식을 제공하지만 동시에 고려해야 하는 다른 요소들도 있다.

의견 수립하기

콘셉트 가치 테스트에서 가장 중요한 측면은 문제를 해결할 방법을 계획할 때 분명하고 명확한 의견을 표현하도록 만들어야 한다는 점이다. 예컨대 이런 질문을 할 수 있다. "그냥 모든 콘셉트를 고객에게 보여주고 어느 것이 최고라고 생각하는지 말해달라고 하는 것은 어떤가요?" 이는 효율적이지 않은 접근 방식인데 고객에게 문제 해결의 책임을 떠넘기는 방식이기 때문이다. 올바른 해결책을 찾는 일은 고객이 아니라 우리가 할 일이다.

그러므로 고려 중인 콘셉트에 관해 팀이 의견을 확립하길 권장한다. 고객의 솔직한 피드백을 진심으로 환영하게 되면 고객은 내 의견에 올바른 견해가 부족할 때 기꺼이 알려주려고 할 것이다.

여러 가지 콘셉트 가치 테스트를 병행해서 시행할 수도 있는데 이때 한 명의 고객에게 같은 문제를 해결하는 데 다른 접근방식의 여러 콘셉트 가치 테스트를 보여주는 일은 삼가야 한다. 첫째, 다양한 선택안을 평가하는 일은 인지적으로 벅찰 수 있다. 둘째, 고객은 먼저 접한 콘셉트의 순서대로 콘셉트를 선호하게 되는 편견이 생길 수 있다.

상황을 단순하게 하려면 하나의 콘셉트 구상을 팀으로 함께 작업해서 고객에게 테스트하고 고객 피드백을 근거로 콘셉트를 정교하게 만들도록 한다. 나중에 반복 작업을 위해 필요하다면 대안을 미리 준비해둘 수 있다.

콘셉트 가치 테스트는 사용성 테스트가 아님을 인식하기

콘셉트 가치 테스트에서 가장 가치 있는 점은 콘셉트를 통합하는 데 큰 노력이 필요하지 않다는 것이다. 우리는 단일 이미지, 와이어 프레임, 작업 흐름 없이 콘셉트 가치 테스트를 성공적으로 실행해왔다. 콘셉트 가치 테스트는 사용성 테스트가 아니다. 다시 말해 특정한 작업 흐름, UI 요소나 상호작용을 테스트하고 있는 게 아니다. 이러한 종류의 정교화는 기능 단계에서 진행될 것이다.

콘셉트와 관련된 언어를 정교하게 하기

콘셉트 가치 테스트 과정을 통해 얻을 수 있는 매우 귀중한 결과는 팀이 MVP에 관해 효과적으로 전달하는 방법을 배운다는 것이다. 고객과 대화를 나누고 베네핏과 한계의 순위를 매기며 평가 점수를 검토하고 나면 팀은 콘셉트에서 중요한 것과 중요하지 않은 점을 이해하기 시작한다. 이 과정을 통해 콘셉트의 베네핏과 한계를 설명하기 위해 사용하는 단어를 수정할 것이다. 이런 표현은 기능 단계에서 유용하다. 기능 단계에서는 디자인하는 것과 디자인하지 않을 것을 분명하게 기술해야 한다.

파티타임 앱의 사례 다시 보기 IV

파티타임 앱 팀은 포틀럭 플래너 팩 아이디어에 관한 구체적인 사항을 구상하고 고객에게 보여주기 시작하면서 기대가 있었다. 팀은 화면을 공유할 수 있는 화상 회의 솔루션을 사용해서 고객과 대화하기 시작했다.

먼저 파티 오거나이저 앱을 이미 사용한 경험이 있는 고객들과 대화를 시작하기로 했다. 고객이 화상 전화에 참여할 때 콘셉트의 시나리오, 가치 제안, 베네핏과 한계를 자세히 살펴볼 수 있도록 프레젠테이션 슬라이드를 공유했다.

팀은 고객을 위한 단계 설정을 위해 단순한 시나리오를 구상했다.

상사는 연례 업무인 포틀럭 파티 진행을 당신에게 맡겼다. 당신은 팀의 25명 모두에게 초대장을 보내고 참석자 명단을 확보할 책임이 있다.

고객은 시나리오를 실제로 확인하고 포틀럭 파티를 계획하면서 어려움을 겪었던 사례를 종종 공유했다. 이런 활동 덕분에 해결할 가치가 있는 문제를 발견했다는 것을 더욱 확실하게 확인했다. 다음으로 콘셉트에 관한 UVP를 공개했다.

포틀럭 파티 팩은 포틀럭 파티를 기획하고 참석하는 기능을 제공하는 추가 소프트웨어다.

수잔은 높은 수준의 몇 가지 경험을 자세히 살펴볼 수 있도록 하는 간략한 스토리보드를 구상했다(초대장 보내기, 참석자 명단에 음식 추가하기 등). 팀은 고객에게 스토리보드를 보여주었고 콘셉트의 기본을 이해할 수 있도록 도움을 주었다.

가치 제안과 스토리보드에 관한 처음 반응은 긍정적이었으나 고객은 많은 후속 질문을 했다. 팀은 이 질문을 잘 파악했고 새로 선보일 베네핏 슬라이드에서 언급된 구체적인 사항을 묻는 고객이 많아 즐거웠다. 그리하여 그들이 올바른 기능을 포함하였음을 확인할 수 있었다. 고객은 '공백을 채우려고' 노력하면서 적극적으로 참여했고 고려하지 못한 새로운 아이디어를 제안하기도 했다.

다음으로 콘셉트의 베네핏을 하나씩 공개했다. 팀은 포틀럭 플래너 파티가 포함해야 하는 기능을 정착시키기 위해 힘든 시간을 보냈으나 효과/노력 매트릭스 덕분에 성공적인 포틀럭 파티를 기획하는 데 가장 큰 효과가 있다고 생각하는 베네핏의 우선순위를 정할 수 있었다.

포틀럭 플래너 팩은 아래와 같은 기능을 제공한다.

- 파티 플래너가 '포틀럭 템플릿'을 사용해서 포틀럭 파티 행사를 생성한다. 템플릿은 포틀럭 파티를 성공적으로 만드는 데 필요한 모든 요소를 포함한다(날짜, 장소, 음식 등).
- 손님들이 파티 플래너가 제공하는 카테고리 목록에서 음식을 선택한다.
- '조리법 상자'를 제공한다. 고객들은 파티에 가져올 조리법 상자에서 음식을 고를 수 있다.
- 고객들은 앱에서 바로 새로운 조리법 아이디어를 검색해서 자신의 조리법 상자에 더할 수 있다.

팀은 조리법 상자 아이디어에 고객들의 반응이 별로인 것을 보고 놀랐다. 제리를 비롯한 엔지니어들은 이 기능이 매우 획기적이라고 확신했고 프로토타입으로 이미 디자인하기 시작했지만, 고객이 목록에서 순위를 최하위로 매기는 것을 확인한 후 해당 아이디어를 바로 포기했다.

모든 사람이 파티에 가져오는 음식의 목록을 관리하는 것은 필수적인 기능이라는 사실 역시 알게 되었다. 팀은 이 기능을 구축하지 않으면 제시한 콘셉트가 고객에게 가치가 없었을 것으로 확신했다.

또한 고객에게 한계점도 보여주었다. 이런 한계점은 중요할 수도 있다고 생각했지만, 첫 번째 버전에서 구현하는 데 비용이 너무 많이 들었다. 팀은 고객이 포틀럭 플래너 팩을 사용하는 데 걸림돌이 되는 것을 알고 싶었다.

포틀럭 플래너 팩은 아래와 같은 한계점을 지닌다.

- 가져오려는 음식의 재료 목록을 포함할 수 없다.
- 전체 음식 카테고리를 개인적으로 추가할 수 없다(디저트, 스낵, 반찬 등)
- 자신이 음식을 제공하지만, 파티에는 참석하지 않는다는 점을 표시할 수 없다.
- 다른 손님과 음식을 함께 가져온다는 점을 표시할 수 없다(예: 두 사람이 하나의 찜 요리를 만들어서 가져온다).
- 포틀럭 플래너 팩은 소프트웨어에 추가하는 기능이다. 이 기능은 앱 스토어에서 개별적으로 구매할 수 있다.

그들은 각 음식의 재료를 보여줄 수 없는 점이 상당수 고객이 결정적으로 사용하지 않는 원인이 될 것으로 걱정했다. 이 문제가 초기 인터뷰에서 여러 번 언급되는 것을 들었지만, 이제 고객은 음식 재료 확인 불가가 그렇게 걱정되는 요소는 아닌 것 같았다.

음식 알레르기가 있는 고객마저도 가져올 계획인 음식의 원료 성분 정보 입력은 시간이 너무 많이 소요된다고 생각했다. 필요한 경우 알아야 하는 음식 재료가 있으면 음식을 만든 사람에게 물어보면 된다고 생각하는 사람이 많았다.

이 점은 디자인 팀으로서는 매우 다행스러웠는데 모바일 앱에서 쉽게 음식 재료를 입력할 방법에 대한 아이디어로 고심하고 있었기 때문이었다. 이 점이 크게 문제가 되지 않는 것 같았기에 다른 기능에 올바른 관심을 집중하자고 결정했다.

고객은 포틀럭 플래너 팩이 개별적으로 판매된다는 점에 매우 신경 쓰는 것 같았는데 이 걱정을 예상하지 못한 건 아니었다. 추가 기능을 결제해야 하면 실제로 고객이 불쾌할 수 있다고 생각했지만, 이 경우 해당하는 사례는 아니었다.

고객은 기꺼이 추가 소프트웨어를 구매했지만, 파티 손님 모두가 이 기능을 쓸 수 있도록 추가로 결제해야 하는 점을 염려했다. 만약 그렇다면, 고객이 포틀럭 파티의 참석자가 모두 추가 결제를 하도록 설득하기는 어렵다고 판단했다.

수잔의 팀은 이러한 한계를 미리 고려하지 못했기에, 파티 플래너를 대상으로 추가 기능을 마케팅할 것을 추천하기로 했다. 포틀럭 파티 플래너가 추가 기능을 구매하면 파티 오거나이저를 사용하는 모두가 사용할 수 있는 포틀럭 파티를 만들 수 있게 하는 것이다. 파티 계획자는 이런 특징이 추가 기능을 구매하는 사람 수를 줄일 수는 있지만, 이 기능이 확실한 관심을 받을 것으로 생각했다.

팀은 평가 점수에 매우 만족했다. 고객에게 긍정적인 피드백을 많이 받았을뿐더러 콘셉트는 문제 해결 관점, 사용할 의향, 다른 해결책과 비교해서 높은 평가를 받았다. 이 콘셉트를 친구에게 추천할 의향이 있는지 물었을 때 고객들은 "물론이에요."라고 대답했다.

고객이 실제로 사용하려는 기대가 있는 훌륭한 콘셉트를 최종으로 결정한 것 같았다. 실제로 많은 고객이 "언제부터 사용 가능한가요? 지금 당장 필요한데요."라고 문의했다.

수잔의 팀은 주어졌던 시간의 절반인 5주 만에, 팀은 유망한 콘셉트가 주목받도록 했다. 그리고 이 아이디어를 리더십 팀에게 보여줄 시기가 되었다.

수잔과 디자인 팀은 주주들에게 이런 과정을 자세히 보여주는 프레젠테이션을 제작했다. 팀은 파티 플래너 전문가들로부터 어떻게 중심을 잡고, 그들이 이미 서비스하고 있는 고객을 상대로 '위험을 무릅쓰고 더 세게 나아갔는지'를 설명하였다.

이는 회의실에 있는 많은 사람을 놀라게 했는데 전통적인 사고방식으로는 파티 플래너 전문가인 새로운 고객이 파티 오거나이저를 사용할 시기였기 때문이다. 리더십 팀은 디자인 팀이 이런 시각에서 리서치하고 결국 아이디어를 얻게 된 것에 만족해했다.

프로젝트 과정에서 팀은 계속해서 언어를 정교하게 만들었고 문제 공간의 이해도가 높아졌다. 포틀럭 파티 플래닝 관련 문제를 보다 열정적으로 논의할 수 있었고, 그들의 생각을 뒷받침하는 수많은 고객의 이야기를 가지고 있었다.

이것이 파티타임 앱이 고유하게 해결해야 할 문제라는 점을 회의실에서 설득하는 데는 오래 걸리지 않았다.

마지막으로 그들은 포틀럭 플래너 팩이라는 추가 소프트웨어 콘셉트를 제시했다. 그들은 이 콘셉트의 베네핏과 한계를 자세히 설명했고 콘셉트가 무엇을 하고 안 할지 의도를 명확하게 비전으로 제시했다. 마침내 팀은 콘셉트 가치 테스트를 사용해서 수집했던 피드백을 공유했고 고객에게 받은 콘셉트의 높은 평가 결과를 보여주었다.

회사 대표는 추가 소프트웨어 아이디어를 좋아했고 고객이 이 점을 지지하는 것 같아서 기대감이 있었다. 대표는 콘셉트 가치 테스트를 사용해서 리서치할 수 있는 다른 추가 소프트웨어에 관한 아이디어를 신속하게 건의하기 시작했다.

수잔의 팀은 성공적으로 프로젝트를 마무리할 수 있었고, 포틀럭 플래너 팩을 만드는 데 모두의 지원을 얻었다.

그들은 고객과 회사를 위해 옳은 일을 해냈다는 것에 기뻐했다. 이제 어떻게 올바른 방향으로 디자인할 것인지만 알아보면 되었다.

핵심 정리

- 해결하려는 문제를 어떻게 이해하고 명확하게 설명하며 구조화하는가는 최종적인 결과에 직접적인 영향을 미친다.
- 최고의 아이디어는 '꾸준하게 협력하려는' 마음이 있는 팀에서 비롯된다. 모두가 아이디어에 전념하도록 응원하고 다른 사람의 아이디어를 토대로 발전하려는 마음을 가지도록 장려한다.
- "우리가 어떻게 할 수 있을까?"를 스스로 질문하며 문제를 구조화하는 것은 창의적인 잠재력을 발휘할 수 있는 효과적인

방법이다. 효과/노력 매트릭스를 사용해서 아이디어의 우선순위를 정한다. 이렇게 하면 각 아이디어가 고객에게 직접적인 효과를 주는 것과 개발하는 비용을 비교하여 평가할 수 있다.

- 콘셉트 가설을 사용하면 콘셉트가 누구를 위한 것인지, 어떤 문제를 해결하는지, 성공 여부를 측정할 계획인지 등 콘셉트에 대한 가정을 서술할 수 있다.

- 콘셉트 가치 테스트는 초기 아이디어를 고객에게 테스트하고 고객의 피드백을 얻는 저비용 방법이다. 이 방법을 통해서 아이디어가 고객이 높은 가치가 있다고 여기는 방식으로 문제를 해결하는지 확신할 수 있다.

- 콘셉트 가치 테스트로 작업하는 동안 팀이 의견을 가지는 것이 중요하다. 고객에게 같은 문제를 해결하는 여러 콘셉트를 보여주고 올바른 해결책을 선택하도록 해서는 안 된다. 각 문제에 대한 단일 콘셉트를 제시하고 고객이 해결하려는 문제에 대한 콘셉트의 가치를 평가하도록 하는 것이 좋다.

- 콘셉트 가치 테스트는 콘셉트를 설명하는 UVP, 베네핏, 한계, 고객이 콘셉트를 평가하게 하는 질문 모음으로 구성된다.

- 콘셉트 가치 테스트를 하면서 고객이 '가장 효과가 큰 것'부터 '가장 효과가 작은 것'까지의 순서로 콘셉트의 베네핏을 평가하게 한다. 이것은 MVP, 고객에게 가치 있는 콘셉트의 핵심 기능을 만드는 데 도움을 준다.

- 또한 '가장 효과가 큰 것'부터 '가장 효과가 작은 것'까지의 순서로 콘셉트 한계점에 대한 고객 평가를 만들어야 한다. 이렇게 하면 콘셉트 가치가 중요하지 않은 문제에 신경 쓰는 실수를 예방하고 고객이 콘셉트를 사용하는 데 걸림돌이 되는

결정적인 원인을 못 보고 넘어가지 않도록 하게 된다.

• 콘셉트 가치 테스트는 콘셉트에 질적 피드백과 양적 피드백을 줄 것이다. 이 데이터를 활용하면 가치 있는 해결책에 필요한 콘셉트가 정확히 무엇인지 설명할 수 있는 준비가 더 잘 될 것이다.

CHAPTER 8.
기능

2000년이 되면 세상의 모든 컴퓨터가 Y2K 버그(연도 인식 오류)로 사라질 것 같다고 사람들이 걱정하던 무렵, 미국의 가공식품 회사 하인즈^{Heinz}는 완전히 다른 문제에 전념하고 있었다. 케첩이 팔리지 않았던 것이다.

명확하게 말하면 사람들이 토마토를 재료로 하는 제품을 아예 사지 않게 된 것은 아니었다. 사람들이 건강하게 음식을 먹기 시작하면서 햄버거, 감자튀김, 핫도그를 덜 먹게 되자 케첩의 수요가 줄어든 것이었다.

하인즈는 케첩 판매가 안정기에 접어든 해에 회사를 시작했다. 케첩은 지금까지 가장 성공적인 제품이었고, 회사 관계자들은 앞으로 다가올 해에도 가정에서 케첩이 소진될 수 있도록 빨리 대응할 필요가 있었다.

회사는 케첩에 대한 대중의 이미지를 쇄신하려고 다양한 아이디어를 고려했다. 한 아이디어는 'EZ 스퀴트'라고 하는 밝고 선명한 색의 새로운 케첩 라인을 도입하는 방법이었다. 첫 번째 색은 녹색이었고 영화 슈렉이 개봉하는 동안에 판매되었다. 회사는 아이들이 영화가 상영되는 동안 케첩을 먹으며 제품에 대해 새로운 애정이 생겨나리라 기대했다.[1]

부모와 아이들은 새로운 케첩의 참신함에 즐거워했지만, 새로움이 지속적인 매력이 되지는 못했다. 하인즈는 고객이 어떤 색을 원할지 모르니 파란색, 보라색 같은 새로운 색으로 출시를 시도하고 심지어는 고객이 어떤 색을 얻을지 모르는 '미스터리 색'도 써봤다. 그러나 이 모든 급진적인 색의 케첩은 판매 부진에 마주쳤다.

하인즈는 더욱 기능적인 아이디어에 눈을 돌렸다. 고객들이 케첩을 사용하지 않게 되는 이유를 조사하고 공통된 문제를 발견했다. 고객은 케첩을 유리병에서 붓는 것을 좋아하지 않았다.

케첩은 뻑뻑하고 천천히 쏟아지면서 음식에 '풍덩'하면서 묵직하게 떨어진다. 실제로 하인즈 케첩은 매우 천천히 떨어지기 때문에 회사는 이 점을 역으로 활용하기도 했다. 1987년 광고에서 배우인 맷 르블랑Matt LeBlac은 건물 맨 위에 서서 지붕의 모서리에서 케첩 병을 놓는다. 케첩이 쏟아지기 시작하면서 르블랑은 길거리 핫도그 판매대를 향해 층계를 내려온다. 배우는 태연하게 핫도그를 사고 마지막 순간에 지붕에서 깔끔하게 떨어지는 케첩을 완벽하게 등 뒤로 받아낸다. 자신감 있는 목소리가 울려 퍼진다. "하인즈, 기다리는 자가 최고를 얻는다."[2]

이 광고는 1980년대와 1990년 초반에 유행했다. 하지만 2000년이 되어갈 무렵 사람들은 케첩은커녕 그 어떤 것도 기다리고 싶어 하지 않게 되었다.

하인즈는 케첩이 나오는 속도를 개선하고자 짤 수 있는 병으로 바꾸어 봤지만, 케첩이 병 안에 달라붙어 고르지 않게 튀어나오고, 방귀 소리와 비슷한 불쾌한 소리를 내었다(회사는 이 소리를 정중하게 '병 속 가스'라고 불렀다). 그들의 아이디어가 고갈된 것만 같았다.

그러던 중 하인즈는 폴 브라운이라는 남성을 발견했다. 그는 미시간주 미들랜드에서 작은 정밀금형 상점을 운영하고 있었다.[3] 폴에게는 멋진 꿈이 있었다. 바로 샴푸나 로션, 케첩과 같은 제품이 플라스틱 통에서 고르게 나오는 완벽한 분사구를 만드는 것이었다.

브라운의 아이디어가 매우 독특한 이유는 분사구를 통의 바닥에 위치시켰기 때문이다. 통이 거꾸로 놓여 있는 것은 굉장히 효과적이었다. 하인즈는 이것이 완벽한 해결책이라는 사실을 알았다.

그들은 반복 작업을 통해 쥐어짜면 쉽게 열리고 압력이 멈추면 빨리 닫히는 분사구를 기획했고 내용물이 고르게 나오도록 만드는 데 성공했다. 분사구와 통은 거꾸로 세울 수 있을 정도로 넓었고, 분사구를 통해 케첩을 쏟아부을 준비가 되어있었다. 심지어 냉장고 문쪽에 보관하기 쉬운 모양의 새로운 병도 만들었다(그림 8-1).

하인즈는 새롭게 디자인된 통을 테스트하기 시작했고, 고객들은 이 디자인을 굉장히 좋아했다. 거꾸로 세운 케첩통은 2002년에 출시되어 빠른 성공을 거두었고 회사에 수많은 제품상을 안겨주었으며, 그들의 케첩 판매량은 약 25% 증가했다.[4]

그림 8-1 하인즈의 거꾸로 세운 케첩통

이건 단순히 독창적으로 거꾸로 세우는 아이디어를 생각한 사람의 이야기가 아니다. 이건 디테일의 중요성을 알고 있던 회사의 이야기다. 그들은 케첩을 먹을 때의 모든 경험을 고려하고 무심코 지나쳤던 기능을 보다 정교하게 만들었다.

우리는 제품을 설계하는 사람으로서, 같은 수준의 세심함과 장인 정신으로 제품의 비전을 추구해야 한다.

이 책을 통해 우리는 고객을 이해하는 것에서 그들의 문제를 이해하는 것으로 어떻게 나아가야 하며, 고객의 타당성을 판단하기 위해 초기 콘셉트 아이디어를 테스트해야 한다는 것을 이야기해 왔다. 고객, 문제, 개념 단계는 우리가 고객을 위해 올바른 것을 만들고 있는지 확인하기 위해 함께 이루어져야 한다. 특히 기능 단계는 우리가

올바른 방법으로 고객을 구축하고 있는지 확인하기 위해 이루어진다
(그림 8-2).

기능 단계에서 고객이 성공적으로 기능을 사용할 수 있을지 확인
하기 위해 작업 흐름(워크플로), 고기능 목업, 프로토타입을 만들기 시
작한다. 가설을 세우고, 사용성 테스트를 수행하고, 디자인의 다음 단
계를 설명하는 데이터를 이해하며 린 원칙과 고객 중심 전략을 따를
것이다.

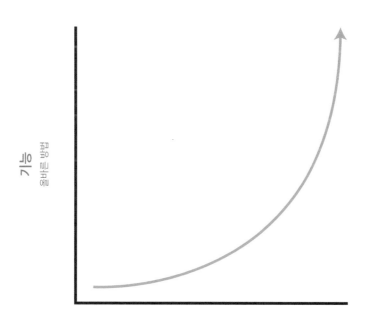

그림 8-2 올바른 것을 디자인하기 vs 올바른 방법으로 디자인하기

기능 가설 공식화하기

개발 이전 단계에서와 마찬가지로 고객을 대상으로 기능 테스트를 시작하기 전에 무엇을 테스트하고 어떻게 성공할 수 있을지를 먼저 파악해야 한다.

콘셉트 단계처럼 기능 가설은 각 버전을 비교하고, 다른 버전보다 더 성공적으로 만드는 요인을 확인하기 위한 평가 기준을 포함한다.

우리는 [고객 유형]이 [해야 할 일]을 하면서 [기능]을 사용해 [문제]를 성공적으로 해결할 것이라고 믿는다.

우리는 [기준]을 보면 그들이 성공했음을 알게 될 것이다.

이쯤 되면 이전 단계에서 나온 여러 가지 매개 변수를 갖고 있게 된다. 그러나 몇 가지 새로운 매개 변수가 있다.

[기능]

[기능] 매개 변수는 콘셉트 단계에서 소개된 [콘셉트] 매개 변수와 다소 다르다. 여기서는 콘셉트를 특정 기능과 상호작용으로 구분한다.

[평가 기준]

콘셉트 단계에서와 마찬가지로 측정 가능한 평가 기준을 사용해서 성공적인 테스트의 모습을 정의할 수 있다. 목표는 팀이 객관성을 유지할 수 있게 하는 평가 기준을 확보하는 것이다.

아마존의 수석 리서치 매니저인 얼니 런드Arnie Lund 박사는 유용성

Usefulness, 만족Satisfaction, 사용 편의Ease of use를 상징하는 약자인 USE 설문지로 사용성을 평가한다.[5] 이런 관점은 다음과 같은 질문을 통해 기능의 성공 여부를 판단할 때 도움을 준다.

- 고객이 과업을 완수할 수 있었는가?
- 고객이 예상하지 못했던 오류를 겪었는가? 이 오류를 어떻게 해결했는가?
- 과업을 하는 동안 고객은 무엇을, 왜 하는지 이해했는가?
- 과업이 효율적이고 정확했는가? 혹은 과업이 고되고 혼란스러웠는가?
- 고객은 자신감이 있고 만족한 것처럼 보였는가?
- 고객은 추가적인 도움이 필요했는가? 그랬다면 신속하게 도움을 얻을 수 있었는가?

논의 가이드에 질문을 추가하여 프로토타입을 사용하는 동안의 고객 경험에 관하여 물어볼 수도 있다.

기능에 관해 고객과 대화하기

기능에 관해 고객과 대화할 때 제품에 관해서 설명하기보다 고객이 직접 제품을 탐색할 수 있는 경험을 주는 것이 좋다. 고객이 기능을 어떻게 생각하는지 말하는 것이 중요하다. 내가 설명하는 것을 고객이 듣고 있게 해서는 안 된다.

실제로 고객이 이 기능을 어떻게 작동하는지 이해하도록 미리 설명을 많이 해야 한다면 사용성에 문제가 있다는 강한 신호가 될 수 있다. 고객이 사용성 테스트를 탐색하는 데 어려움을 겪는 경우 다음을 고려할 수 있다.

고기능 구성

화면 구성이 너무 막연해서 어떤 기능인지 결정하는 데 어려움을 겪게 될 수 있다.

더 작은 시나리오

기능이 너무 광범위할 수 있다. 이 경험을 고객이 이해할 수 있는 시나리오로 더 작게 나누는 것이 최선일 수 있다.

올바른 고객

고객 단계로 되돌아가서 올바른 고객을 대상으로 하고 있는지를 확인할 필요가 있을 수 있다. 우리가 대화하고 있는 고객이 테스트 중인 시나리오를 탐색하는데 필요한 지식과 경험이 없을 수 있다. 어쩌면 타깃으로 하는 고객이 실제로는 존재하지 않을 수도 있다.

올바른 문제

올바른 문제를 풀고 있는지를 확인하기 위해 문제 단계로 돌아가야 할 수 있다. 해결하려는 문제를 이해하는 데 어려워한다면 고객에게 해당 문제가 없을 확률이 높다.

기능 단계에서 고객과 대화할 때, 고객, 문제, 콘셉트 등 각각의 단계에서 대화할 때와 같은 규칙이 작용한다. 고객에게 무엇을 할지를 지시하거나 해야 할 일을 알려주고 싶은 마음을 참아야 한다. 현실에서는 기능이 출시되면 고객을 옆에 앉혀놓고 기능을 어떻게 사용하는지 알려줄 수 없기 때문이다.

고객이 어려움을 겪을 때 그대로 두는 것도 좋다. 고객이 기능을 직접 살펴보며 무엇을 보고 있고 그 기능을 어떻게 사용할 계획인지 이해할 시간을 주며 큰 소리로 얘기하도록 권장한다. 서둘러 도움을 주려고 하면 고객이 기능을 탐색하는 과정을 살펴볼 중요한 기회를 놓칠 수 있다.

논의 가이드 작성

의미 있는 결과를 얻기 위해 고객이 올바른 작업을 수행하도록 해야 한다. 작업을 확인하고, 다른 인터뷰 질문을 덧붙여 논의 가이드에 해당 내용을 담으면 당신과 고객 사이 실험에서 일관성을 유지할 수 있다.

추가로 고객에게 작업 완료를 요청하기 전에, 상황을 설정하는 데 도움이 될 수 있는 몇몇 질문을 준비한다. 마지막에는 그 경험의 전반적인 만족도를 평가하는 질문을 포함한다. 기능이 문제를 여전히 해결하고 있는지 고객에게 이 기능이 유용한지 평가하기 위해 콘셉트 단계에서 평가 등급 질문의 추가를 고려한다.

기능의 사용성을 테스트하는 동안에 고객의 동기, 우리가 해결하려고 노력하는 문제, 이 기능이 고객에게 유용한지에 관해 고객에게 피드백을 받을 좋은 기회이다. 《사용자 경험 관찰하기: 사용자 조사를 위한 실무자 안내서 Observing the User Experience: A Practitioner's Guide to

User Research》에서 저자 엘리자베스 굿맨[Elizabeth Goodman], 마이크 쿠니 아브스키[Mike Kuniavsky], 앤드리아 무드[Andrea Moed]는 좋은 과업은 다음과 같아야 한다고 설명하고 있다.[6]

합리적인

드물게 발생하는 비정상적인 수치나 상황을 테스트하지 않는다. 기능이 '바늘구멍을 통과'하는 것을 보고 싶겠지만, 극단적인 사례에 디자인을 최적화하고 싶지는 않을 것이다. 더욱이 내가 고객에게 완성하기 너무 힘든 과제를 주었다면 그 과업은 고객을 좌절하게 할 것이다.

성취할 수 있는

과업을 완수하는 데 필요한 정확한 단계가 무엇인지 알고 있어야 한다. 기능 가설을 적어보았다면 고객이 과업을 탐색하면서 어떤 일을 겪게 될지 예상할 수 있어야 한다.

구체적인

과업은 구체적이고 이해가 가능한 결과를 도출해야 한다. "우리 웹 사이트에서 서비스 업체를 어떻게 찾으실 건가요?"라고 질문하는 대신 이렇게 말해야 한다. "거주 지역에서 8km 범위 안에 있는 카펫 청소 업체를 찾아보십시오."

순차적인

고객이 순차적으로 이벤트를 진행하는 사용성 테스트를 한다. 이 경험에서 저 경험으로 되돌아가는 상황은 피한다. 그렇게 되면 리서치의 결과에 불필요한 영향을 미쳐 혼란을 일으킬 수 있다.

핵심 정리

- 최고의 프로덕트 팀은 제품을 새롭게 디자인할 기회를 끊임없이 찾는다. 고객의 문제를 해결하기 위한 작은 개선이 큰 보상을 가져올 수 있다.
- 콘셉트 단계는 올바르게 디자인하는 데 도움을 주며, 기능 단계는 올바른 방법으로 디자인하는 데 도움을 준다.
- 기능 가설을 작성하는 것은 기능의 반복 수행을 추적하는 최선의 방법이다.
- 기능을 고객에게 보여줄 때 무엇을 보고 있고 제품과 어떻게 상호작용하는지 말할 수 있게 해야 한다. 고객에게 보이는 것이 무엇인지 이해할 시간을 주도록 한다. 사용성 테스트를 제품 시현으로 바꾸어서는 안 된다.
- 유용한 사용성 테스트를 하기 위해서는 올바른 작업을 만드는 게 중요하다. 합리적이고 해결할 수 있는 작업을 선택한다. 작업이 너무 길어서 고객에게 중압감을 주거나 피로감을 일으키지 않도록 주의한다.

파티타임 앱의 사례 다시 보기 V

수잔과 마리는 기술 팀, 디자인 팀과 함께 포틀럭 파티 플래너 추가 소프트웨어의 실행 가능성과 구현을 논의하기 위해 작업을 시작했다.

상부의 지원으로 프로젝트는 많은 관심을 얻기 시작했다. 기술 팀은 추가 소프트웨어를 지원하는 배경 플랫폼을 리디자인하는 작업을 시작하고자 했다. 디자인 팀은 작업하고 있었던 파티 오거나이저를 새롭게 디자인하여 발표하기에 지금이 적기라고 생각했다.

마리는 프로젝트 범위가 어긋나기 시작하거나 팀이 원래 제품의 목적을 잃지는 않을지 걱정했다. 다행히도 콘셉트 단계에서 팀은 파티 플래너와 손님이 파티에 가져가려고 계획하는 음식을 추가해서 업데이트할 수 있는 것이 콘셉트의 최대 이점 중 하나라는 것을 알게 되었다.

마리는 현재로서는 음식 관리 시나리오에 초점을 맞추어야 한다고 제안했다. 고객이 포틀럭 음식을 관리할 때 멋진 경험을 만들 수 있다면 추가 소프트웨어 패키지의 상호작용을 알리는 데 도움을 줄 것이 분명했다. 동의했고 다른 프로젝트들을 잠시 중단했다.

디자인 팀은 증거 파일에 수집된 기록을 검토했다. 디자이너들은 실제 고객과 시간을 보냈기 때문에 고객을 깊이 있게 이해하고 그들을 기쁘게 할 만한 종류의 경험에 관해 더 좋은 아이디어를 가지고 있었다. 과거에는 디자인 팀에게 '이상적인 고객'에 관한 가상의 페르소나를 만들어 달라는 요청이 있었다.

이는 디자이너들이 누가 고객을 더 이해하는지 수많은 시간을 논의하게 했다. 이런 불필요한 논쟁으로 많은 시간과 비용이 소모되었고 팀의 사기 역시 낮아졌다.

이제 이들인 포틀럭 파티 플래닝의 좌절에 관해 말하는 실제 사람들의 기록과 메모를 확보하게 되었다. 거짓으로 사람을 상상해서 만들 필요가 없었다. 참조할 수 있는 실제 고객을 가지게 된 것이다.

디자인 팀은 포틀럭 플래너 화면에서 요리를 추가, 업데이트, 삭제하는 것을 보여주는 인터페이스의 간단한 와이어프레임을 만들었다.

그들의 초기 디자인은 완벽과는 거리가 멀었다. 그러나 디자인 팀은 고객과의 기본적인 상호작용을 최대한 빨리 테스트하여, 고객을 이해하는 성공적인 레이아웃을 잡고자 했다.

가설 발전 프레임워크를 탐색하는 과정을 통해 팀원 모두 고객과 충분히 대화했고, 마리는 대화했던 모든 고객의 연락처를 추적했다.

파티타임 앱은 이제 이야기할 수 있는 강력한 고객 집단을 보유하게 되었다. 이들은 포틀럭 파티를 준비하는 과정에서 좌절을 경험했던 고객이었고 새로운 기능을 만드는 데 도움을 줄 기회가 주어지는 것에 기대감이 있었다. 이들은 마치 독점적인 소수 정예 클럽에 소속된 것 같은 느낌을 받았다. 고객은 가치 있는 고객이자 회사의 프로젝트 파트너로서 스스로를 인식했다.

사용성 테스트의 첫 번째 라운드가 실행되기 전에 팀은 몇 가지 연결된 기능 가설을 만들었다. 새로운 작업 흐름으로 어떤 결과를 달성하길 원하는지에 초점을 맞추고 디자인의 성공 여부를 결정하기 위한 객관적인 측정 기준을 설정했다.

고객이 주요 과업을 완수할 수 있다면 음식 관리 경험이 성공적일 것이라는 점에 팀원 모두가 동의했다. 그들은 기능 가설의 평가 기준에 해당 과업이 포함되어 있는지 확인했다.

우리는 포틀럭 참여자들이 포틀럭 파티를 준비할 때 음식 관리 화면을 사용하는 데 성공적일 것으로 믿는다.

우리는 그들이 성공적으로 포틀럭 이벤트를 만들 수 있다는 것을 볼 때 기능 가설이 성공적이었다는 사실을 알 수 있을 것이다.

이들은 디자인의 성공을 결정하는 데 사용될 수 있는 다른 평가 기준도 확인했다.

우리는 고객이 이것을 할 수 있음을 확인할 때 성공적이라는 점을 알게 될 것이다.

- 파티에 누가 오는지 이해한다.
- 각 손님이 어떤 음식을 가져오는지 이해한다.
- 다른 손님이 그들의 음식을 업데이트하는지 파악한다.
- 그들이 가져올 계획인 요리를 업데이트한다.
- 고객이 가져오려고 계획했던 음식을 삭제한다.
- 새로운 음식을 목록에서 추가하고 직접 음식을 할당한다.
- 초대를 거절하고 파티에서 탈퇴한다.

이러한 가설을 바탕으로 팀은 고객이 일련의 작업을 수행할 수 있도록 안내하는 논의 가이드를 작성할 준비를 마쳤고, 가설을 수립한 각각의 경험을 강조했다. 논의 가이드는 맥락을 설정하기 위해 초기에 질문을 포함했고 마지막에 전체적인 경험을 평가하도록 했다.

논의 가이드를 사용해서 디자인 팀은 경험을 시뮬레이션하는 연속된 실제 실험을 연결할 수 있었다. 그들은 프로토타입을 만드는 소프트웨어를 사용해서 이 모든 것을 덱으로 구성했다.

가설, 논의 가이드, 프로토타입을 이용해 수잔은 정리된 사용성 테스트를 고객에게 자세히 설명했다.

1) "포틀럭 파티를 만들어서 밥, 마리, 조를 파티에 초대하는 것 부터 시작했으면 좋겠어요."

2) "가져올 음식을 지금 업데이트해 주세요. 타코에서 피자로 음식을 바꾸었으면 좋겠어요."

3) "누군가 파티에 데려올 사람을 위한 옵션으로 디저트를 추가하고 싶어 하는 상황을 상상해 볼게요. 어떻게 하면 되는지 보여줄 수 있나요?"

4) "현재 스크린에서 보고 있는 것이 무엇인지 말해주세요."

5) "이 알림이 무엇을 말해주고 있다고 생각하나요?"

6) "혼란스러워 보이네요. 무엇이 힘든지 말해줄 수 있나요?"

수잔은 구체적이지만 최소한의 설명을 제공했다. 음식 관리 기능을 설명하거나 보여주는 것을 신경 쓰지 않았다. 고객이 혼란스러워하면 질문을 통해 고객의 생각을 큰 소리로 말하게 했다. 팀원들은 대화 내용을 들으며 기록하고 있었다. 경험을 통해 고객이 이유를 자기 방식대로 설명하려고 노력하는 내용을 듣는 것은 그들에게 놀라운 인사이트를 제공했다.

마지막으로 수잔은 1점에서 5점 범위로 전체 경험의 만족도를 고객이 평가하도록 요청했다. 그리고 후속 질문을 던져서 그렇게 점수를 준 이유를 설명하게 했다.

몇 차례의 통화 후 팀은 디자인을 개선할 준비를 마쳤다. 고객들 대다수가 두 가지의 탭 중 하나는 고객을 위한 탭이고 하나는 음식 탭이라는 점을 혼란스러워하는 것 같았다. 많은 고객이 참석자가 가

저오려고 계획 중인 음식을 보려면 다른 화면으로 바꿔야 하는 이유를 이해하지 못했다. 디자인 팀은 디자인을 약간 변경해서 참석자의 명단 밑에 음식 탭을 두었다. 고객이 같은 화면에서 참석자와 음식을 볼 수 있는 방식이었다.

디자인 팀은 다른 여러 변경 사항을 적용하고 그다음 주에 같은 시나리오에 새로운 디자인을 적용했다. 몇 라운드를 거치고 나서 브랜드 컬러와 새로운 인터랙션 패턴을 도입하여 정확성을 높이기 시작했다. 그들은 고객과 함께 음식 관리 화면을 빠르게 정착시키기 시작했다. 이를 통해 전체 경험에 사용할 수 있는 여러 가지 주요 디자인 패턴이 확립되었다.

가설 발전 프레임워크의 전체 발전에서 팀은 고객의 목소리를 의사 결정의 중심에 두었다. 그 결과, 고객이 가치 있고 유용하다고 생각하는 방식으로 문제를 올바르게 해결해나갈 수 있었다.

포틀럭 플래너 팩이 마침내 시장에 출시되었을 때 파티타임 앱의 많은 고객이 추가 소프트웨어를 구매했다. 한 주의 후반부에 포틀럭은 파티 오거나이저가 만든 파티 유형 중 1위를 차지했다. 이 앱의 고객 평가는 상승했고 고객은 이미 새로운 추가 소프트웨어를 요청하고 있었다. 수익은 거의 두 배로 증가했고 적절한 추가 소프트웨어인 포틀럭 플래너 팩으로 회사가 다음 회계 연도 후반까지 수익을 세 배로 늘릴 수 있을 것이라는 점은 누가 봐도 명백했다.

수잔의 팀은 빠르게 성취한 결과를 자랑스러워했다. 가설 발전 프레임워크와 고객 중심 케이던스의 도움으로 빨리 반복하고 집중했고, 결국 고객의 목소리를 의사 결정의 중심에 둘 수 있었다.

고객 중심 전략이 가장 좋은 부분은 디자인 팀이 고객과 형성한 긍정적인 관계와 지속적인 피드백 루프였다. 팀은 이미 다음에 추가할 소프트웨어의 콘셉트를 작업하느라 바빠졌고 마리는 콘셉트 가치 테스트의 다음 라운드를 위해 일정을 잡고 있었다. 회사 전체가 완벽하게 고객 중심으로 되어가고 있었다.

PART 3
단계별 기획

CHAPTER 9.
준비하기

지금까지 우리는 가설 발전 프레임워크의 각 단계와 함께 고객 중심 케이던스 패턴도 살펴보았다. 아직 준비가 안 되었다면 이 책의 '파티타임 앱의 사례 다시 보기' 섹션을 다시 한번 확실하게 읽어보길 바란다. 이 팀의 이야기는 기획 과정의 각 부분들이 어떻게 결합하는지 이해하는 데 많은 도움을 주는 예시이다.

이 책에서 설명한 내용을 실행할 준비가 되었다면 이번 장 뒤에 마련된 단계별 기획의 방안을 진행할 것을 권장한다. 이 도구들은 당신이 빨리 집어서 현실 상황에 적용할 수 있도록 고안되었다. 비즈니스의 방향을 잡을 때까지, 자주 이 도구들로 돌아와서 탐구하기를 바란다.

실험 유형

앞서 논의한 대로 가설의 참 또는 거짓을 입증할 수 있는 여러 가지 실험이 있다. 각각의 단계는 하나의 실험 유형에 집중한다(표 9-1 참고). 이는 우리의 방법론을 통해 단 하나의 유일한 길을 설명함에 있어서 꼭 필요한 과정이다.

개발 단계	실험 유형
고객	고객 방문
문제	인터뷰
콘셉트	콘셉트 가치 테스트
기능	사용성 리서치

표 9-1 각 설명서에서 제시된 실험 유형

각각의 단계에서 특정 실험을 사용했다고 해서 반드시 이 실험만 해야 하는 것은 아니다. 예를 들면 고객 단계에서 고객 방문을 실시했다고 해서 설문 조사나 연속된 포커스 그룹 조사를 수행할 수 없는게 아니다. 그렇기 때문에 프로젝트의 니즈에 맞춰 실험 방법을 혼합해서 사용하기를 권장한다.

준비물

성공적인 단계별 기획을 수행하기 위해 다음의 준비물이 있으면 좋다.

- 화이트보드용 마커, 펜, 연필
- 소형 (3×3) 포스트잇
- 중형 (4×6) 포스트잇
- 대형 (5×8) 포스트잇

- 화이트보드나 충분한 벽 공간

- 스토리보드 템플릿

- 카메라 (핸드폰 카메라 사용도 가능)

- 문서 도구 소프트웨어 (예: 마이크로소프트 원노트, 마이크로소프트 엑셀, 구글 시트, 구글 독스)

역할과 책임

팀과 함께 단계별 기획을 자세히 살펴볼 것을 권장한다. 여기서 제시하는 활동은 논의를 이끌고 조정하는 한두 명의 진행자가 있을 때 더욱 성공적이다. 표 9-2는 진행자와 나머지 팀의 역할을 목록으로 만든 것이다.

진행자	팀
과정을 안내한다.	자유롭게 아이디어를 표현한다.
자유로운 탐색을 제한하지 않고 주제에 대한 논의에 집중한다.	"그건 나쁜 생각이다.", "그건 효과가 없을 것이다."라고 말하는 것을 자제하고 비평이나 판단하지 않는다.
아이디어의 자유로운 표현을 발전시킨다.	다른 사람의 데이터를 토대로 아이디어를 발전시키고, 당신의 아이디어도 다른 사람이 확장해서 사용하도록 허용한다.
아이디어를 포착하고 보여준다.	기대하지 못한 새로운 생각을 유발하는 아이디어를 허용한다.
참석자/팀이 자신의 역할을 공평하게 수행하는지 확인한다.	경청하고 도움을 주려는 마음을 가진다.

활동에 필요한 자료와 도구를 모은다.	
활동을 수행하기 위해 공간/회의실을 확보한다.	

표 9-2 안내자와 다른 팀원들의 책임

CHAPTER 10
고객 단계
고객을 더 잘 이해하기 위해 방문하기

> 우리는 [고객 유형]이 [해야 할 일]을 할 때 [동기]가
> 부여된다고 믿는다.

이 장은 고객 중심 케이턴스와 맞추어 3가지 내용으로 구성되어 있다.

공식화

- 고객 가설 [고객 유형], [동기], [해야 할 일]의 매개 변수에 관해 팀의 가정을 파악한다.
- 가정을 확인할 수 있는 가설로 바꾼다.
- 고객 방문 과정에서 사용될 수 있는 논의 가이드를 만든다.

실험

- 고객 방문을 계획하고 준비한다.
- 고객 방문을 실시한다.
- 고객 방문을 완료한 후 결과를 보고한다.

센스메이킹

- 구조화된 방법을 사용하여 고객 방문으로 수집한 고객 데이터의 패턴과 의미를 도출한다.

• 조직에 고객 인사이트를 공유한다.

공식화

고객 가정을 공식화하기

1. 가정을 파악한다

가설을 작성하기 전에 타깃으로 하는 고객 유형과 고객 동기, 해야 할 일에 관한 팀의 가정을 파악해야 한다.

1) 아래 목록으로 작성된 가정 프롬프트에 포스트잇으로 답변을 기록한다. 프롬프트 당 두 개 이상의 답변이 달려도 이상한 것이 아니다. 포스트잇 한 개에 하나의 답변을 기록한다.

[고객 유형]을 위한 가정 프롬프트

우리는 _____ [고객 유형]을 타깃으로 하고 있다.

이 [고객 유형]은 _____ 하게 팀/조직으로 일한다.

이 [고객 유형]은 _____ 에 숙련되어 있다.

이 [고객 유형]은 커리어에서 _____ 단계에 있다.

이 [고객 유형]은 직책이 _____ 이다.

이 [고객 유형]은 제품, 응용, 서비스 유형의 _____ 을 디자인하고 있다.

이 [고객 유형]은 다음의 시장 압력을 경험하고 있다 : _____.

이 [고객 유형]은 목표 달성을 위해 이런 도구, 플랫폼, 장비를 사용한다. : _____.

[동기]를 위한 가정 프롬프트

이 고객들은 _____에 동기 부여가 된다.

이 고객들은 _____에 영향받고 있다.

[해야 할 일]을 위한 가정 프롬프트

이 고객은 [해야 할 일]을 하는 데 집중하고 있다.

우리는 고객이 _____을 달성하는 데 도움을 주고 싶다.

고객이 [해야 할 일]을 하고 있을 때, 다음의 작업을 수행한다. : _____.

[해야 할 일]을 할 때 이 고객은 자주 _____의 도움을 요청한다.

2) 벽이나 보드에 포스트잇을 하나씩 붙인다. 포스트잇 한 장을 채우기 위해 너무 많이 생각하지 않도록 한다. 포스트잇을 최대한 많이 붙여서 벽을 채운다(그림 10-1).

3) 활동들은 각각 개별적으로 완료한다. 나중에 벽에 무엇을 붙였는지 확인하는 시간을 갖게 될 것이다. 이 시점에서는 아직 가정이 팀에 영향을 미치지 않아야 한다.

4) 중복된 가정도 추가한다. 당신의 가정 중 하나가 이미 벽에 있더라도 가정을 하나 벽에 또 붙인다. 중복은 좋은 일이다. 팀과 당신이 같은 가정을 공유한다는 것을 의미한다.

그림 10-1 팀의 모든 가정을 적어 벽에 붙인 포스트잇

2. 가정을 정리한다

1) 포스트잇으로 팀의 가정을 파악하고, 가정을 정리한다.

2) 벽이나 보드에 세 개의 열을 그린다.

3) 중형 포스트잇을 사용해서 열에 [고객 유형], [해야 할 일], [동기] 항목을 붙인다.

4) 각 가정의 포스트잇을 작성하여 열에 배치한다. 가정 프롬프트를 사용했다면 포스트잇과 카테고리를 1:1로 대응해야 한다(그림 10-2).

3. 가정을 문서로 남긴다

1) 분류된 가정을 기록하기 위해 포스트잇이 붙은 벽의 사진을 찍는다.

2) 엑셀이나 원노트 파일 같은 문서 소프트웨어를 이용해 모든 가정을 표로 만든다.

3) 팀의 자산을 보관하기 위해 저장 공간을 생성한다. 기록한 가

정을 보관하기 위해 마이크로소프트 원노트, 에버노트, 베이
스캠프, 구글 드라이브, 드롭박스 등을 사용한다.

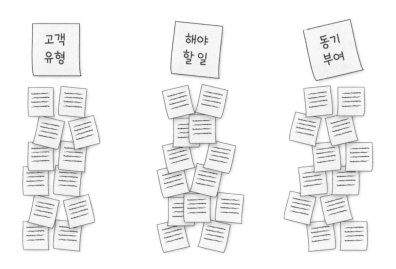

그림 10-2 세 개의 열 [고객 유형], [해야 할 일], [동기] 아래 각각 가정 포스트잇을 붙인다.

고객 가설을 공식화하기

1. 가설을 작성한다

좋은 고객 가설을 형성하려면 팀의 가정을 사용하여 다음 고객 가
설 템플릿에 [매개 변수]를 입력한다. 그룹이 [매개 변수]들을 포스
트잇으로 추가할 수 있을 만큼 충분히 고객 가설을 큰 벽이나 보드에
적는다.

우리는 [고객 유형]이 [해야 할 일]을 할 때 [동기] 부여가 된
다고 믿는다.

2. [고객 유형]을 파악한다

1) [고객 유형], [해야 할 일], [동기]의 3개의 열로 분류했던 고객 가정을 다시 본다.

2) [고객 유형] 칸에서 고객을 선택한다. 어느 고객으로 먼저 시작할지 고민하는 데 지나치게 많은 시간을 보내지 않도록 한다. 모든 타깃의 고객을 위한 가설을 세울 기회가 주어진다.

3) 고객 유형 포스트잇을 가설 템플릿에 배치하여 비어 있는 매개 변수를 채운다. 다양한 유형의 고객이 있을수록 유용하다. 각각의 유형별 고객을 별도의 가설로 파악한다.

4) 내가 타깃으로 삼는 고객에 관한 구체적인 특성을 적는다. 고객 기술, 직위, 조직 유형, 고객이 사용하는 도구 등을 고려한다. 고객의 특성을 포스트잇에 이미 적어두었다면 이를 가설에 추가한다. 그렇지 않은 경우라면 포스트잇에 고객 특성을 작성하여 가설에 추가한다.

예를 들면 가설은 다음과 같을 수 있다.

우리는 [사무직원]이 [해야 할 일]을 할 때 [동기] 부여가 된다고 믿는다.

타깃으로 하는 사무직원의 유형을 더 구체적으로 설명해야 한다.

우리는 [중소기업에서 일하는 사무실 관리자들]이 [해야 할 일]을 할 때 [동기] 부여가 된다고 믿는다.

'사무실'과 '중소기업'이라는 구체적인 특성을 포함하면 팀이 타깃으로 하는 고객 유형을 정확하게 파악할 수 있다.

3. [동기]를 파악한다

1) [가정]의 [동기] 칸으로 돌아간다.

2) 이 고객에게 동기 부여가 되는 것은 무엇일까? 하나의 동기를 포스트잇에 적고 가설 템플릿에 배치하여 비어 있는 동기 매개 변수를 채운다.

4. [해야 할 일]을 파악한다

1) 가설에서 [해야 할 일] 열을 살펴본다. 동기와 관련해서 고객에게 여러 가지 관련 일들이 있음을 발견할 수 있다. 가설마다 개별로 일들을 기록한다.

2) 가설 템플릿에 [해야 할 일] 포스트잇을 배치하여 빈 매개 변수를 채운다.

5. 논의한다

팀별로 가설을 검토하고 다음 사항을 고려한다.

• 팀 모두가 고객, 동기 부여, 해야 할 일을 이해하고 있는가?

• 타깃으로 하는 고객 유형과 관련해서 팀의 지식에 큰 차이가 있는지 확인할 수 있는가?

• 당신이 세운 가설이 너무 막연하지는 않은가? 업무 환경, 기술, 직위에 관한 구체적인 특성을 포함하는가?

6. 반복한다

1) 가정을 계속해서 구체적인 가설로 표현한다. 포스트잇을 새로 추가하거나 또 다른 가설에서 파악한 가정을 복사해서 가져와야 할 필요가 있다면 새로운 포스트잇을 만들자.

2) 모든 가설은 보드나 벽에 적는다.

3) 한발 물러서서 팀이 생성한 가설의 수를 평가한다.

4) 팀에서 동의에 이를 때까지 가설을 수정한다.

7. 기록한다

1) 모든 가설을 기록하기 위해 벽이나 보드를 사진으로 찍는다. 벽이 지워질 경우 백업 역할을 할 수 있다.

2) 모든 가설을 엑셀이나 원노트 파일 같은 문서를 사용해서 표로 만든다. 문서는 팀의 백로그로 활용된다.

3) 가설의 백로그를 팀의 증거파일에 보관한다. 증거 파일은 제품에 대한 관점, 비전, 전략을 구성하는 의미 있는 몇 가지 정보를 기록한다. 이를 통해 팀이 조직적으로 최신 결과를 확인할 수 있다.

논의 가이드 만들기

고객과 대화를 시작하는 일이 항상 쉬운 것은 아니다. 고객에게 많은 정보를 묻고 싶은 마음이 들 수 있겠지만, 현명하게 판단하고 고객 가설을 확인하는 데 도움을 주는 질문만 하도록 한다.

다음의 논의 가이드는 당신의 가설과 일치하는 질문 목록이다. 고객 가설을 정의하는 매개 변수를 포함하도록 안내서를 수정한다. 아래 질문들은 고객의 업무 환경, 직무, 동기 부여를 이해하는 데 도움을 줄 것이다. 이러한 질문 모음으로 시작하되, 필요한 경우 질문을 수정하거나 새로 만들어야 한다.

1. [고객 유형]을 검증하는 질문을 작성한다

- 업무 환경은 어떤가요? (예: 규모, 물리적 환경, 과정의 성숙도)
- 당신이 마주하는 시장 압력에는 무엇이 있나요?
- 업무 환경에 관해 다른 회사의 전형적인 것과 비교해 독특하거나 이례적이라고 말할 수 있는 것은 무엇인가요?
- 당신의 직위는 무엇이며 회사에서 주된 직무는 무엇인가요?
- 하루 중에 주로 수행하는 일의 유형은 무엇인가요?
- 직무 역할을 고려해 볼 때 어떤 종류의 기술, 경험, 개인적인 특성이 필요한가요?
- 플랫폼, 도구, 기술을 자주 사용하나요?
- 어떤 유형의 사람들과 함께 일하나요?

2. [해야 할 일]을 검증하는 질문을 작성한다

- [해야 할 일]을 할 때의 구체적인 업무는 무엇인가요?
- [해야 할 일]에 개인적으로 얼마나 자주 관여하나요?
- 회사에서 누가 [해야 할 일]에 관여하는지 알려주세요.
- 오늘 [해야 할 일]을 어떻게 하는지 알려주세요.
- [해야 할 일]을 하기 전후에 특정한 활동이 있나요?
- [해야 할 일]을 위한 다양한 시작점이 있나요? 만약 있다면 어떤 것입니까?
- [해야 할 일]을 할 때 회사에 있는 당신이나 다른 사람이 요새 사용하는 제품, 서비스, 기술은 무엇인가요?
- [해야 할 일]을 가장 최근에 한 적이 언제인지 알려주세요.

3. [동기]를 검증하는 질문을 작성한다

- [해야 할 일]을 하도록 동기 부여하는 것은 무엇인가요?
- [해야 할 일]을 하지 않는다면 결과는 어떨까요?
- [해야 할 일]을 잘 해냈을 때 그것은 어떻게 보이나요? 어떤 기분인가요?
- [해야 할 일]을 시작할 때 일반적으로 성취하고자 하는 것은 무엇인가요?
- [해야 할 일]의 이익은 무엇인가요? 당신이나 당신의 회사가 이를 통해 무엇을 얻나요?

4. 고객 피드백 루프를 확장하는 질문을 작성한다

- 제가 이야기를 나눌 다른 사람이 있을까요? 혹시 [고객 유형]에서 알고 있는 사람이 있나요?
- 추가로 궁금한 사항이 있다면 다시 연락해도 괜찮을까요?
- 미래에 [해야 할 일]에 관한 초기 제품에 관한 아이디어가 생긴다면 관심이 있으신가요?

5. 논의 가이드를 문서화한다

인터뷰 질문을 결정한 후에는 실험을 수행할 때 참조할 수 있도록 문서로 정리해서 저장 공간에 보관한다.

실험

고객 방문은 고객에 관해 배울 수 있는 가장 충실하고 깊은 경험이다. 고객을 방문하면서 그들의 세상에 몰입할 수 있으며 고객의 동기 부여와 하는 일, 당면한 문제가 무엇인지 이해할 수 있게 된다.

고객 방문 준비하기

1. 고객을 찾는다

고객의 집이나 직장에 접근 권한을 얻는 것은 어려운 일일 수 있다. 편안함이나 사생활에 대한 욕구에 따라 당신과 팀은 현장에 방문할 적절한 허가를 받기가 어렵다는 것을 알게 될 수 있다. 잠재적으로 방문할 고객을 찾는 것에 큰 노력을 투자하는 계획을 세운다. 고객 방문 전에 고객에게 직접 연락하여 관계를 발전시킬 필요가 있다.

방문 전에 고객과 연락할 때 고려해야 할 몇 가지 사항이 있다.

- 고객이 나를 믿으면 집이나 직장에 나를 초대할 확률이 높아진다. 친구나 동료에게 소개받으면 망설임을 줄이는 데 도움을 줄 수 있다.
- 고객 관계로 형성된 인맥을 통해 개인적인 연락을 취한다. 상담 전문가, 영업사원, 자문위원회, 마케팅 참여자 등으로 시작한다.
- 잠재적인 고객의 방문 연락을 받으면 개인적으로 전화를 건다. 처음에는 통화를 하거나 직접 대면하도록 노력한다. 이렇게 하면 고객 방문에 앞서 개인적인 관계를 조성하는 데 도움을 줄 것이다.
- 필요한 실행 계획, 환경 설정, 또는 다른 이동 정보를 제공해서 도움을 줄 수 있는 주요 연락처를 확보한다.

2. 실행 계획을 분류한다

고객을 방문하기 전에 세부 사항을 파악한다. 이런 세부 사항은 사소하게 보일 수도 있지만, 성공적으로 잘 계획된 방문을 보장할 것이다. 방문 전에 더 많은 계획을 세울수록 현장에서 당황하는 일이 줄어들 것이다.

다음의 체크 항목은 이 모든 사항을 내가 잘 관리하고 있는지 확인하기 위해 사용한다.

- 방문하는 고객의 이름과 연락처가 있다.
- 팀과 이동 계획 및 연락처를 공유한다.
- 모든 장비가 갖추어져 있고, 작동 상태가 양호하고 충전이 완료되었는지 확인한다.
- 방문 일정을 작성하고, 고객에게 승인받는다.
- 적절한 보상을 결정한다.

3. 역할을 확인한다

고객 방문 전에 각 팀원의 역할을 설정한다. 설정하고자 하는 주요 역할에 관해 간략히 소개하겠다.

진행자

프로젝트 책임자는 모든 고객 방문에 관한 내부적/외부적 사항의 연락지점이다. 또한 고객을 방문하는 동안 진행자의 역할도 한다. 프로젝트 책임자는 고객과 협력 관계를 구축하고 유지하는 데 책임이 있다.

현장에 없는 코디네이터

고객 방문에 참여하지 않는 팀원으로 마지막 순간에 사고와 운송 문제를 조정할 수 있다.

기록자

프로젝트 책임자/진행자를 뺀 모두는 기록자가 되어야한다. 기록자는 고객을 방문하는 동안 오고 가는 모든 대화의 말을 기록해야 한다.

비디오/사진 촬영자

비디오와 사진 촬영가는 현장의 모든 것을 기록하고, 이후에 편집해야 한다. 방문 전, 방문 중에 녹화하거나 사진을 찍는다는 확실한 허가를 받는다. 현장에서 촬영가는 사진을 찍거나 비디오를 촬영하기 전에 자신을 소개하는 습관을 들여야 한다.

4. 기획 회의를 한다

팀을 조직하고 모두가 함께 이해할 수 있도록 고객 방문 전에 몇 번의 기획 회의를 갖는 것이 좋다. 이렇게 하면 고객을 방문하기 전에 팀이 물어볼 수 있는 질문에 답변할 수 있게 될 것이다.

계획 중에 다루어야 할 중요한 정보:

- 고객 방문의 목표와 기대되는 결과
- 논의 가이드
- 역할 확인
- 고객과 팀의 관계

- 복장 규정

- 이동 계획

- 일정

5. 준비물 챙기기

현장에 필요한 모든 것을 챙기고 싶겠지만, 가방이나 장비가 방해가 될 수도 있다. 방문하기 전에 장비나 서류들과 함께 필수적인 것들만 챙기면 된다.

방문을 위해 필요한 장비나 자재의 체크 목록:

- 비디오카메라 (작고, 가볍고, 방해되지 않는 고프로를 추천한다.)

- 디지털카메라

- 노트북과 노트패드

- 펜/연필

- 명함

- 논의 가이드

고객 방문 수행

고객 방문 수행을 위한 4가지 기본적인 단계가 있다. 방문 시기와 장소에 따라 방문 구조가 달라질 수 있다. 고객의 근무 장소에 따라 접근방법을 수정할 수 있다.

1. 설정한다

프로젝트 책임자/진행자: 고객을 어디에서 관찰할지 결정한다. 다양한 장소가 될 수도 있으므로 이동할 마음의 준비를 한다. 논의 가이드를 사용하도록 한다. 고객을 방문하는 동안 논의 가이드를 참조하여 가설을 검증하는 데 필요한 모든 정보를 파악하고 있는지 확인한다.

기록자: 기록을 공유하는 장소를 설정한다. 원노트나 에버노트 같은 도구는 다양한 장치에 걸쳐 메모를 동기화할 때 유용하다.

비디오/사진 촬영자: 고객과 고객의 환경을 파악하기 위해 좋은 각도를 잡도록 장비를 설정한다. 가능하면 녹화하는 동안 고객의 소리를 들을 수 있는지 마이크를 테스트해보기를 고려한다.

2. 소개한다

프로젝트 책임자/진행자:

- 자신과 팀을 소개한다. 조직에서 자신의 역할을 설명한다.
- 목표와 기대되는 결과를 공유한다.
- 고객의 활동을 관찰하는 동안 협력해준 참여자에게 감사를 표현한다.
- 고객을 방문하는 과정의 일정과 구조를 설명한다. 필요에 따라 일정이나 순서를 조정한다.
- 고객이 관찰되지 않는 것처럼 작업을 완료하도록 유도한다.
- 고객을 녹화하고 사진을 찍어도 되는지 확인한다.

기록자: 고객 방문에 참여하는 날짜, 시간, 팀원을 기록한다.

비디오/사진 촬영자: 권한이 부여되면 녹화를 시작한다.

3. 인터뷰를 수행한다

프로젝트 책임자/진행자: 고객에게 물어보는 첫 번째 질문은 고객이 편하게 느끼는 단순한 질문인 '아이스 브레이커icebreaker'가 되어야 한다. 일반적으로 직장에서 고객의 역할이나 관여하는 활동, 고객이 사용하는 도구나 기술에 관해 묻는 것은 좋은 사전 질문이다. 어색한 분위기를 깨뜨리기 위해 논의 가이드를 참조한다.

방문할 때 면접관/피면접자나 손님/주인 관계가 아닌 분위기를 조성하고, 고객과 협력 관계를 구축하는 것이 중요하다. 협력 관계를 구축하기 위해서는 다음과 같이 한다.

- 고객이 이끌어 가도록 한다.
  - 사건의 자연스러운 흐름을 관찰하기 위해 노력한다. '인위적으로 만들려고' 하지 않는다.
  - 보고, 듣고, 느끼는 것을 기록하되 반응하지 않는다.
  - 개방적이고 편견이 없는 자연스러운 질문을 한다.

- "저에게 보여주세요."라고 말한다.
  - 가능하면 고객이 직면하고 있는 상황을 말로 설명하기보다 고객이 보여주게 한다.
  - 고객이 보여주고 있는 것에 관심을 보이고 내가 관찰하고 있는 것을 온전하게 이해할수 있도록 명쾌한 질문을 한다. 고객은 가능한 한 자신의 상황을 파악하고자 하는 당신의 열망을 알아볼 것이다.
  - 흥미로운 것을 관찰할 때, 그 행동의 맥락과 동기 부여를 이해하는 데 도움을 주는 후속 질문을 한다. 필요한 경우,

고객에게 다시 보여달라고 요청해서 기록한다.

- 가르치지 말고 배운다.
  - 고객은 당신을 '전문가'라고 생각하기 때문에 긴장할 수 있다. 고객의 고유한 상황을 배우기 위해 왔음을 계속해서 말한다. 고객을 전문가처럼 대우한다.
  - 고객은 현장에 '전문가'가 있으므로 자기 제품의 문제를 해결하는데 도움을 받고자 할 수 있다. 할 수 있는 한 최선을 다해 당신의 방문이 고객 지원 전화로 변질하지 않도록 유의한다. 고객의 문제나 오류 기록을 진단하기 위한 고객 지원 서비스가 필요할 경우 일정에 한두 시간의 여유를 남겨야 한다.
  - 고객을 곧바로 돕지 않는다. 고객 방문을 통해 고객의 좌절과 문제 해결 과정을 직접 관찰할 수 있게 된다.
  - 고객이 어려움에 부딪혀서 앞으로 나아가지 못하고 있을 때만 돕는다.

- 아무것도 추측하지 않는다.
  - 사용자와 함께 가정을 확인한다.
  - 표현의 명확함이 필요하다면 고객을 잠시 멈추게 하고 명확성을 요청해도 좋다.

기록자: 고객이 말하는 모든 것을 기록하기 위해 최선을 다한다.
- 그 순간 보고, 듣고, 느끼는 것이 무엇인지 기록한다.
- 고객의 보디랭귀지에 관심을 가진다.
- 고객 방문하는 동안 해석하거나 요약하지 않는다.

- 당신의 말이 아닌 고객의 말을 사용한다. 되도록 직접 인용을 구한다.
- 핵심 요건과 워크플로, 키 프레임을 만들어서 관찰한 내용을 개선한다.

비디오/사진 촬영자: 비디오 녹화가 시작되었는지 확인한다. 고객과 고객의 환경, 사용하는 도구, 상호작용하는 방식을 사진으로 찍는다.

4. 관찰한다

가장 많은 것을 배우는 단계다. 당신은 신경 써야 할 자극이 풍부한 환경에 놓이게 될 것이다. 고객 방문에 참석하는 모든 사람은 고객이 수행하는 활동, 고객이 운영하는 환경, 사용하는 사물, 행동, 선호와 니즈에 초점을 맞추어야 한다. 이는 AEIOU 프레임워크[1]를 살짝 수정한 버전으로, 관찰하고 있는 데이터를 해석해서 이후 의미 있는 방법으로 분류하는 데 도움을 준다.

활동(*Activities*)

고객이 과업을 완료하고자 노력하는 동안 경험하는 활동을 말한다. 다음은 고객의 활동을 관찰하면서 고려해야 할 요소들이다.

- 주목할 만한 업무/활동
- 사건 혹은 이정표
- 필요한 집중력의 양
- 관심 분야
- 고객이 제공하는 피드백의 질
- 능력과 도전 사이의 균형
- 활동을 통제할 수 있는 능력

환경(Environment)

고객 경험을 형성하는 물리적, 기술적, 환경적 요소다. 고객의 환경을 관찰할 때 고려해야 할 요소들은 다음과 같다.

- 공유된 공간, 사무실, 칸막이실
- 팀의 중앙화 또는 분산
- 폐쇄형 혹은 개방형 플랫폼

대인 상호작용(Interpersonal interactions)

고객이 팀, 그룹, 커뮤니티와 가지는 상호작용은 고객의 경험에도 영향을 미친다. 그룹으로 고객의 상호작용을 관찰하면서 고려해야 하는 요소들은 다음과 같다.

- 목표와 전략
- 과정과 방법
- 의사소통 패턴
- 사회적 구조
- 문화

사물(Objects)

그들의 행동, 사고, 느낌에 영향을 미치는 개인적인 차이나 특성이 여기에 해당된다.

- 경쟁사의 도구
- 자체 개발 도구
- 도구에 대한 니즈 차이

사용자와 고객(Users and Customers)

그들의 행동, 사고, 느낌에 영향을 미치는 개인적인 차이나 특성이 여기에 해당된다.

* 학습 선호도   * 인지 스타일
* 경험/기술   * 이력

5. 마무리한다

프로젝트 책임자/진행자

* 하루 종일 가설의 참 또는 거짓을 입증하는 신호를 관찰하거나 들어야 한다. 대화가 마무리되어가면, 논의 가이드를 다시 보고 논의하거나 관찰할 필요가 있는 추가적인 주제가 있는지 확인한다.
* 질문이 있거나 어떤 주제에 대한 명확한 설명이 필요한 경우 기록자나 비디오 촬영자에게 요청한다.
* 현장 방문을 허락한 고객에게 감사의 마음을 표현한다.
* 고객이 소식을 듣거나 질문을 하고 싶을 때 연락할 수 있음을 알린다.
* 보상을 아직 제공하지 않았다면, 떠나기 전에 사례를 제공한다.

기록자

* 메모를 검토하고 추가적인 세부 사항이 필요한지 확인한다. 프로젝트 진행자가 대화를 시작하면 고객에게 기록한 내용을 명확히 하는 데 도움이 되는 질문을 한다.
* 메모가 완료되면 저장 공간에 넣는다.

비디오/사진 촬영자

* 녹화를 중지한다.
* 할 수 있다면 녹화 파일이나 사진을 공유 저장 공간에 보관한다.

고객 방문 후 결과 보고하기

고객 방문 후에 시간을 내어 팀과 관찰한 내용을 논의해야 한다. 결과를 보고하는 동안 고려해야 할 몇 가지 사항들이 있다.

- 고객 방문에 참여한 모든 팀원을 포함한다.
- 팀원들이 느끼고, 보고, 들은 내용을 논의한다.
- 관찰한 것을 검토하고 확인한다.
- 메모를 검토하고 발생한 대화나 사건을 완전히 포착하는지 확인한다.
- 의미 있는 정보를 기록한다(직접 인용한 고객의 말, 새로운 발견, 상황에 적절한 도구 등).
- 방문하는 동안 수집한 모든 것은 소중하다. 나중에 살펴볼 수 있게 저장 공간에 안전하게 보관한다.
- 가장 의미 있는 데이터, 메모, 사진, 직접 인용한 고객의 말, 가설의 참 또는 거짓을 입증하는 유형의 신호라면 무엇이든 가져와서 증거 파일에 넣어둔다.

센스메이킹

고객 방문을 완료했으면 인터뷰나 관찰 내용을 해석할 차례다. 팀으로서 협력하여 모든 인터뷰 노트를 검토하고, 캡처한 데이터에서 의미를 추출한다. 데이터를 분석하는 동안 협력하면 팀이 내린 결론에 대해 공유된 이해를 가질 수 있다.

데이터 도식화하기

1. 인터뷰 메모를 모두 인쇄한다

1) 증거 파일로 되돌아와서 고객 방문 노트를 인쇄한다. 고객 방문 기록을 복사해서 팀원들이 한 사람씩 사본을 가질 수 있도록 한다. 이 책은 각 활동의 결과를 문서화하여 팀의 증거 파일에 배치하도록 권장했다. 이때 제품에 대한 관점, 비전 또는 전략을 구성하는 가장 의미 있는 데이터 조각이 포함되어야 한다. 증거 파일이 가볍고 가설의 참 또는 거짓을 입증하는 정보를 포함하지 않는다면, 저장 공간을 열어서 여정을 따라 수집한 데이터를 버리거나 정리해야 한다.

2) 인터뷰 메모의 각 모음 우측 상단에 고유번호 혹은 아이디를 기록한다. 그 아이디를 통해 찾은 데이터를 특정 고객과 연결할 수 있다.

3) 인터뷰를 인쇄한 사본, 마커펜, 포스트잇 꾸러미를 각 팀원에게 전달한다.

2. 의미 있는 것은 무엇이든 기록한다

1) 고객의 인터뷰 기록을 자세히 읽는다.

2) 의미 있는 정보를 찾으면 포스트잇에 기록한다. 이때 살펴보아야 할 점은 다음과 같다.

- 직접 인용한 말
- 고객이 수행한 일
- 기술
- 좌절이나 한계의 표현
- 고객의 환경
- 동기 부여
- 도구 사용
- 즐거움을 주는 것

너무 많이 생각하지 말자. 포스트잇에 발견한 내용을 잘 표현하는 한 두 문장을 적고 넘어가도록 한다.

3) 방문한 고객별로 다른 색의 포스트잇으로 데이터를 기록한다. 색을 이용한 코딩을 통해 고객마다 의미 있는 데이터를 쉽게 추적해서 시각화할 수 있게 된다. 나중에 팀이 방문한 각 고객에 대한 이야기를 할 때 필요할 것이다.

3. 데이터에 태그한다

데이터 태그는 효율적인 방식으로 데이터를 정리할 수 있게 한다. 표 10-1을 사용하고 필요시 자유롭게 수정한다.

태그	피드백의 종류
동기(Motivation)	고객의 동기 부여를 암시하는 코멘트
좌절/문제 (Frustration/problem)	문제, 좌절, 한계, 제약을 암시하는 표현이나 관찰
해야 할 일 (Jobs-to-be-done)	목표 성취를 위해 고객이 수행한 작업
특징(Attribute)	고객을 정의하는 데 도움을 주는 개별적인 차이 또는 특징
대인 상호작용 (Interpersonal interaction)	다른 팀원이나 클라이언트와 고객이 함께 있을 때 관찰된 대화나 상호작용
환경(Environment)	고객을 관찰한 맥락을 설명하는 세부 사항
도구(Tool)	관찰 시 목표 성취를 위해 고객이 사용한 도구

표 10-1 데이터 도식화를 위해 제안된 태그

이런 태그를 사용해서 파악한 고객 데이터 포인트의 성격을 결정하고 포스트잇의 우측 상단에 기록한다. 예컨대 데이터 포인트가 고객의 좌절과 관련된 정보를 보이면 'F'로 태그한다. 추가로 포스트잇의 좌측 상단에 인터뷰 고객의 아이디를 기록한다. 기록한다(그림 10-3 참고). 필요하면 팀의 니즈에 맞춰 수정하거나 새로운 태그를 만든다.

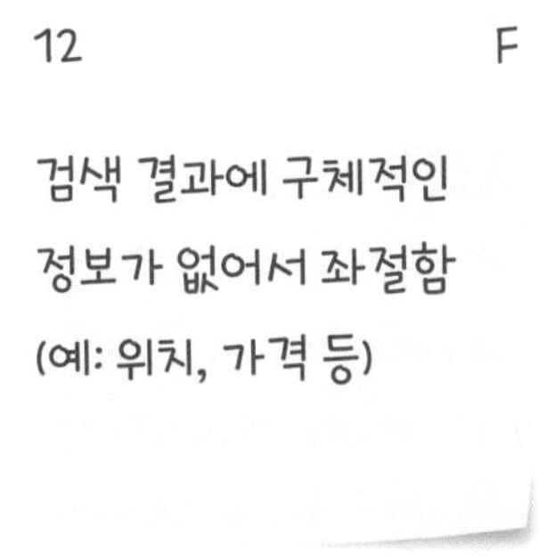

12   F

검색 결과에 구체적인
정보가 없어서 좌절함
(예: 위치, 가격 등)

그림 10-3 이 활동에 대해 완성된 포스트잇은 인터뷰 고유번호(좌측 상단), 키워드 태그(우측 상단) 그리고 결과에 관한 간략한 설명이 적혀 있다.

포스트잇을 주제로 논의하고 싶은 유혹을 피한다. 이렇게 하면 논의하거나 결과를 비교하기 대신 인터뷰 기록에 집중할 충분한 시간을 갖게 된다. 또한, 모든 고객 방문을 검토하기 전에 성급한 결정을 내리는 것을 방지한다. 결과를 공유할 기회는 다음 단계에 주어진다.

4. 데이터를 논의한다

포스트잇을 벽에 모두 모으면 방문한 고객별로 논의할 기회가 생긴다. 대화를 보다 풍요롭게 만들기 위한 몇 가지 제안이 있다.

- 방문한 고객별로 팀에서 대화할 시간을 갖는다. 깨닫게 된 내용을 자세히 검토하고 눈에 띄는 정보가 무엇인지 확인한다.
- 다른 팀원은 알게 된 정보를 명료하게 하기 위한 질문을 해야

한다. 인터뷰 진행자나 기록자가 회의실에 있으면 메모에 쓰지 못한 부가적인 정보를 추가할 수 있다.

• 고객으로부터 알 수 있는 정보가 더 있는지 논의한다. 그렇다면 인터뷰 진행자는 고객에게 다시 전화를 걸거나, 후속 질문을 이메일로 보낼 수 있다.

• 팀에서 방문했던 모든 고객의 논의가 끝날 때까지 반복한다.

5. 데이터를 정리하고 분류한다

방문했던 모든 고객을 파악하고 나면 몇 가지 일반적인 주제나 중복된 데이터를 알아낼 수 있다. 포스트잇을 분류하고 유사점을 정리한다(그림 10-4 참고). 이를 생산적인 과정으로 만드는 데 도움을 주는 몇 가지 제안이 있다.

• 융통성을 발휘하는 것이 중요하다. 팀에서 누군가가 두 가지 항목의 결합에 반대하더라도 강요하지 않아야 한다. 더욱 분명한 두 가지의 결합으로 그냥 넘어가자.

• 팀이 합의할 때까지 분류를 수정하고 메모를 다시 정렬한다.

• 범주화에서 패턴이나 큰 차이를 찾고 논의를 계속한다.

  - 가장 크게 분류한 영역은 무엇입니까? 좌절? 동기? 충분하게 나타나지 않은 태그가 있습니까? 그렇다면 구체적인 정보를 끌어낼 수 있는 올바른 질문을 하고 있었나요?

  - 가장 중복이 많은 항목은 무엇입니까? 팀이 이런 반응을 자주 듣는 이유는 무엇입니까?

  - 좌절이나 동기가 다른 말로 표현된 같은 데이터가 있습니까? 그 학습을 요약하는 가장 좋은 방법은 무엇입니까?

- 충분히 나타나지 않은 고객 유형이 있나요? 벽면에 표현 되지 않은 이유는 무엇일까요?
- 고객이 사용한 일반적인 해결법이나 도구는 무엇인가요?

그림 10-4 인터뷰 데이터를 키워드별로 정리하기, 그룹화하기, 체계화하기. 여기서 팀은 자체 태그도 추가했다.

증거 파일 업데이트하기

데이터 도식화에 시간을 보냈으니 증거 파일을 업데이트한다. 다음과 같이 팀의 관점, 비전, 제품 전략을 구성하는 가장 의미 있는 몇 가지 정보를 포함해야 한다.

- 가설의 참 또는 거짓을 입증하는 축적된 정보
- 데이터에서 나타나는 고객 유형의 특성
- 동기, 좌절, 욕구 등의 예시를 보여주는 고객의 말
- 결론을 지지하는 외부 소스로부터의 데이터 포인트 (시장 조사, 경쟁적인 분석 등)

스토리를 만들고 공유하기

데이터를 해석하고 학습한 내용에 대해 논의하는 시간을 가진 후에는 고객에 대해 학습한 내용을 공유할 수 있다. 설득력 있는 이야기를 들려주고 공유할 수 있는 방법을 결정하도록 한다.

개인적인 고객 이야기를 한다

당신이 방문했던 각각의 고객의 이야기를 들려준다. 이야기에 활기를 불어넣고 공감을 형성하기 위해 고객이 한 말, 했던 일, 그리고 그들이 느꼈던 감정 등을 포함해야 한다. 다음은 이야기를 더욱 잘 전달하기 위해 사용될 수 있는 데이터의 유형들이다.

사진

고객, 작업 환경, 해당 고객을 암시하는 모든 것의 사진

좋은 인용구

고객의 피드백과 목소리를 직접 듣는 것보다 좋은 것은 없다.

비디오

의미 있는 순간을 기록하는 짧은 영상을 제작한다.

이야기에 포함할 수 있는 몇 가지 주제는 다음과 같다.

- 고객의 경험을 형성하는 일련의 활동이나 행동
- 고객의 경험에 영향을 미치는 환경, 기술적 요인
- 팀, 그룹, 커뮤니티에서 타인과의 중재 또는 상호작용
- 고객이 사용했던 도구와 가공품, 이를 사용해서 고객 경험이 형성된 방법

- 고객을 고유하게 만드는 개별적인 차이와 이런 차이가 직업, 과업, 타인과의 상호작용에 미치는 영향

고객 이야기의 시놉시스를 짠다

방문한 개별 고객에 관한 이야기에 추가해서 중요한 고객 학습 내용을 전달하고자 한다. 고객 방문 전반에 발생했던 긴장, 좌절, 또는 촉발 요인이 있었는가? 이런 인사이트를 공유함으로써 다른 사람들도 쉽게 소비하고 이해할 수 있도록 한다.

다음의 방식으로 데이터의 의미를 전달하는것을 고려할 수 있다.

- 고객의 동기 부여를 표현하는 데 도움이 되는 유사점이나 비유를 찾는다. 당신의 영역 밖에 있지만 모두가 이해할 수 있는 예를 사용하는 것은 추상적인 학습을 취하고 더 많은 청중이 쉽게 접근하도록 할 수 있다.
- 상충되는 긴장 상태를 잘 보여주는 다이어그램을 그린다(예: 고객은 높은 품질과 비용 절감을 동시에 원한다). 2×2 텐션^{tension} 모형은 그런 상충 관계를 명확히 표현하는 데 도움을 줄 수 있다.
- 직무를 수행하는 동안 고객 여정의 발전을 보여주는 타임라인이나 일정을 만든다. 주요 이정표나 기회를 기록한다.

스토리를 공유한다

고객의 옹호자로서 팀에서 구축한 채널을 사용해 고객에 대해 알게 된 정보를 조직과 공유한다(회의, 이메일, 프레젠테이션, 기업용 채널, 소식지).

현재 있는 채널을 먼저 활용하되 고객의 공감이나 감정이 이메일

수신함이라는 바다에서 사라질 수 있다는 점을 유념해야 한다. 고객의 풍부한 이야기를 공유할 추가적인 방법을 고려한다.

고객의 사진, 고객의 업무 환경, 직접 인용한 고객의 말 등이 담긴 인쇄물은 고객에게 흥미를 불러오는 강력한 시각 자료가 될 수 있나. 우리는 고객 데이터를 시각적으로 보여주기 위해 물리적인 장소를 만들어서 성공적으로 스토리를 공유했다. 유동 인구가 많은 적절한 장소에서 고객 데이터를 전시하면 조직의 관심과 흥미를 얻을 수 있다.

CHAPTER 11.
문제 단계

고객의 문제와 좌절에 관해 고객과 인터뷰하기

> 우리는 [고객 유형]이 [문제] 때문에 [해야 할 일]에 좌절한다
> 고 믿는다.

이 장은 고객 중심 케이던스에 맞춰 세 부분으로 구성되어 있다.

공식화

- 고객 문제와 좌절을 탐구하면서 [문제] 매개 변수에 관한 팀의 가정을 파악한다.
- 가정을 검증할 수 있는 가설로 바꾼다.
- 인터뷰 수행을 위한 논의 가이드를 만든다.

실험

- 고객 인터뷰를 준비한다.
- 고객 인터뷰를 수행한다.
- 인터뷰가 완료되면 결과를 보고한다.

센스메이킹

- 체계화된 방법을 사용해 고객 인터뷰에서 패턴과 의미를 도출한다.
- 고객 인사이트를 조직과 공유한다.

공식화

문제 가정을 공식화하기

1. 가정을 파악한다

가설 발전 프레임워크의 각 단계에서 가정을 파악해 검증 가능한 가설로 전환해야 한다. 문제 단계에서 고객에게 실제로 문제가 있는지 고객이 해결책을 찾을 만큼 고통을 느끼는지를 검증할 수 없다면 없는 문제를 찾아 해결책을 억지로 만들고 있는 결과가 발생할 것이다. 문제 단계에서 고객이 실제로 문제를 맞닥뜨리고 있고 해결책을 모색하는 데 난항을 겪고 있다는 사실을 검증하지 않으면, 없는 문제를 찾아 해결책을 억지로 구축하게 될 수 있다. 먼저는 팀을 이루어 고객이 겪고 있다고 생각하는 문제에 대한 팀의 가정을 파악해야 한다.

1) 아래 나열된 가정 프롬프트에 대해 포스트잇에 답변을 기록한다. 하나의 프롬프트에 둘 이상의 응답이 있을 수 있다. 포스트잇당 하나의 응답을작성한다.

이런 [고객 유형]은 고객이 해야 할 일을 하는 데 필요한 _____ 이(가) 결여되어 있다.

[문제]는 이런 [고객 유형]에 다음의 방식으로 영향을 미친다. : _____

이런 [고객 유형]은 문제의 차선책을 찾기 위해 _____ _____을(를) 하고 있다.

이런 [고객 유형]은 [해야 할 일]을 수행할 때 고통을 경험한다.

그 [문제]는 사소하지만, 자주 발생한다.

그 [문제]는 자주 발생하지는 않지만 치명적이다.

이런 [고객 유형]은 _____ 때문에 _____ _____을(를) 포기했다.

이런 [고객 유형]은 _____하는 시간만큼 ____ _____ 에 사용하고 있다.

이런 [고객 유형]은 _____ 에 제한되거나 제약이 따른다.

이런 [고객 유형]이 오늘 [해야 할 일]을 하고 싶지만 [문제] 때문에 할 수 없다.

2) 벽이나 보드에 포스트잇을 하나씩 붙인다. 너무 깊이 생각하지 말자. 포스트잇을 최대한 많이 사용하여 벽면을 가득 채운다(그림11-1 참고).

3) 해당 활동 부분은 독립적으로 완성한다. 나중에 벽에 붙인 것을 명확하게 할 시간을 가질 것이다. 이 시점에서는 가정한 내용이 팀에 영향을 미치지 않도록 한다.

4) 중복된 포스트잇을 추가한다. 당신의 가정 중 하나가 이미 벽에 있어도 다시 메모를 붙인다. 팀이 같은 가정을 공유하고

있음을 의미하므로 중복은 오히려 좋은 신호이다.

그림 11-1 포스트잇에 작성해서 벽에 붙인 모든 가정

2. 가정을 정리한다

1) 포스트잇으로 가정을 파악한 후에는 그것들을 체계화한다.

2) 벽이나 보드 위에 3개의 열을 그린다.

3) 중형 포스트잇을 사용해서 각각의 열에 [고객 유형], [해야 할 일], [문제]를 라벨링한다.

4) 각 가정의 포스트잇을 분류하여 배치한다(그림 11-2 참고).

5) 고객과 직무 열이 가볍다는 점을 알게 된다면 팀의 저장 공간을 참조하여 타당화된 고객 가설의 백로그를 찾는다. 포스트잇 에 누락된 [매개 변수]를 기록해서 벽이나 보드에 둔다.

3. 가정을 문서로 기록한다

1) 메모, 라벨, 집합을 기록하기 위해 벽의 사진을 찍는다.

2) 엑셀이나 원노트 파일 같은 문서로 모든 가정을 표로 만든다.

3) 문서로 만든 가정을 저장 공간에 보관한다.

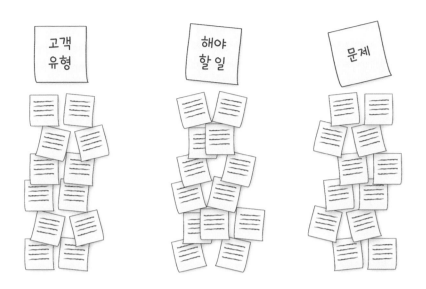

그림 11-2 [고객 유형], [해야 할 일], [문제]라는 세 개의 열에 각각 가정 포스트잇을 붙인다

문제 가설 공식화

1. 가설을 작성한다

좋은 문제 가설을 작성하기 위해 앞서 생성한 가정으로 다음의 문제 가설 템플릿의 [매개 변수]를 채운다. [매개 변수]에 포스트잇을 붙일 수 있을 만큼 큰 벽이나 보드에 문제 가설을 기록하자.

우리는 [고객 유형]이 [문제] 때문에 [해야 할 일]에 좌절한다
고 믿는다.

2. [고객 유형]을 파악한다

1) [고객 유형], [해야 할 일], [문제]의 세 가지 열로 분류했던 고
   객 가정을 다시 본다.
2) [고객 유형] 칸에 고객 한 명을 선정한다.

3) 고객 유형 포스트잇을 가설 템플릿에 배치하여 빈 매개 변수를 채운다. 다양한 고객 유형이 있으면 매우 유용하다. 각각의 대상 고객을 별도의 가설로 파악한다.

3. [해야 할 일]을 파악한다

1) 가정에서 [해야 할 일] 칸을 다시 본다.

2) [해야 할 일] 포스트잇을 가설 템플릿에 배치하여 빈 매개 변수를 채운다.

4. [문제]를 파악한다

1) 가정에서 [문제] 칸을 다시 본다.

2) [문제] 포스트잇을 가설 템플릿에 배치하여 빈 매개 변수를 채운다.

3) 다양한 고객 유형이 같은 문제를 겪고 있을 때는 별도의 가설로 파악한다.

5. 논의한다

팀별로 자신의 가설을 검토하고 고려한다.

- 팀은 고객과 해야 할 일에 이해를 공유하고 있는가?
- 가설이 팀의 한계 대신 고객의 한계에 집중하고 있는가?
- 고객이 마주하고 있는 문제와 관련한 팀의 지식에 큰 차이가 있는지 확인할 수 있는가?
- 가설이 고객 유형을 올바르게 세분화하고 있는가? 아니면 모든 고객 유형에 문제를 일반화하고 있는가?

6. 반복한다

    1) 가정을 가설로 계속 명료하게 서술한다.

    2) 모든 가설을 벽이나 보드에 적는다.

    3) 한 발짝 물러서서 팀에서 작성한 가설의 수를 평가한다.

    4) 팀에서 동의에 이를 때까지 가설을 수정한다.

7. 기록한다

    1) 기록을 위해 벽이나 화이트보드의 사진을 찍는다. 이렇게 하면 벽면이 지워져도 백업 자료로 활용할 수 있다.

    2) 엑셀이나 원노트 파일 같은 문서로 모든 가설을 표로 만든다. 이 문서는 팀의 백로그로 활용될 수 있다.

    3) 고객 단계에서 고객 가설의 백로그를 만들었다면 새롭게 작성된 고객 가설과 문제 가설에서 백로그를 업데이트한다.

논의 가이드 만들기

여기에서 실험하는 동안 물어볼 질문 샘플을 찾게 될 것이다. [고객 유형]과 [해야 할 일]에 관한 질문을 논의 가이드에 포함하면 대상 고객과 이야기하고 고객이 경험하는 [문제]를 파악할 수 있다.

문제 가설에서 정의한 [매개 변수]를 포함하여 논의 가이드를 수정한다. 이 질문을 사용해서 시작하고 필요하면 질문을 수정하거나 새로 만든다.

1. [고객 유형]을 검증하는 문제를 작성한다

• 당신의 업무 환경은 어떤가요? (예: 규모, 물리적인 주변 환경, 과정의 숙련도)

- 회사가 당면한 몇 가지 주요 시장 트렌드는 무엇인가요?
- 당신의 업무 환경에 관해 다른 회사의 전형적인 것과 비교해 독특하거나 이례적이라고 말할 수 있는 것은 무엇인가요?
- 회사에서 당신의 직위와 주요 책임은 무엇인가요?
- [고객 유형]으로서 수행하는 고급 직무/업무는 무엇인가요?
- [고객 유형]으로서 어떤 종류의 기술, 경험, 개인적 특성이 필요한가요?
- [고객 유형]으로서 어떤 플랫폼, 도구, 기술을 사용하나요?
- [고객 유형]으로서 어떤 유형의 사람들과 일하고 있나요?
- [고객 유형]으로서 어떤 유형의 응용 프로그램이나 서비스를 작업하고 있나요?

2. [해야 할 일]을 검증하는 질문을 작성한다

- [해야 할 일]을 할 때 수행하는 특정 직무/과업이 있나요?
- [해야 할 일]에 얼마나 자주 관여하게 되나요?
- 회사에서 누가 [해야 할 일]을 하고 있나요?
- 오늘 [해야 할 일]을 어떻게 하는지 알려주세요.
- [해야 할 일]을 하기 전후에 특정한 활동이 있나요?
- [해야 할 일]을 위해 다양한 시작점이 있나요? 만약 있다면 어떤 것입니까?
- [해야 할 일]을 할 때 당신이나 혹은 회사의 다른 사람이 요새 사용하는 제품, 서비스, 기술은 무엇인가요?
- [해야 할 일]을 가장 최근에 한 적이 언제인지 알려주세요.
- [해야 할 일]을 할 때 마주한 주요 문제/어려움은 무엇이었습니까?

3. [문제]를 검증하는 질문을 작성한다

- [해야 할 일]에 대해 가장 크게 좌절한 것은 무엇인가요?
- [해야 할 일]을 시도할 때 무엇이 부족했나요?
- [해야 할 일]을 할 때 [문제]를 해결하기 위해 사용했던 도구나 임시방편은 무엇인가요?
- 이런 임시방편이 [문제]를 얼마나 잘 다루고 있나요?
- [문제]를 해결하기 위해 노력하며 얼마나 많은 시간, 노력, 돈을 소비했나요?
- [해야 할 일]을 시도하고 있을 때 당신을 좌절시킨 '사소한 일'은 무엇인가요? 이런 상황이 자주 일어나나요? 얼마나 자주 발생하나요?
- [해야 할 일]을 시도할 때 자주 있는 일은 아니지만 그런 일이 있으면 문제가 발생하는 '중대한 것들'은 무엇인가요?
- [해야 할 일]을 완성하는 데 걸림돌이 되는 문제를 경험한 적이 있습니까? 어떤 일이 있었는지 말해줄 수 있나요?
- 0에서 10의 점수 기준으로(10은 가장 큰 영향을 받은 것) 당신은 [문제]로 부터 얼마나 영향을 받았습니까? 그 이유는 무엇인가요?
- [문제]가 해결되어서 성취할 수 있는 것은 무엇인가요?
- 마법의 지팡이를 흔들어서 [해야 할 일]에 관해 무엇이든 바꿀 수 있다면 무엇이 될까요?

4. 고객 피드백 루프를 확장하는 질문을 작성한다

- 저와 함께 이야기를 나눌 다른 사람이 있나요? [해야 할 일]을 시도할 때 [문제]를 경험하는 누군가를 알고 있나요?

- 추가로 궁금한 사항이 있다면 연락해도 괜찮을까요?
- 앞으로 [해야 할 일]의 초기 프로덕트 아이디어가 생긴다면 관심이 있으신가요?

5. 논의 가이드를 문서로 만든다

인터뷰 질문을 정했으면 해당 질문을 문서로 정리하여 실험을 수행할 때 팀에서 참고할 수 있도록 공유 저장 공간에 보관한다.

실험

고객 중심 전략의 핵심은 고객과 지속적인 대화를 유지하는 것이다. 풍부한 고객 데이터를 수집하는 가장 빠르고 저렴한 방법의 하나는 직접 일대일 인터뷰를 진행하는 것이다.

인터뷰를 준비하기

1. 스크리너를 만든다

리서치에 적합한 고객을 확보하기 위한 스크리닝에 사용할 질문을 결정한다. 스크리닝 질문 작성을 위해 다음의 특성을 고려한다.

- 업무 환경
- 직무 역할
- 기술과 책임
- 고객이 수행하는 일/과업
- 고객이 일/과업을 수행했던 마지막 시기

스크리닝 질문을 만들 때 고려해야 할 사항은 다음과 같다.

- 스크리너는 5~10개 질문으로 간략하게 유지한다.
- 고객은 리서치에 적합하다고 생각하는 특성에 답변을 일치시키려 할 수 있다. 질문이 찾고 있는 고객의 유형이 무엇인지 명확하게 알 수 없도록 한다.
- 인터뷰를 시작하면 대상에 맞는 고객인지 확인하는 추가 질문을 할 수 있다.

2. 일정을 준비한다

성공적인 피드백 루프가 구성되고 고객 인터뷰와 함께 끊임없이 이어져야 한다. 인터뷰를 위해 고객과 일정을 잡을 때 고려해야 할 사항들은 다음과 같다.

날짜와 시간

팀의 가용성을 바탕으로 리서치 일정을 결정한다.

기한

30분 정도를 추천하며 60분을 초과하지 않도록 한다.

장소

장소 옵션은 대면 또는 전화, 비디오/음성 회의 시스템 사용(마이크로소프트 스카이프, 구글 행아웃, 개인용 화상회의 시스템)이 있다.

보상

참여를 위해 작은 보상의 제공을 고려할 수 있다. (기프트 카드, 무료 서비스, 제품 증정, 경품 추첨 등)

비공개 동의(NDA)

논의가 민감한 정도에 따라 데이터를 보호하기 위한 비공개 조치에 고객의 동의 서명을 얻어야 할 수도 있다.

팀원

누구를 인터뷰에 포함할지 정한다.

기록

인터뷰의 기록 여부와 어떤 방법을 사용할지를 결정한다.

연락 정보

인터뷰와 관련해서 고객과 어떻게 연락을 할 수 있을지 구체적인 사항을 제공한다.

취소 방침

인터뷰에 관해 고객이 어떻게 약속을 취소할 수 있는지 지침을 제공한다.

특별한 지시

추가로 구체적인 사항을 제공한다(예: 길 안내, 음성 채팅에 연결하는 방법 등).

3. 고객을 찾는다

올바른 고객을 찾는 일은 어려울 수 있다. 고객 찾기에 관한 조언을 위해서는 3장을 참고한다.

4. 역할을 확인한다

인터뷰를 하기 전에 각 팀원의 역할을 정할 것이다. 확정하고 싶을 만한 핵심 역할을 몇 가지 언급하겠다.

진행자

인터뷰 진행을 위한 사람 한 명.

기록자

진행자가 인터뷰 진행에 집중할 수 있도록 메모를 작성할 한 사람 혹은 여러 사람.

타임키퍼/코디네이터

시간을 기록하고 장비와 진행 환경 전반을 관리한다.

5. 모의 인터뷰를 진행한다

고객과의 대화에 참여하기 전에 인터뷰를 연습하고 논의 가이드를 개선하도록 한다. 직속 팀원이 아닌 다른 누군가와 '모의 인터뷰'를 진행하면 도움이 될 수 있다. 모의 인터뷰는 다음과 같은 것들을 수행하도록 한다.

- 명확하지 않거나 너무 복잡하거나 유도할 수 있는 질문을 반복한다.
- 질문이 자연스러운 흐름을 따르는지 확인한다.
- 인터뷰의 시간을 테스트한다.
- 더 자세한 정보를 위한 문제 내기를 연습한다.

인터뷰 수행하기

일반적인 인터뷰 진행은 5단계로 분류된다.

1. 설정한다 (인터뷰 시작 전)

진행자: 논의 가이드를 검토하고 주의를 산만하게 하는 요소를 제거한 공간을 준비한다.

기록자: 모든 고객의 메모를 보관할 수 있도록 팀의 저장 공간을 만든다.

타임키퍼/코디네이터: 진행자의 옆에 앉아서 남은 시간을 조용히 알려줄 수 있도록 한다. 화상회의 프로그램을 사용하고 있을 때는 오디오/비디오가 올바르게 작동하고 있는지 확인한다.

2. 소개한다 (대략 5분)

진행자:

1) 고객을 환영하고 리서치 참여 지원에 감사를 표하며 시작한다.

2) 팀을 소개한다.

3) 리서치의 목적을 간략하게 소개한다.

4) 고객에게 개방적이고 솔직한 피드백을 장려한다. 맞고 틀린 답변은 없다. 고객이 제공하는 정보는 모두 나와 팀이 배우는 데 도움을 줄 것이다. 고객의 의견이 부정적이더라도 내 감정을 상하게 하지 않을 것이며, 더 좋은 제품을 기획하는 데 도움을 줄 뿐이다.

5) 세션을 녹화할 수 있도록 동의를 구한다.

기록자: 날짜, 시간, 전화에 참여하는 팀원을 기록한다.

타임키퍼/코디네이터: 인터뷰가 진행되면 스톱워치를 누르고 시간을 확인한다.

3. 어색한 분위기를 없앤다 (대략 5분)

진행자: 고객에게 물어보는 첫 번째 질문은 고객이 편안하게 느끼도록 하는 단순한 질문인 '아이스 브레이커'가 되어야 한다.

고객에게 신뢰와 유대감을 발전시키고 싶다면 다음과 같은 작업을 권장한다.

- 격려하기 – 고객의 피드백이 가치 있다는 것을 알려준다.
- 솔직하기 – 리서치 목적과 의도를 설명하면 고객도 솔직하게 될 것이다.
- 겸손함 보이기 – 고객의 전문성을 배우기 위해 이곳에 왔다고 설명한다.
- 신뢰감 주기 – 어떤 기밀 정보나 사적인 것도 공유하지 않음을 다시 알려준다.

일반적으로 고객에게 직장에서의 역할, 고객이 기획하고 있는 앱/제품, 사용 중인 도구와 기술을 묻는 것은 좋은 사전 준비 질문이다.

기록자: 고객이 말하는 모든 것을 기록하려고 최선을 다한다. 말을 바꾸어 표현하지 않는다.

타임키퍼/코디네이터: 어색함을 없애기 위한 질문을 하는 동안 진행자가 대화를 잘 진행하고 있는지 확인한다. 분위기를 화기애애하게 만드는 질문은 고객이 내가 알고 싶어 하는 모든 정보, 즉 전체적인 근로 기록과 작업한 적 있었던 모든 프로젝트를 이야기하도록 유도한다. 이는 내가 가장 중요하게 관심을 두는 질문으로 들어가기 전에 많은 시간을 소요하도록 할 수 있다.

4. 논의한다 (대략 15분)

진행자: 대화를 조정하기 위해 논의 가이드를 사용한다. 대본을 읽는 것보다는 어조를 자연스럽게 유지하기 위해 노력한다. 연습할수록 더 쉽고 자연스러워질 것이다.

기록자: 고객이 말하는 만큼 계속해서 기록한다. 논의 가이드를 고객의 반응에 관한 템플릿으로 사용할 수 있다. 가능한 한 다른 말로 바꾸어 표현하지 않는다.

타임키퍼/코디네이터: 중요한 단계에 도달했을 때 진행자에게 신호를 보낼 수 있다(예: 10분 남았습니다, 5분 남았습니다, 앞으로 1분 남았습니다), 실시간 개인 메신저를 보내거나 포스트잇을 건넨다.

5. 마무리한다 (대략 5분)

진행자:

1) 대화를 종료하기 위해 이 시간을 사용한다. 필요한 경우 명료하게 해주는 질문을 한다.

2) 팀에 전화를 열어놓고 기록자와 타임키퍼가 질문할 수 있게 한다.

3) 고객의 시간과 피드백에 감사함을 표한다.

4) 고객의 시간에 대한 보상을 제공한다.

5) 당신과 대화하고 싶어 한다고 고객이 추천하는 사람이 있으

면 추천인을 묻는다.

기록자:

- 메모를 살펴보고 더 구체적인 사항이 필요한지 확인한다. 진행자가 전화를 열어놓을 때 당신이 기록한 것을 명확하게 할 수 있는 질문을 한다.
- 완성한 메모를 팀의 저장 공간에 넣는다.

타임키퍼:

1) 기록을 중지한다.
2) 팀의 저장 공간에 기록을 보관한다.

인터뷰 이후에 결과 보고하기

인터뷰 직후에는 팀에 시간을 할당하여 모든 사람이 다음 인터뷰를 위해 인사이트를 공유하고 제안할 기회를 얻어야 한다. 결과를 보고하는 동안 다음 활동을 고려한다.

- 직접 인용한 고객의 말, 눈에 띄는 결과, 상황에 적합한 도구 등 의미 있는 정보를 기록한다.
- 가장 의미 있는 데이터, 메모, 사진, 직접 인용한 말, 좌절, 한계, 주목할 행동, 가설의 참 또는 거짓을 입증하는 다른 유형의 신호를 끌어내어 증거 파일에 넣는다.
- 회사 로고, 프로덕트 스크린샷, 링크드인의 프로필 등 온라인 사이트에서 도움이 될 고객 증거를 수집한다. 이런 데이터는 조직에 공유되는 고객의 스토리를 만들 때 효과적일 것이다.

다음 인터뷰 전에 아래 질문에 대한 답변을 중심으로 인터뷰 데이터의 업데이트를 고려한다.

- 고객을 올바르게 선정했는가? 대상 고객을 확보하기 위한 심사 질문을 업데이트해야 하는가?
- 명확하게 하거나 반복해야 하는 질문이 하나라도 있었는가? 질문하는 데 더 단순한 방법이 있는가? 더 작은 단위의 질문으로 세분해야 하는가?
- 관심 있는 영역에서 '주제에 벗어난' 응답이 하나라도 있었는가? 이런 응답을 유발했던 질문은 무엇이었는가?
- 각 질문은 소요 시간이 얼마나 걸렸는가? 너무 구체적으로 자세한 사항을 묻지는 않았는가? 자세한 점이 너무 적은 것은 아닌가?
- 논의 가이드를 완성할 충분한 시간이 배정되어 있었는가?
- 피할 수도 있었을 기술적인 결함이 있었는가?
- 기록이 대화를 완전히 파악하도록 해주는가?

센스메이킹

인터뷰를 연달아 진행해서 완료하고 나면 이제는 고객 피드백을 해석할 시간이다. 팀을 이루어 모든 인터뷰 메모를 함께 검토하고 파악한 데이터를 이해하기 시작한다. 데이터를 분석하는 동안 함께 일하면 팀이 내린 결론에 관한 이해를 확실하게 공유할 수 있게 된다.

데이터를 구조화하기

1. 모든 인터뷰 메모를 인쇄한다

1) 증거 파일로 돌아와서 모든 인터뷰 기록을 인쇄한다.

   이 책을 통해 각 활동의 결과를 문서로 기록해서 팀의 증거 파일에 보관할 것을 권장했다. 이렇게 해서 증거 파일은 제품에 관한 나의 견해, 비전, 전략으로 구성된 가장 의미 있는 몇 가지 정보를 포함하게 된다. 증거 파일이 가볍거나 가설의 참 또는 거짓을 입증할 데이터를 포함하지 않고 있음을 알게 된다면 저장 공간을 열어서 과정 중에 수집했던 정보를 정리해서 증거 파일에 기록해둔다.

2) 인터뷰 메모 모음마다 우측 상단에 고유 식별 번호나 아이디를 적는다. 이 아이디는 특정한 고객을 찾을 수 있는 정보를 연관 지어 볼 수 있게 한다.

3) 팀원마다 인터뷰 인쇄본 1부, 마커용 펜, 포스트잇 꾸러미를 건네어 준다. 이상적으로는 팀원마다 팀이 아닌 다른 누군가가 수행한 인터뷰에서 기록을 검토받아야 한다. 이렇게 하면 '이중 확인'이 되고 인터뷰를 다양하게 해석할 수 있게 된다.

2. 의미 있는 모든 것을 기록한다

1) 고객 인터뷰 메모를 꼼꼼하게 읽는다.

2) 의미 있는 무언가를 찾았으면 포스트잇에 적는다. 찾아야 하는 몇 가지 사항은 다음과 같다.

   - 직접 인용한 말
   - 고객의 환경
   - 고객이 수행하는 일
   - 동기

- 기술
- 도구 사용
- 좌절이나 한계의 표현
- 즐거움을 주는 것

깊이 생각하지 말고 발견한 것을 파악해서 두세 문장으로 적고 넘어간다.

3) 다양한 [고객 유형]을 인터뷰했다면 다른 색의 포스트잇으로 데이터를 기록한다. [고객 유형]을 색으로 표시하면 고객 유형을 쉽게 시각화할 수 있게 될 것이다.

3. 데이터를 태그한다

데이터 태그는 팀이 효율적인 방식으로 데이터를 정리할 수 있게 한다. 시작을 위해 표 11-1을 사용하자. 필요하면 자유롭게 수정하도록 한다.

태그	피드백 유형
동기(Motivation)	고객의 동기 부여를 암시하는 코멘트
좌절/문제(Frustration/problem)	문제, 좌절, 한계, 제약을 암시하는 언급이나 관찰
해야 할 일(Jobs-to-be-done)	고객이 목표 달성을 위해 관여하는 것으로 관찰된 활동이나 과업
특징(Attribute)	고객 정의에 도움을 주는 개인적인 차이나 특징
대인관계의 상호작용 (Interpersonal interaction)	다른 팀원이나 고객과 함께 있을 때 관찰 된 대화나 상호작용
환경(Environment)	고객을 관찰한 상황을 묘사하는 구체적인 사항
도구(Tool)	고객의 목표 달성을 위해 사용된 것으로 관찰된 모든 도구

표 11-1 데이터 도식화를 위한 태그 제안

이 태그를 이용해서 고객 데이터 포인트의 성격을 파악하고 포스트잇의 우측 상단에 적는다. 예를 들면 데이터 포인트가 고객의 좌절과 관련되어 있으면 'F'로 태그하도록 한다. 추가로 포스트잇 좌측 상단에는 인터뷰에서 얻은 고객 아이디를 적는다(그림 11-3 참고).

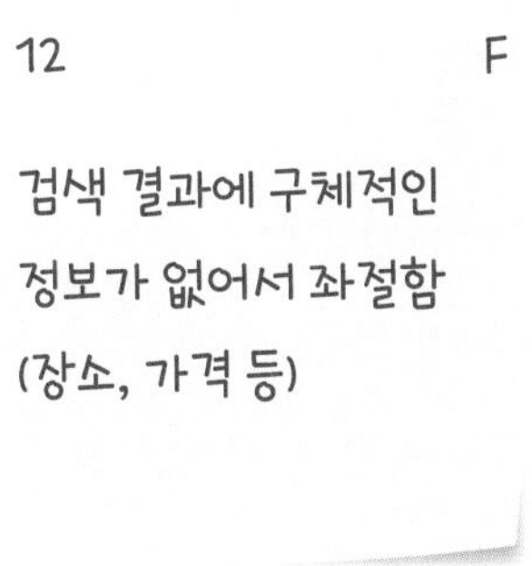

12   F

검색 결과에 구체적인
정보가 없어서 좌절함
(장소, 가격 등)

그림 11-3 이 활동을 통해 완성된 포스트잇은 인터뷰 고유번호(좌측 상단), 키워드 태그(우측 상단), 결과의 간략한 설명으로 태그하도록 한다.

팀과 메모를 논의해보고 싶은 유혹을 피한다. 결과를 논의하고 비교하기보다 인터뷰 메모에 집중할 충분한 시간을 가질 수 있게 한다. 또한, 모든 인터뷰가 검토되기 전에 팀에서 성급한 결론을 내리지 않게 해야 한다. 결과를 공유할 기회는 다음 단계에서 있을 것이다.

4. 데이터를 논의한다

포스트잇을 벽에 모으고 나면 메모한 고객 인터뷰를 팀에서 논의할 기회가 생긴다. 대화를 풍요롭게 할 수 있는 제안이 몇 가지 있다.

1) 읽어 보았던 고객에 관해 모든 팀이 발화할 시간을 준다. 고객에게 배운 점과 고객에게 눈에 띄는 점이 무엇인지 직접 자세히 검토할 수 있게 한다.

2) 다른 팀원들은 무엇을 배웠는지 확인하는 질문을 한다. 인터뷰 진행자나 기록자가 회의실에 있으면 기록으로 알아보지 못할 수 있는 구체적인 세부 사항을 더할 수 있게 한다.

3) 고객으로부터 더 알게 될 점이 있는지 논의한다. 혹시 있으면 인터뷰 진행자가 고객에게 다시 전화하거나 후속 질문을 이메일로 보낼 수 있다.

5. 데이터를 정리하고 분류한다

일반적인 주제나 중복을 알아차리기 시작해야 한다. 포스트잇을 그룹화하거나 유사점을 바탕으로 정리한다(그림 11-4 참고). 다음은 생산적인 프로세스를 만드는 데 도움을 주는 몇 가지 제안이다.

- 유연성을 갖는 것이 중요하다. 팀의 누군가가 아이템 몇 가지를 통합하는 데 반대하더라도 강요하지 않는다. 그냥 더욱 명확한 아이템 짝으로 넘어간다.
- 팀에서 동의가 있을 때까지 기록을 분류하고 재배치한다.
- 나의 분류에서 패턴이나 큰 차이를 찾고 논의를 계속한다.
  - 가장 큰 분류가 있는 것으로 보이는 영역은 무엇인가? 좌절? 동기 부여? 충분하게 표현되지 않은 태그가 있는가? 혹시 있다면 구체적인 정보를 끌어내기 위한 올바른 질문을 했었는가?
  - 좌절이나 동기 부여가 다르게 표현된 같은 데이터가 있는가? 이러한 학습을 요약하는 최선의 방법은 무엇인가?
  - 충분하게 표현되지 않은 고객 유형이 있는가? 벽에 표현되지 않은 이유는 무엇인가?
  - 고객이 사용한 공통적인 임시방편이나 도구가 있는가?

그림 11-4 인터뷰 데이터를 키워드별로 정리하기, 그룹화하기, 체계화하기

증거 파일 업데이트하기

데이터 도식화에 시간을 들였으므로 이제 증거 파일을 업데이트한다. 팀의 고객 관찰, 견해, 비전, 제품 전략으로 구성된 가장 의미 있는 몇 가지 데이터를 포함해야 한다. 항목은 다음과 같다.

- 참 또는 거짓으로 입증된 가설
- 고객이 다양한 맥락에서 말하고, 생각하고, 느끼고 있는 주목할 만한 점
- 고객이 경험한 문제, 한계, 좌절
- 동기 부여, 좌절, 욕구 등을 보여주는 고객의 말 직접 인용문
- 고객의 행동, 직무 관행, 고객이 사용하는 도구나 플랫폼 등
- 결론을 뒷받침하는 외부 데이터로부터 얻는 데이터 포인트 (시장 조사, 경쟁적인 분석 등)

스토리를 만들고 공유하기

　데이터를 해석하고 알게 된 점을 논의할 시간을 보낸 후, 결과와 비전을 전달할 준비가 된다. 흥미로운 스토리를 말하고 공유할 방법을 결정함으로써 데이터를 전달할 수 있다. 데이터의 의미를 공유하기 위해 다른 사람들도 쉽게 이해할 방법으로 이야기를 표현하고자 할 것이다.

　다음은 데이터를 설명하는 방법에 대한 몇 가지 예시이다.

- 고객이 겪고 있는 좌절을 표현하는 데 도움을 줄 수 있는 유사점이나 비유를 찾는다. 내 영역 밖의 예시를 사용하되 모두가 이해할 수 있게 하는 것은 추상적인 아이디어를 취해서 더 많은 관중에게 접근할 수 있게 만드는 데 도움이 될 수 있다.
- 상충되는 긴장 상태를 잘 보여주는 다이어그램을 그린다(예: 고객은 고품질을 원하지만, 동시에 비용 절감을 원한다). 2×2 텐션 모형은 그런 상충 관계를 명확히 설명하는 데 도움을 줄 수 있다(그림 11-5 참고).
- 고객 문제의 발전을 보여주는 일정표나 여정 지도를 만든다. 처음에 사소한 좌절로 시작되어서 어떻게 고객이 경험을 최적화할 수 있게 되는지 발전을 보여준다.

스토리를 공유한다

　고객의 옹호자로서 팀으로 개설한 채널(단독 미팅, 필명의 이메일, 프레젠테이션, 기업용 채널, 소식지)을 사용해서 조직과 함께 고객에 관해 알게 된 정보를 공유한다.

고객 단계에서는 기존에 먼저 존재하는 채널을 사용하는 것을 권장하지만 공유된 장소에 물리적, 시각적인 디스플레이 생성도 고려해볼 수 있다. 이 자료들이 잘 큐레이션 되었다면 조직의 관심을 사로잡고 더 많은 학습에 관심을 끌게 될 것이다. 공유된 장소에서 미팅을 기획한다. 팀을 초대해서 우리와 함께 '발전 과정을 이야기하며' 그동안 고객의 여정을 묘사하고 그 과정에서 얻게 된 깊은 인사이트를 공유한다.

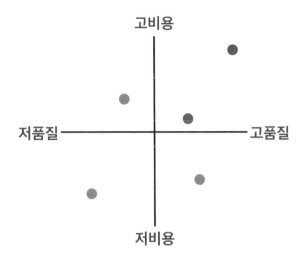

그림 11-5 2×2 텐션 모형은 고객이 의사결정을 할 때 발생하는 긴장 상태를 보여주는 데 도움을 줄 수 있다.

CHAPTER 12.
콘셉트 단계
콘셉트 가치 테스트를 사용해서 아이디어 탐색하기

> 우리는 [콘셉트]가 [문제]를 해결하고 [해야 할 일]을 할 때
> [고객 유형]에 가치를 높이 평가받을 것이라고 믿는다.
>
> 우리는 [평가 기준]을 살펴봄으로써 이 점이 사실임을 알게
> 될 것이다.

이 장은 고객 중심 케이던스에 맞춰 세 부분으로 구성되어 있다.

공식화

- "우리가 어떻게 할 수 있을까?"를 사용해서 고객 문제/기회
  를 재구성한다.
- 문제와 아이디어를 아이디어 맵으로 만든다.
- 아이디어에 대한 효과/노력 매트릭스를 사용해서 우선순위
  를 정한다.
- 아이디어를 분명한 언어로 완벽하게 표현한 콘셉트로 바꾸고
  콘셉트 가설을 작성한다.
- 스토리보드를 사용해서 콘셉트의 주요 표현에 관한 줄거리를
  만든다.
- 콘셉트와 관련해서 고객과 이야기하기 위한 논의 가이드를
  만든다.

실험

- 콘셉트 가치 테스트를 정리하고 준비한다.
- 콘셉트 가치 테스트를 수행한다.
- 콘셉트 가치 테스트 후에 결과 보고를 마치고 깨달은 내용을 논의한다.

센스메이킹

- 콘셉트 가치 테스트의 결과에서 나온 패턴과 의미를 도출하기 위해 구조화된 방법을 사용한다.
- 콘셉트의 원칙을 정의하고 논의한다.

공식화

"우리가 어떻게 할까?"를 사용해서 아이디어를 창출하기

고객이 겪고 있는 문제를 파악하고 검증한 후에는 고객 개발에서 제품 개발로 전환할 준비가 된 것이다. 팀별로 "우리가 어떻게 할까?"를 사용하여 문제를 해결하고 재구성하는 방법을 탐색한다.

1. 주요 문제를 선정한다

1) 검증된 문제 가설을 기록한 증거 파일로 돌아온다.
2) 작업을 시작할 문제를 하나 선정한다.
3) 아이디어 맵의 첫 번째 단계로 "[문제 유형]을 해결하려면 우리가 어떻게 할 수 있을까?"를 벽이나 보드에 적는다. 이것이

당신의 주요 문제이다.

> 프로필 페이지에서 서비스 업체를 설명하는 정보가 부족
> 한 문제를 우리가 어떻게 해결할 수 있을까?

보드의 위쪽에 위와 같은 표현을 적는다. 아이디어 맵을 작성하려면 아래에는 공간이 필요할 것이다.

2. 근본적인 문제를 파악하고 재구성한다

1) 주요 문제의 각 응답에 대해 포스트잇에 기록해서 "우리가 어떻게 할 수 있을까?" 식의 구성을 계속한다. 그것이 근본적인 문제다(그림 12-1 참고).

> 프로필 페이지에 서비스 업체를 설명하는 정보를 우리가
> 어떻게 추가할 수 있을까?

2) "우리가 어떻게 할 수 있을까?" 응답을 벽이나 보드에 배치한다. 이렇게 하면 아이디어 맵의 두 번째 단계를 생성하게 될 것이다.

3. 더 작은 근본적인 문제를 발견한다

1) 작성한 "우리가 어떻게 할 수 있을까?"의 응답을 확인한다.
2) 이 아이디어를 달성하는 데 "무엇이 고객에게 걸림돌이 되는가?"를 묻는다.

> 서비스 업체가 그들의 사업에 대한 정보를 입력하는 데
> 걸림돌이 되는 것은 무엇인가?

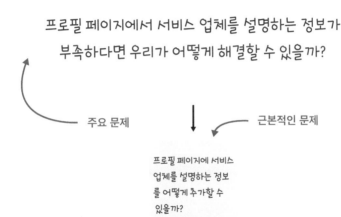

프로필 페이지에서 서비스 업체를 설명하는 정보가
부족하다면 우리가 어떻게 해결할 수 있을까?

주요 문제   근본적인 문제

프로필 페이지에 서비스
업체를 설명하는 정보
를 어떻게 추가할 수
있을까?

그림 12-1 근본적인 문제를 발견하기 위해 "우리가 어떻게 할 수 있을까?"를 사용하기

이러한 초점은 제품의 기술적인 한계가 아닌 고객이 목표를 성취하지 못하게 하는 것에 맞춰져 있어야 한다.

서비스 업체는 프로필 페이지를 업데이트해서 얻는 이익을 이해하지 못한다.

3) 근본적인 걸림돌이나 문제를 모두 소진할 때까지 "또 뭐가 있을까?"를 계속해서 묻는다. 더 작고 다루기 쉬운 문제들을 식별하기 시작해야 한다.

서비스 업체는 자신이 프로필 페이지를 업데이트할 수 있다는 점을 알지 못하고 있다.

서비스 업체는 프로필 페이지에 어떤 정보가 와야 하는지 모른다.

서비스 업체는 자신의 프로필 페이지를 업데이트하는 이

익을 이해하지 못한다.

서비스 업체는 기업 정보 변경이 있을 때 페이지에 업데이트하는 것을 잊어버린다.

4) 근본적인 걸림돌을 "우리가 어떻게 할 수 있을까?" 표현으로 다시 바꿔서 포스트잇에 표현을 하나씩 적는다.

서비스 업체가 페이지 업데이트의 이익을 이해하게 하려면 우리가 어떻게 할 수 있을까?

서비스 업체가 스스로 프로필 페이지를 업데이트할 수 있다는 것을 우리가 어떻게 알릴 수 있을까?

서비스 업체가 프로필 페이지를 작성하도록 우리가 어떻게 도와줄 수 있을까?

서비스 업체가 프로필 페이지를 업데이트해야 한다는 것을 우리가 어떻게 알려줄 수 있을까?

상위 문제 아래에 각자 옆에 새로운 메모를 건다. 주요 문제에서 근본적인 문제로, 근본적인 문제에서 연속된 작은 문제로 이끄는 연결고리를 생성해야 한다. (그림 12-2 참고)

4. 아이디어를 생성한다

"우리가 어떻게 할 수 있을까?"의 후속 질문을 살펴보고 아이디어로 응답한다. 아이디어를 생성하면서 스스로 다음과 같이 질문한다.

• 우리가 문제를 해결할 수 있는 다른 방법이 있는가?

- 문제 해결을 못 하게 하는 장벽이 고객에게 존재하는가?

- 문제 해결을 위해 필요한 것은 무엇인가?

- 이 문제 해결을 위해 우리가(팀, 부서, 조직으로서) 해야 하는 것은 무엇인가?

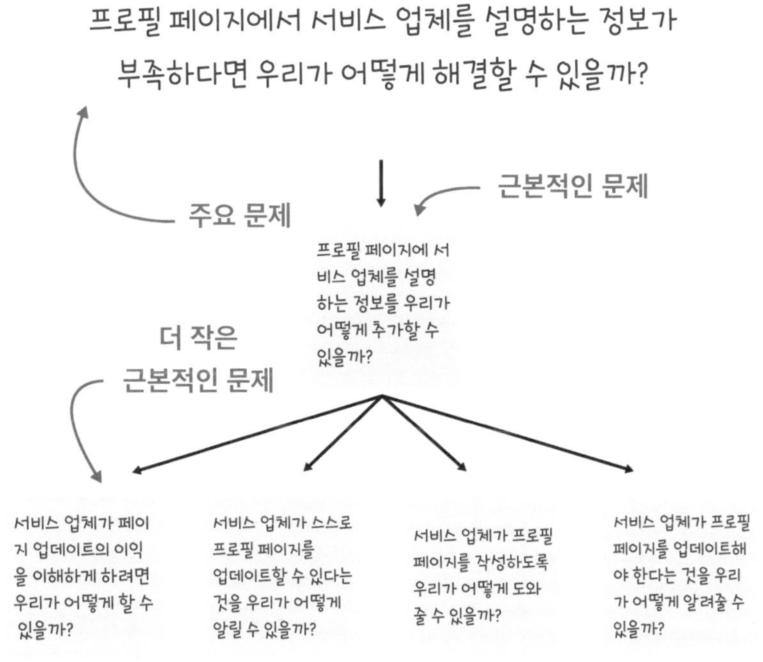

프로필 페이지에서 서비스 업체를 설명하는 정보가
부족하다면 우리가 어떻게 해결할 수 있을까?

주요 문제

근본적인 문제

프로필 페이지에 서비스 업체를 설명하는 정보를 우리가 어떻게 추가할 수 있을까?

더 작은
근본적인 문제

서비스 업체가 페이지 업데이트의 이익을 이해하게 하려면 우리가 어떻게 할 수 있을까?

서비스 업체가 스스로 프로필 페이지를 업데이트할 수 있다는 것을 우리가 어떻게 알릴 수 있을까?

서비스 업체가 프로필 페이지를 작성하도록 우리가 어떻게 도와줄 수 있을까?

서비스 업체가 프로필 페이지를 업데이트해야 한다는 것을 우리가 어떻게 알려줄 수 있을까?

그림 12-2 어떻게 할 수 있을까를 사용해서 더 작은 근본적인 문제를 발견하기

5. 기록한다

1) 벽이나 화이트보드에 아이디어 맵을 기록한 사진을 찍는다.

2) 엑셀이나 원노트 파일 같은 문서로 모든 아이디어를 표로 만든다.

3) 할 수 있다면 아이디어 맵에 공백을 남기고 팀이 아이디어를 더욱 발전시킬 수 있도록 한다.

4) 이 활동을 통해 생성한 아이디어를 저장 공간에 보관한다.

5) 저장 공간의 생성에 관한 추가 정보는 4장을 참고한다.

효과/노력 매트릭스를 사용해서
아이디어의 우선순위 정하기

가능한 아이디어의 목록을 만들고 난 후에는 효과/노력 매트릭스를 사용하여 우선순위를 정한다. 아이디어의 우선순위를 정함으로써 관련 콘셉트를 창출하는 아이디어를 확인할 수 있게 된다.

1. 효과/노력 매트릭스를 생성한다

1) 이 활동을 준비하려면 2×2 효과/노력 매트릭스를 그린다.

2) x축에 노력(크고 작음), y축에 효과(크고 작음)를 표시한다.

3) 사분면에 장기적인 전략, 힘들기만 하고 보상은 작은 업무, 개인적으로 선호하는 프로젝트, 빠른 승리를 라벨링한다(큰 효과/큰 노력 사분면에서 시작해서 그림 12-3에서 보이는 것처럼 시계 방향으로 이동).

2. 아이디어를 선정한다

1) 아이디어 목록을 확인할 수 있는 아이디어 맵을 만들어서 저장 공간, 보드, 벽으로 돌아온다.

2) 팀에서 식별한 아이디어 하나를 선정한다.

3) 그 아이디어에 관한 다음의 질문에 응답한다.

   • 아이디어를 실현하기 위해 얼마나 노력이 필요한가?

   • 고객에게 이 아이디어는 얼마나 효과가 있는가?

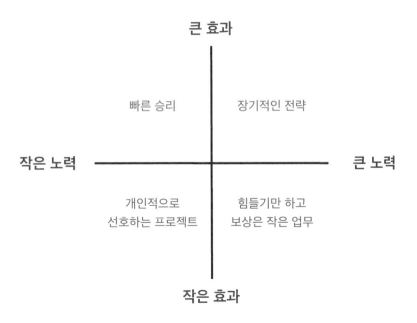

그림 12-3 사분면에 라벨링한 효과/노력 매트릭스

- 이 아이디어를 실현하지 않으면 고객에게 얼마나 큰 영향이 있는가?
- 효과/노력 매트릭스의 어느 사분면에 이 아이디어가 속하게 되는지 결정한다.
- 아이디어를 포스트잇에 적어서 해당 매트릭스 위에 배치한다.

3. 반복한다

1) 모든 아이디어를 효과/노력 매트릭스 위에 놓을 때까지 이 활동을 반복하여 진행한다.
2) 한발 물러서서 매트릭스 위의 아이디어 배치를 평가한다.
3) 팀이 모두 동의할 때까지 수정한다.

4. 논의한다

1) 효과/노력 매트릭스 위에 아이디어 배치를 검토하고 어떤 아이디어가 고객에게 가장 효과가 큰 결과를 가져올지 고려한다.

2) 팀이 콘셉트와 관련해서 만들고자 하는 아이디어 목록에서 우선순위를 결정한다.

5. 기록한다

1) 벽이나 보드의 사진을 촬영하여 효과/노력 매트릭스를 기록한다.

2) 엑셀이나 원노트로 모든 아이디어와 지정된 우선순위를 표로 만들어둬야 한다. 이 문서는 백로그로 사용될 것이다.

3) 아이디어의 백로그를 팀의 증거 파일에 보관한다.

아이디어를 콘셉트로 변환하기

아이디어의 우선순위를 정하였다면 콘셉트를 형성하도록 한다. 콘셉트는 UVP, 베네핏, 한계를 보여주는 구체적으로 표현된 아이디어이다.

1. 가설을 공식화한다

콘셉트 가설을 벽이나 보드에 충분히 크게 적고 포스트잇으로 [매개 변수]를 더한다.

우리는 [콘셉트]가 [문제]를 해결하고 [고객 유형]이 [해야 할 일]을 할 때 가치가 있다고 믿는다.

[평가 기준]을 확인하면 이 전제가 참이라는 것을 알게 될 것

이다.

2. [콘셉트]를 선정한다

1) 우선순위가 지정된 아이디어 목록이 들어있는 증거 파일로
돌아온다.

2) 팀에서 우선순위가 높다고 인식한 아이디어를 하나 선정한
다. 이 활동의 남은 과정에서는 이 아이디어를 콘셉트라고 부
를 것이다.

3) 포스트잇에 선정한 아이디어를 적고 벽이나 보드에 적힌 가
설의 [콘셉트] 매개 변수 위치에 배치한다.

4) 가설 발전 프레임워크의 이 지점에서 [고객 유형], [문제], [해
야 할 일]을 입증해야 한다. 포스트잇에 이 매개 변수들을 기
록해서 빈 매개 변수를 채우고 가설 템플릿에 배치한다.
이 단계에서 유일하게 새로운 매개 변수는 [콘셉트]와 [평가
기준]이다.

3. [평가 기준]을 정의한다

콘셉트의 성공을 평가하게 될 평가 기준을 정의해야 한다. 필요 충
족, 사용 의도, 신뢰도, 차별화, 친구나 동료에게 콘셉트 추천 의향 같
은 평가 항목은 콘셉트의 성공을 측정하는 데 도움을 주는 평가 기준
이다.

1) 팀별로 다음의 질문과 평가 점수를 검토한다. 평가 기준을 정
의할 때 도움을 주기 위해 이를 사용한다. 질문을 수정하거나
필요에 따라 새로운 평가 기준을 추가한다.

- _____이(가) 문제를 해결하거나 나의 니즈를 채워 줄 수 있을까?

  (점수: '전혀 그렇지 않다.' (1)-(2)-(3)-(4)-(5) '확실히 그렇다.')

- _____이(가) 사용 가능할 수 있게 되면 사용할 것 인가?

  (점수: '전혀 그렇지 않다.' (1)-(2)-(3)-(4)-(5) '확실히 그렇다.')

- _____이(가) 해결책으로서 얼마나 믿음직한가?

  (점수: '전혀 믿을 수 없다.' (1)-(2)-(3)-(4)-(5) '매우 믿을 수 있다.')

- _____이(가) 사용할 수 있는 다른 해결책과 얼마나 다른가?

  (점수: '전혀 다르지 않다.' (1)-(2)-(3)-(4)-(5) '매우 다르다.')

- _____을(를) 주변에 추천할 의향이 있는가?

  (점수: '전혀 그렇지 않다.' (1)-(2)-(3)-(4)-(5) '확실히 그렇다.')

2) 포스트잇을 사용해서 콘셉트의 성공을 측정할 수 있는 평가 기준을 작성한다.

3) 벽이나 보드에 적힌 가설의 [평가 기준] 매개 변수에 포스트 잇을 배치한다.

4) 다양한 평가 기준이 있을 수 있지만, 예상할 수 있는 점이다. 각 평가 기준별로 가설을 분류해서 적는다.

5) 고객과 이야기를 나누기 전에 콘셉트가 충분히 성공이라고 생각하는 점수를 결정한다. 고객에게 콘셉트를 보여주기 전

에 성공에 대한 점수화를 문서화하면 리서치 결과를 분석할 때 객관성을 유지할 수 있게 될 것이다.

UVP, 베네핏, 한계를 공식화하기

1. UVP를 작성하기

콘셉트의 전체적인 가치를 한두 문장 이내로 가장 잘 설명하는 가치 제안(요점 말하기elevator pitch)을 작성한다.

1) UVP를 만들기 위해 다음의 질문을 사용하여 팀과 대화한다.
   - 이 콘셉트는 누구를 위해 의도되었는가?
   - 이 콘셉트를 사용해서 고객이 성취하는 것은 무엇인가?
   - 고객은 콘셉트의 가치를 언제 발견하는가? (특별한 기한, 특정 활동, 직무/과업 중)
   - 고객이 신경 쓰는 이유는 무엇인가? (고객에게 시간, 돈, 자원을 절약한다 등)
   - 다른 해결책과 이 콘셉트가 얼마나 다른가?

2) 각 팀원에게 UVP 또는 엘리베이터 피치를 공유할 시간을 준다.
3) 콘셉트를 가장 잘 설명하는 단일한 가치 제안을 생각하기 위해 협력한다. 분량을 하나나 두 개 문장으로 제한하려고 노력한다.
4) UVP의 최종본을 문서로 남긴다.

2. 콘셉트 베네핏을 결정한다

콘셉트의 베네핏을 논의한다. 이는 고객에게 제공하는 특정한 가치를 파고들 기회이다.

1) 아래의 프롬프트마다 포스트잇에 응답을 적는다. 프롬프트 하나에 2개 이상의 응답이 있을 수 있지만, 예상했던 점이다. 각 메모마다 하나의 응답을 기록한다.

- 이 콘셉트가 있으면 고객은 _____을(를) 할 수 있다.
- 이 콘셉트는 _____을(를) 잘한다.
- 고객은 이 콘셉트의 가치를 발견할 것이다. 왜냐하면, 콘셉트가 _____하기 때문이다.

2) 포스트잇을 하나씩 벽이나 보드에 배치한다. 지나치게 많이 생각하지 않는다. 최대한 많은 포스트잇을 벽면을 가득 채운다.

3) 각각의 활동은 개별적으로 완성한다. 나중에 벽에 붙여놓은 것이 무엇인지 확인할 시간을 갖는다.

4) 중복된 포스트잇을 추가한다. 나의 베네핏 중 하나가 이미 벽에 있으면 그 벽면에 내가 쓴 것을 더해서 붙인다. 중복은 팀에서 같은 가정을 공유하게 됨을 의미한다.

5) 베네핏 중 중복된 것이나 유사한 것을 살펴보고 함께 분류한다.

3. 베네핏을 수렴한다

1) 목록에서 베네핏을 4~6개로 줄인다.

2) '커트라인'을 고려할 때 여전히 고객에게 가치를 제공하면서 콘셉트를 포함할 수 있는 베네핏의 수를 최소로 생각한다.

3) 목록을 4개에서 6개로 줄이고 나면 이 베네핏이 고객에게 제

공할 특별한 가치에 대하여 간략하게 한 문장으로 기술한다.

4) 팀에서 정의한 베네핏을 문서로 만든다.

4. 콘셉트의 한계를 정한다

이제 콘셉트의 한계를 확인하는 데 중점을 두고자 한다. 이는 고객에게 콘셉트의 한계에 대해 투명하게 설명할 수 있는 기회다.

1) 아래의 프롬프트 각각에 대한 응답을 포스트잇에 적는다. 프롬프트 하나당 두 개 이상의 응답이 있을 수도 있지만 예상했던 점이다. 포스트잇 하나에 응답은 하나만 담는다.

- 고객은 이 콘셉트를 가지고 _____을(를) 할 수 없다.
- 고객이 이 콘셉트를 사용하기 시작하면서 _____은(는) 할 수 없게 될 것이다.
- 고객은 _____이(가) 부족해서 좌절할(실망할) 수 있다.
- 기술적인 한계 때문에 고객은 _____을(를) 할 수 없다.

2) 벽이나 보드에 포스트잇을 배치한다. 지나치게 많이 생각하지 않는다. 최대한 많은 포스트잇을 벽면을 가득 채운다.

3) 연습 문제의 이 부분은 개별적으로 완성한다. 나중에 벽에 붙여놓은 것이 무엇인지 확인할 시간을 가지게 될 것이다.

4) 중복된 포스트잇을 추가한다. 벽면에 이미 하나가 붙어 있으면 같은 벽면에 내가 쓴 한계를 또 붙인다. 중복은 팀에서 같은 가정을 공유하고 있음을 의미한다.

5) 한계의 중복이나 복사를 살펴보고 한계점을 함께 분류한다.

5. 한계를 수렴한다

1) 목록을 4~6개로 줄인다.

2) '커트라인'을 고려할 때 고객에게 제공하는 콘셉트의 가치가 주는 영향을 고려한다. 그런 제한이 있더라도 MVP를 이용해 가치를 실현할 수 있을까?

3) 한계를 4~6개로 줄이고 나면 이러한 한계나 제한으로 고객이 얼마나 영향을 받을지를 한 문장으로 간단하게 설명한다.

4) 팀에서 정의한 한계를 문서로 남긴다.

6. 기록한다

1) 가설을 모두 기록한 벽이나 보드의 사진을 찍는다. 이렇게 하면 벽면이 지워져도 백업 파일로 사용할 수 있다.

2) 이전 단계에서 고객 가설과 문제 가설의 백로그를 만들려면 새롭게 생성된 콘셉트 가설로 백로그를 업데이트한다. 이 가설은 팀의 증거 파일에 저장되어야 한다.

3) 베네핏, 한계, UVP를 문서에 기록하고 팀을 위해 저장 공간에 보관하여 실험할 때 참고한다.

스토리보드를 사용해서 이벤트의 줄거리 만들기

스토리보드는 고객이 콘셉트를 가지고 하게 될 경험을 보여주는 데 효과적인 도구가 될 수 있다. 콘셉트의 스토리는 프레임이 3개 이상의 스토리보드 형태로 구성할 수 있다. 이러한 3가지 프레임, 또는 키 프레임은 고객 경험의 필수적인 순간을 강조한다. 예를 들면 스토리보드를 사용하여 콘셉트가 소개되기 전, 사용 중, 콘셉트 사용을 마친 후의 경험을 보여줄 수 있다.

1. 키 프레임을 정의한다.

키 프레임은 고객의 여정(예: 이전, 과정, 이후)에서 기본적인 세 가지 순간이다. 필요한 경우 언제나 프레임을 추가할 수 있다.

1) 첫 번째 프레임에서 스토리의 시작, 고객, 고객이 업무/과업을 수행하면서 경험하는 문제를 기술한다.

2) 팀별로 첫 번째 키 프레임에 포함할 것을 논의한다. 대화를 활성화하기 위해 프롬프트로 아래의 질문을 사용한다.

- 고객은 누구인가?
- 동기 부여는 무엇인가?
- 고객의 직무 환경은 어떠한가? (예: 규모, 물리적인 환경, 과정의 성숙도)
- 고객이 성취하고자 노력하는 과업/업무는 무엇인가?
- 과업/업무를 수행하면서 발생하는 문제는 무엇인가?
- 고객에게 이 문제가 있을 때 고객은 어떻게 느끼는가?
- 고객은 이 문제에 어떻게 대응하는가?

3) 두 번째 키 프레임에서 콘셉트가 문제를 어떻게 해결할지 파악한다. 팀으로서 두 번째 키 프레임에 무엇을 포함해야 할지 논의한다. 대화를 활성화하기 위해 아래의 질문을 프롬프트로 사용한다.

- 이 콘셉트가 해결하고 있는 문제는 무엇인가?
- 고객이 이 콘셉트를 사용할 때 그들은 어떻게 느끼는가?

- 이 콘셉트가 고객의 행동을 어떻게 바꾸는가?
- 고객이 이전에 할 수 없었던 것을 이 콘셉트를 가지고 어떻게 할 수 있는가?

4) 세 번째 프레임은 스토리의 마지막, 사용자가 팀의 콘셉트를 사용해서 얻을 수 있는 결과를 파악한다. 세 번째 키 프레임에 포함되어야 할 내용을 논의한다. 대화를 활성화하기 위해 아래 질문을 프롬프트로 사용한다.
- 콘셉트를 사용하는 동안 고객이 성취하는 것은 무엇인가?
- 이 콘셉트가 문제나 한계를 완화하고 있는가?
- 고객의 목표/결과에 도달할 때 고객은 어떻게 느끼는가?

2. 키 프레임을 스케치한다

우리 웹 사이트에서 제공하는 스토리보드 템플릿을 사용해서 프레임 3개를 작성한다. 각 키 프레임 아래에는 스토리보드에서 발생하는 상황을 설명한다(그림 12-4 참고).

3. 논의한다

1) 스토리보드를 검토하고 고려한다.
- 스토리보드의 키 프레임은 고객의 여정을 파악하는가?
- 각 키 프레임은 고객이 콘셉트를 사용하기 전, 과정, 이후에 경험하는 것을 분명한 이야기로 들려주는가?
- 스토리보드는 콘셉트의 UVP, 베네핏, 한계와 일치하는가?

2) 팀에서 마지막 스토리에 합의할 때까지 스토리보드를 논의하고 반복 실행한다.

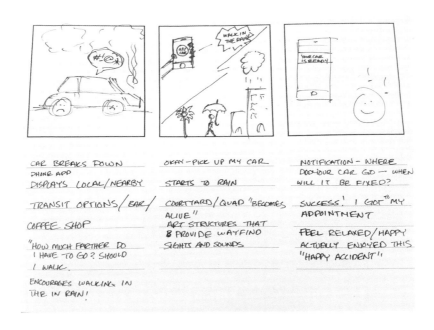

CAR BREAKS DOWN
PHONE APP
DISPLAYS LOCAL/NEARBY

TRANSIT OPTIONS/EAR/

COFFEE SHOP

"HOW MUCH FARTHER DO
I HAVE TO GO? SHOULD
I WALK.

ENCOURAGES WALKING IN
THE IN RAIN!

OKAY-PICK UP MY CAR

STARTS TO RAIN

COURTYARD/QUAD "BECOMES
ALIVE"
ART STRUCTURES THAT
B PROVIDE WAYFIND
SIGHTS AND SOUNDS

NOTIFICATION - WHERE
DOO OUR CAR GO - WHEN
WILL IT BE FIXED?

SUCCESS! I GOT TO MY
APPOINTMENT

FEEL RELAXED/HAPPY
ACTUALLY ENJOYED THIS
"HAPPY ACCIDENT"

그림 12-4 이전, 과정, 이후 3가지 키 프레임을 사용한 스토리보드

4. 기록한다

1) 모든 가설을 기록하기 위해 벽이나 화이트보드에 사진을 찍는다. 사진은 벽이 지워지면 백업 파일로 사용할 수 있다.

2) 모든 가설을 엑셀, 원노트 파일 같은 문서에 표로 만든다. 이 문서는 팀의 백로그로 사용할 수 있다.

3) 이전 고객 단계의 고객 가설의 백로그를 생성하면 새롭게 생성된 고객 가설과 문제 가설의 백로그를 업데이트한다.

고객과 이야기할 때 논의 가이드 만들기

이제 여러분은 고객과의 대화를 안내하는 데 도움을 주는 질문을 찾게 될 것이다. 시작을 위해 이런 질문을 사용할 수 있으며 필요한 경우 수정하거나 새로운 질문을 만들 수 있다. 첫 번째 질문 모음은 실험 초반에 콘셉트가 소개되기 전에 사용되어야 하며 대상 고객과 대화하고 있는지, 우리가 해결하려고 하는 문제를 고객이 경험하는지를 확인하기 위해 사용된다. 고객에게 콘셉트를 소개하고 탐구한 이후로 두 번째 질문 모음을 사용해서 고객이 경험하는 문제를 가치 있는 방식으로 콘셉트가 문제를 해결하는지 명제의 참 또는 거짓을 입증한다.

1. [고객 유형]을 입증하는 질문을 작성한다

- [고객 유형]으로서 수행하는 업무/과업이 높은 수준인가요?
- [고객 유형]으로서 필요한 종류의 기술, 경험, 개인적인 성격은 무엇인가요?
- [고객 유형]으로서 어떤 작업하는 플랫폼, 도구, 기술을 사용하나요?

2. [해야 할 일]을 입증하는 질문을 작성한다

- 가장 마지막으로 [해야 할 일]을 언제 했는지 얘기해주세요.
- [해야 할 일]을 수행할 때 직면하는 주요 문제/과제는 무엇인가요?

3. [문제]를 입증하는 질문을 작성한다

- [해야 할 일]과 관련해서 가장 큰 좌절은 무엇인가?
- [문제]가 나에게 어려운가?
- 0에서 10의 점수 기준으로 (10은 가장 큰 영향을 받은 상태) [문제]로부터 얼마나 영향을 받았는가? 그 이유는 무엇인가?

4. [콘셉트]를 입증하는 질문을 작성한다

콘셉트를 소개한 이후로 아래 질문의 수정된 버전을 사용한다.

- 이 [콘셉트]는 얼마나 중요한가요?
- [콘셉트]가 얼마나 문제를 잘 해결하고 니즈를 충족하나요?
- [콘셉트]는 현재 사용할 수 있는 다른 해결책과 얼마나 다른 가요?
- [콘셉트]와 같은 해결책을 사용하고 있는가요? 혹시 그렇다면 사용에 얼마나 만족하나요?
- [콘셉트]가 잘하고 있는 점이 있나요?
- [콘셉트]가 잘못하고 있는 점이 있나요?
- [콘셉트]에 관한 전반적인 생각은 무엇인가요?
- [콘셉트]가 같은 다른 제품을 생각할 때, 그것들은 무엇을 잘하나요?
- [콘셉트]가 같은 다른 제품을 생각할 때, 그것들은 무엇을 잘못하나요?
- [콘셉트]는 얼마나 가치가 있는가? 그렇게 생각하는 이유는 무엇인가요?
- 오늘 [콘셉트]를 사용할 수 있다면 사용할 건가요?
- [콘셉트]는 정확히 언제 사용할 것인가요?
- [콘셉트]는 어떤 방식으로 사용할 것인가요?
- 일할 때 [콘셉트]를 사용할 수 있다면 오늘 체험판을 다운로드할 생각이 있나요?
- [콘셉트]가 제공하는 제품이나 서비스를 구매/추천/구독하는 것에 관해 어떻게 생각하나요?

- [콘셉트]를 친구나 동료에게 추천할 의향이 있나요?

5. 질문을 문서로 남긴다

고객과 논의하는 중에 묻고 싶은 질문을 결정하고 문서로 정리한다. 필요할 때 참고할 수 있도록 저장 공간에 문서를 보관한다.

실험

콘셉트 가치 테스트는 당신의 초기 생각을 평가하고, 피드백을 제공하며, 콘셉트가 충분한 가치를 보여주고 있는가를 평가하는 데 도움을 준다. 콘셉트 가치 테스트는 MVP의 특징들을 확인하는 데 도움을 준다.

콘셉트 가치 테스트 준비하기

1. 스크리너를 만든다

리서치에 적합한 고객을 확보하고 있는지 확인하기 위해 사용할 질문을 결정한다. 스크리닝 질문을 작성하기 위해 다음의 특성을 고려한다.

- 근무 환경
- 직무 역할
- 기술과 역할 책임
- 도구와 기술
- 고객이 과업/업무를 마지막으로 수행한 시기

스크리닝 질문을 준비할 때는 다음의 몇 가지 사항을 고려해야 한다.

- 스크리너는 질문 5-10개로 간략하게 유지한다.

- 고객은 리서치에 적합하다고 생각하는 특성을 답변에 일치시키려 할 수 있다. 질문을 찾고 있는 고객의 유형이 무엇인지 명확하게 알 수 없도록 만든다.

- 일단 리서치가 시작되면 고객이 타깃에 부합하는지 확인하는 추가 질문을 할 수 있다.

2. 일정을 준비한다

일정을 준비하는 동안 다음의 주제를 고려한다.

날짜와 시간

팀의 가용성을 바탕으로 리서치의 일정을 결정한다.

기한

리서치를 수행하는 데는 30~60분 사이를 추천한다.

장소

장소 옵션으로는 면대면 혹은 화상회의 시스템(마이크로소프트 스카이프, 구글 행아웃, 자체 화상회의 시스템)을 포함한다.

보상

참여를 위해 작은 보상의 제공을 고려할 수 있다. (기프트 카드, 무료 서비스, 증정품 제공, 경품 추첨 등)

비공개 동의(NDA)

논의의 민감한 정도에 따라 데이터를 보호하기 위한 비공개 조치에 고객의 동의 서명을 얻어야 할 수도 있다.

팀원

리서치에 누구를 포함할지(팀원이나 다른 참여자)를 정한다.

기록

어떤 방법을 사용해서 리서치를 기록할지 정한다.

연락 정보

리서치와 관련하여 고객이 연락할 수 있는 구체적인 방법을 제공한다.

취소 정책

고객이 어떻게 약속을 취소할 수 있는지 안내를 제공한다.

특별한 지시

구체적으로 추가할 내용이 있으면 제공한다.

3. 고객을 찾는다

적합한 고객을 찾는 일은 어려울 수 있다. 고객 찾기에 관한 팁은 3장을 참고한다.

4. 역할을 확인한다

리서치 전에 정해야 할 주요 역할을 몇 가지 소개하겠다.

진행자

콘셉트 가치 테스트를 실행하는 사람 한 명이 필요하다.

기록자

기록하는 사람 한 명 혹은 다수의 사람으로, 덕분에 진행자는 콘셉트 가치 테스트의 수행에 집중할 수 있다.

타임키퍼/코디네이터:

시간을 추적하고, 장비와 환경을 챙길 사람 한 명.

5. 데이터를 정리한다

완성도 있고 명확하게 표현된 콘셉트를 만들기 위해서는 가능한 많은 데이터를 생성한다. 실험에 준비하려면 그 데이터를 한데 모아 고객에게 콘셉트를 제시해야 한다.

당신은 아래와 같은 데이터를 구조화하여 공유해야 한다.

- UVP(고유 가치 제안)
- 스토리보드
- 콘셉트 베네핏
- 콘셉트 한계
- 평가 등급

콘셉트 가치 테스트 수행하기

콘셉트 가치 테스트는 5단계로 분류된다.

1. 설정한다 (콘셉트 가치 테스트 시작 전)

진행자: 논의 가이드를 인쇄하고 검토한다. 주의를 산만하게 하는 것을 제거하기 위해 나만의 공간을 준비한다. 콘셉트 가치 테스트의 템플릿이 완성되어(면대면 혹은 화상회의 시스템을 사용해서) 공유할 준비가 되었는지 확인한다.

기록자: 모든 고객 메모를 보관하기 위해 저장 공간을 만든다.

타임키퍼/코디네이터: 진행자 옆에 앉아서 남은 시간의 분량을 진행자가 조용히 업데이트 할 수 있도록 한다. 화상회의 솔루션을 사용하고 있으면 오디오/비디오가 정확하게 작동하고 있는지 확인한다. 고객에게 콘셉트를 제시하고 프레젠테이션 소프트웨어를 사용할 계획이라면 현재 사용 중인 모든 장비가 제대로 작동하고 있는지 확인한다.

2. 지시를 설명한다 (대략 5분)

진행자:

1) 고객을 환영하고 리서치 참여 의사에 감사를 표하며 소개를 시작한다.

2) 자신과 팀을 소개한다.

3) 리서치의 목적을 간략하게 설명한다.

4) 고객에게 공개적이고 솔직한 피드백을 장려한다. 옳거나 틀린 답은 없다. 고객이 제공하는 어떤 정보도 나와 팀에 배우는 데 도움을 줄 것이다. 고객의 의견이 부정적이더라도 내 감정을 상하게 하지 않을 것이며, 더 좋은 제품을 기획하는 데 도움을 줄 것이다.

5) 세션 기록을 위해 허가를 요청한다.

기록자: 날짜, 시간, 리서치에 참여한 팀원을 기록한다.

타임키퍼/코디네이터: 리서치가 시작되면 타이머를 눌러서 시간 추적을 시작한다.

3. 어색한 분위기를 깬다 (대략 10분)

진행자:

- 고객에게 묻는 첫 번째 질문은 고객을 편안하게 하기 위한 단순한 질문으로 '분위기 전환'이 되어야 한다.
- 전형적으로 고객에게 직장에서의 역할, 기획 중인 애플리케이션/프로덕트, 사용하는 도구/기술은 준비 단계에서 좋은 질문 내용이다.
- 논의 가이드를 사용해서 대화의 방향을 조정한다. [고객 유형], [해야 할 일], [문제]를 주제로 다루는 질문을 포함해야 한다.
- 대본을 읽는 것보다 어조를 자연스럽게 유지하기 위해 노력한다. 연습할수록 더 쉽고 자연스러워질 것이다.

기록자: 고객의 피드백을 최대한 많이 기록한다. 논의 가이드를 응답 템플릿으로 사용할 수 있다. 가능하면 최대한 표현을 바꾸지 않는다.

타임키퍼/코디네이터: 고객이 특정 지점에 도달할 때 진행자에게 신호를 준다(예: 10분 전, 5분 전, 1분 전) 이를 위해 노트패드에 적거나 개인적으로 문자 메시지를 보내거나 포스트잇을 건넬 수 있다.

4. 콘셉트 가치 테스트를 수행한다 (대략 40분)

진행자: UVP 또는 스토리보드를 제시한다. 엘리베이터 피치를 제시하고 (혹시 가지고 있는 스토리가 있으면) 스토리보드를 통해 고객에게 자세하게 안내한다.

1) 엘리베이터 피치 개념의 간단한 설명으로 콘셉트를 소개한다.
2) 선택적으로 콘셉트의 기능, 가치, 사용성 전달에 도움을 주는

엘리베이터 피치를 따라 스토리보드를 사용한다.

3) 탐색 중인 콘셉트에 관해 고객이 생각해볼 기회를 준다. 고객이 지금 처음으로 나의 콘셉트를 확인하고 있음을 기억한다.

4) 고객에게 콘셉트에 관한 피드백을 제공하도록 요청한다.

5) 고객이 "더 알고 싶습니다."하고 반응하면 이 포인트에서 고객에게 어떤 질문이 있는지 묻는다. 앞서 나가 구체적인 사항을 제공하지 말고 고객이 기대하는 콘셉트는 무엇인지, 콘셉트는 어떻게 행동하고 제공하는 가치는 무엇인지 파악할 필요가 있다.

6) 고객이 혼란을 겪는지 확인한다. 만약 그렇다면 무엇이 고객을 혼란스럽게 하는지 탐구한다. 명확하지 않은 점이 있으면 다음 참여자를 대상으로 엘리베이터 피치를 업데이트할 필요가 있을 수도 있다.

5. 베네핏을 제시한다

1) 콘셉트는 다양한 베네핏이 있지만 한 번에 하나씩 보여줄 것이라고 고객에게 설명한다.

2) 베네핏을 설명할 때마다 잠시 멈추고 이 베네핏이 고객에게 중요하다면 그 이유는 무엇인지 문의한다.

3) 고객에게 가장 효과가 큰 베네핏과 가장 효과가 작은 베네핏의 순위를 매기도록 요청한다.

4) 고객이 베네핏의 순위를 정하고 나면 고객에게 그 순서로 순위를 매긴 이유를 묻는다.

6. 한계를 제시한다

1) 고객에게 이 콘셉트도 한계가 있음을 설명하고 설명하고자 하는 한계는 한 번에 하나씩 설명한다.

2) 한계를 설명할 때마다 잠시 멈추고 이 한계가 고객에게 중요하다면 그 이유는 무엇인지 문의한다.

3) 고객에게 가장 영향력이 큰 한계와 가장 영향력이 작은 한계의 순위를 매기도록 요청한다.

4) 고객이 한계에 순위를 정하고 나면 그 순서로 순위를 매긴 이유를 묻는다.

5) 고객에게 혹시 해결책으로 콘셉트를 활용하는 데 걸림돌이 되는 한계가 있다면 무엇인지 묻는다.

7. 평가 척도를 제시한다

1) 고객에게 전반적인 콘셉트에 관한 피드백을 제공하고 싶다고 설명하며 콘셉트의 베네핏과 한계를 고려한다.

2) 논의 가이드에서 작성한 평가 문제를 묻는다.

기록자:

1) 콘셉트의 베네핏과 한계에 관한 고객의 모든 피드백을 최대한 많이 기록한다.

2) 콘셉트의 베네핏과 한계에 관해서 고객이 제공하는 평가 순위를 목록으로 만든다.

타임키퍼/코디네이터:

1) 중요한 단계에 도달했거나 한 주제에 너무 많은 시간을 보내고 있으면 다음으로 넘어가도록 권장한다.

2) 진행자나 고객이 필요할 만한 기술적인 지원을 제공한다.

3) 기록이 잘 실행되고 있는지 확인한다.

8. 마무리한다 (대략 5분)

진행자:

1) 이 시간에 논의 가이드를 검토하고 [콘셉트]에 관한 질문이 있는지 묻는다.

2) 논의 가이드의 주제를 모두 다루고 나면 대화를 종결한다.

3) 팀에게 전화를 열어서 기록자와 타임키퍼가 질문할 수 있도록 한다.

4) 고객의 시간과 피드백 제공에 감사를 표한다.

5) 고객의 시간에 관한 보상을 제공한다. (선택사항)

6) 나와 이야기를 나누고 싶어 할 만한 추천인이 있는지 묻는다.

기록자:

1) 논의 가이드를 검토하고 모든 주제에 관한 응답을 기록했는지 확인한다. 메모를 꼼꼼하게 읽고 구체적인 사항이 추가로 필요한지 정한다.

2) 진행자가 전화를 열어주면 고객에게 내가 파악한 것을 명확하게 하는 데 도움이 되는 질문을 한다.

3) 메모가 완성되면 팀의 저장 공간에 넣는다.

타임키퍼/코디네이터:

1) 기록을 중단한다.

2) 팀의 공유 저장 공간에 기록을 보관한다.

콘셉트 가치 테스트 후에 결과 보고하기

콘셉트 가치 테스트 직후에 팀에 시간을 할당해서 모든 사람에게 인사이트를 공유하고 다음 콘셉트 가치 테스트를 위해 필요한 업데이트나 반복 수행을 위해 제안을 건의할 기회를 주는 것이 중요하다. 결과를 보고하는 동안 다음의 활동을 고려한다.

- 직접 인용한 고객의 말, 눈에 띄는 발견, 맥락을 알려주는 도구 등 의미 있는 모든 정보를 기록한다.
- 안전하게 보관하고 미래에 활용할 수 있도록 저장 공간에 모든 정보를 보관한다.
- 의미 있는 데이터, 노트, 사진, 직접 인용한 고객의 말, 가설의 참 거짓을 입증하는 다른 모든 신호 등을 가져와서 팀의 증거 파일에 넣어 둔다.

결과를 보고하는 동안 논의할 수 있는 몇 가지 사항은 다음과 같다.

- 고객이 콘셉트가 해결하려고 의도하는 문제를 경험했는가?
- 고객이 엘리베이터 피치를 이해했는가? 콘셉트의 전반적인 가치를 잘 전달했는가?
- 콘셉트의 가치를 시각화하는 데 스토리보드가 도움을 주었는가? 수정이 필요한 점이 있는가?
- 콘셉트의 베네핏과 한계가 명확하게 이해되었는가?
- 고객이 콘셉트를 사용할 의향을 줄어들게 하는 '결정적인 방해 요소'가 되는 한계를 발견했는가?
- 고객에게 '가치가 별로 없다고' 생각되는 베네핏이 있었는가? 이유는 무엇인가?

센스메이킹

콘셉트 가치 테스트를 완료하고 나면 이제는 고객의 피드백을 해석하고 콘셉트가 고객의 문제를 올바르게 해결하고 있는지를 판단할 때이다. 데이터 검토를 위해 함께 작업하며 의미 있는 정보를 추출하고 '반드시 있어야 하는' 기능을 결정해서 결과를 논의한다.

데이터를 도식화하기

1. 평가 점수를 계산하고 권한을 부여한다

1) 저장 공간을 열어서 콘셉트 가치 테스트 기록을 검토한다.

2) 콘셉트의 전반적인 가치를 측정하는 데 사용되는 평가 점수를 계산한다. (필요 충족, 사용할 의향, 신뢰도 등)

3) 고객과 대화하기 전에 콘셉트의 성공에 권한을 부여할 것으로 생각되는 점수를 결정했다. 콘셉트의 최종 점수를 검토하고 어떤 점수가 평가 기준에 부합되는지 결정한다.

4) 제공한 샘플 질문을 사용했으면 콘셉트에 관한 다음의 질문에 답변할 수 있어야 한다.

- 이 콘셉트가 고객이 오늘 경험하고 있는 문제를 해결할 수 있는가?
- 고객이 이 콘셉트를 사용할 수 있게 된다면 고객은 오늘 사용하려고 할까?
- 고객이 이 콘셉트가 고유하고 기존에 사용할 수 있는 다른 콘셉트와 다르다고 생각할까?

5) 문서에 결과를 기록해서 팀의 증거 파일에 저장한다.

2. 질적인 피드백을 기록한다

   1) 콘셉트 가치 테스트 기록을 자세히 살펴보면서 양적인 평가 기준에 더해 고객이 콘셉트에 관한 질적인 피드백을 제공했어야 한다.

   2) 의미 있는 결과를 발견하면 문서에 적어둔다.

   이때 찾아야 하는 몇 가지 사항은 다음과 같다.

- 직접 인용한 말
- 내 콘셉트 가설의 참 거짓을 입증하는 피드백
- 가치나 차별화에 관한 의견
- 시간, 비용, 자원 절감에 관한 언급
- 효율, 단계 감축, 빠른 과정에 관한 참고사항
- 제품에 관한 회의적인 의견
- 콘셉트가 문제를 해결하거나 필요를 충족시켜줄 것이라는 언급

“나는 이 콘셉트를 사용하지 않을 것 같지만 다른 사람에게는 유용할 거라 이해합니다.”, “나에게 지금 있는 문제를 해결하지는 않지만 앞으로 상황은 달라질 수 있을 거예요.”, “나는 이와 비슷한 해결책이 있지만, 이 콘셉트를 사용할 수도 있을 것 같아요.”와 같은 적신호 응답에 귀를 기울인다.

고객에게 이러한 표현을 듣게 된다면 그 콘셉트는 고객을 위한 문제를 올바르게 해결하고 있지 않을 것이다.

3. 베네핏의 순위를 계산한다

   1) 모든 고객의 베네핏 평가 순위를 ‘가장 효과가 큰 것’부터 ‘가

장 효과가 작은 것'까지 포함한 표로 만든다.

2) 각 베네핏에 관해 제공된 고객의 피드백을 기록한다. 찾아야
하는 피드백은 다음과 같다.

- 콘셉트가 제공하는 가장 가치 있는 베네핏은 무엇인가?
- 고객의 필요를 채우는 데 필수적인 베네핏은 무엇인가?
- 베네핏이나 그것의 결합이 문제를 가중하거나 경감시키
는 측면이 있는가?
- 내가 인식하지 못했으나 언급된 베네핏이 있는가?

3) 결과를 문서로 만들어서 팀의 증거 파일에 보관한다.

4. 한계의 순위를 계산한다

1) 모든 고객의 한계 평가 순위를 '가장 영향력이 큰 것'부터 '가
장 영향력이 작은 것'까지 포함한 표로 만든다.

2) 콘셉트에 미치는 영향력에 관한 고객의 피드백이 있으면 기
록한다. 찾아야 하는 피드백은 다음과 같다.

- 혹시 가장 영향력이 큰 한계가 있다면 무엇인가? 이 한
계가 존재하면 고객이 콘셉트 사용을 거부할 것인가?
- 고객의 의견에서 이해한 바를 근거로 할 때 한계가 있지
만, 여전히 콘셉트를 실현할 수 있게 하는 것은 무엇인가?
- 고객이 베네핏으로 인식한 한계가 있었는가? 한계를 특
정 베네핏으로 다룰 방법이 있는가?
- 내가 인식하지 못하고 있었던 한계에 관한 언급이 있었
는가?

3) 결과를 문서로 만들어서 팀의 증거 파일에 보관한다.

'반드시 있어야 하는' 베네핏 정하기

베네핏과 한계에서 제공하는 기능성을 반드시 있어야 하는 기능, 있으면 좋은 기능, 필요 없는 기능의 3가지 카테고리로 정리하면서 콘셉트의 우선순위를 정할 수 있다. 정량적인 점수로 시작하되 카테고리 배치에 팀의 결정을 알려주는 정성적인 데이터를 활용한다.

1. 데이터를 정리한다

    1) 큰 포스트잇을 사용해 반드시 있어야 할 기능, 있으면 좋은 기능, 필요 없는 기능 카테고리를 각각 적는다.

    2) 벽이나 보드에 메모를 붙인다.

2. 베네핏을 분류한다

    1) 저장 공간을 열어서 베네핏의 평가 순위를 끄집어낸다.

    2) 작은 포스트잇에 각 베네핏을 적는다.

    3) 각 베네핏이 3가지 카테고리 중에 어느 범주에 속해야 할지 정한다. (그림 12-5)

    4) 베네핏의 순위가 정해지면 어림짐작으로

- 목록의 상위에서 '가장 효과가 큰 것'은 '반드시 있어야 하는' 카테고리에 넣을 것을 고려한다.
- 목록의 중반부에서 '있으면 좋은' 항목을 넣을 것을 고려한다.
- 목록의 후반부에서 '효과가 가장 작은 것'은 '있으면 좋은'이나 '필요 없는'의 카테고리에 넣을 것을 고려한다.

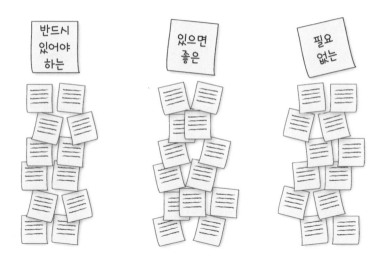

그림 12-5 '반드시 있어야 하는', '있으면 좋은', '필요 없는'의 3가지 카테고리 각각의 아래에
팀이 붙여둔 포스트잇

3. 한계를 분류한다

1) 저장 공간을 열어서 한계의 평가 등급을 끄집어낸다.

2) 작은 포스트잇에 각각의 한계를 적는다.

3) 각 한계가 3가지 카테고리 중에 어느 범주에 속해야 할지 정
한다.

4) 콘셉트에 부여될 한계의 영향을 고려한다.

- '가장 영향력이 큰 것' 혹은 '결정적으로 의사 결정을 방
해하는'으로 순위가 정해지면 '반드시 있어야 하는' 카
테고리를 추가할 것을 고려한다.

- 영향력이 거의 없거나 작으면 (순위에서 중반이나 후반부)
'필요 없는' 카테고리에 넣을 것을 고려한다.

4. 꼭 필요한 것을 디자인 원칙으로 변환한다

제품 개발 다음 단계로 이동하기 전에 반드시 있어야 하는 것을 디자인의 조합, 기능성, 상호 원칙으로 변환할 것을 고려한다. 콘셉트에 생명을 불어넣는 기능을 디자인하면서 고객에게 필수적으로 중요한 것을 안내하는 원칙을 팀이 꾸준히 성찰하는 데 도움을 줄 것이다.

증거 파일 업데이트하기

이제 팀이 데이터 도식화에 시간을 보냈으므로 증거 파일을 업데이트한다. 증거 파일은 팀의 의견, 비전, 제품 전략을 포괄하는 가장 의미 있는 몇 가지 데이터를 포함해야 한다. 예시는 다음과 같다.

- 참 또는 거짓이 입증된 가설
- 디자인 원칙이나 분류된 기능
- 동기 부여, 좌절, 욕구 등을 보여주는 직접 인용한 고객의 말
- 결론을 뒷받침하는 외부 데이터로부터 얻는 데이터 포인트 (시장 조사, 경쟁적인 분석 등)
- 결과를 이야기할 때 도움을 주는 모형, 다이어그램, 삽화

스토리를 만들어서 공유하기

이 시점에서 여러분은 고객이 가치 있다고 생각하는 방식으로 문제를 해결하는 콘셉트를 발견한 것을 축하하고 있거나 고객이 사용하지 않을 제품을 기획하는 데 수많은 시간과 자원을 사용하지 않았음을 다행스러워하며 기뻐하고 있을 것이다. 둘 중 어느 상황이라도 그 실험은 성공한 것이다!

이제 알게 된 것을 조직과 공유할 시간이다. 데이터의 의미를 공유하기 위해 다른 사람들이 쉽게 소비하고 이해할 수 있는 방법으로 표현해야 한다.

데이터를 설명하는 방법의 몇 가지 예시를 살펴보자.

- 콘셉트에 생명을 불어넣는 디자인 조합, 기능성, 인터랙션의 원칙을 전달한다. 이는 고객에게 필수적으로 중요한 것을 지침으로 삼아 원칙을 끊임없이 성찰하는 데 도움을 줄 수 있다.
- 고객의 반응을 평가 점수로 나타내기 위해 히트맵을 사용한다. 의미를 전달하는 빨간색과 초록색의 단순한 도식화를 사용하면 콘셉트에 대한 고객 반응을 청중이 빠르게 이해할 수 있게 된다.
- 고객 문제의 발전을 보여주는 타임라인이나 여정을 만들어서 콘셉트가 시간, 단계, 좌절을 얼마나 절약하는지를 보여주면 고객이 바람직한 경험을 할 수 있게 될 것이다. 고객의 말 인용을 고객 행동과 함께 사용해서 고객의 즐거움, 좌절, 걱정 등의 감정을 강조한다(그림 12-6 참고).

스토리를 공유한다

지금까지 고객과 고객의 문제를 알아가는 데 많이 투자했으므로 이제는 고객이 가치를 높이 평가하는 방식으로 문제를 해결하는 콘셉트가 있을 것이다. 공개적으로 사람들에게 알려야 한다. 이 방법이 효과가 없다면 팀에서 설정한 채널을 사용해서(짧은 회의, 필명의 이메일, 프레젠테이션, 기업용 채널, 소식지) 조직에 알게 된 내용을 공유한다.

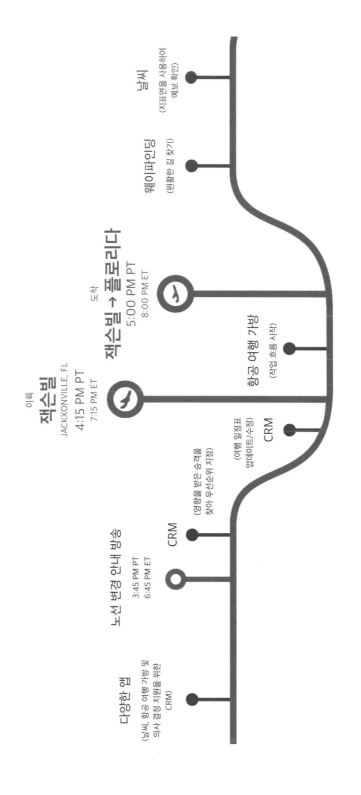

그림 12-6 고객이 여행하는 동안 항공사가 어떻게 다양한 앱으로 상호작용하는지를 보여주는 여정 지도

다양한 앱
(날씨, 항공 여행 가방 및
의사 결정 지원을 위한
CRM)

노선 변경 안내 방송
3:45 PM PT
6:45 PM ET

CRM
(영향을 받은 승객을
찾아 우선순위 지정)

CRM
(여행 일정표
업데이트/수정)

항공 여행 가방
(작업 흐름 시작)

이륙
잭슨빌
JACKXONVILLE, FL
4:15 PM PT
7:15 PM ET

도착
잭슨빌 → 플로리다
5:00 PM PT
8:00 PM ET

웨이파인딩
(원활한 길 찾기)

날씨
(지표면을 사용하여
예보 확인)

고객 단계에서는 데이터를 단순화하여 정리하고 공유된 장소에서 보여주기를 추천한다. 알게 된 내용을 계속 공유하면서 고객을 더 잘 이해할 뿐만 아니라 조직의 고객 이해 지수도 높여줄 것이다.

고객에 관해 더 많이 계속 알아가면서 얻게 되는 데이터를 업데이트하여 최신 상태를 유지한다. 목업/프로토타입, 히트맵, 타임라인, 고객 여정 지도 같은 삽화를 보여주면서 조직의 관심을 사로잡고 고객의 여정에 관한 학습에 조직에서 계속 많이 투자할 수 있게 될 것이다.

CHAPTER 13.
기능 단계
사용성 리서치를 이용해 기능을 테스트하기

> 우리는 [고객 유형]이 [해야 할 일]을 하는 동안 [기능]을 사용해서 [문제]를 성공적으로 해결할 것으로 믿는다.
>
> 우리는 [평가 기준]을 확인할 때 고객이 성공적이었음을 알게 될 것이다.

이 장은 고객 중심 케이던스에 맞춰 세 부분으로 구성되어 있다.

공식화

- '반드시 있어야 하는' 베네핏을 고객이 테스트할 수 있는 기능features으로 전환한다.
- 검증할 수 있는 평가 기준으로 기능 가설을 완성도 있고 분명하게 표현한다.
- 예상하는 업무 흐름을 표현하는 과업을 만든다.
- 사용성 테스트를 통해 고객에게 자세히 설명하고 고객 경험을 질문하기 위해 논의 가이드를 만든다.

실험

- 사용성 테스트를 준비한다.
- 프로토타입(클릭 가능한 모형)을 사용해서 고객에게 기능을 테

스트한다.

- 사용성 테스트 결과를 보고하고 알게 된 내용을 논의한다.

센스메이킹

- 사용성 테스트의 결과에서 패턴과 의미를 도출하는 구조화된 방법을 사용한다.
- 인사이트를 조직에 공유한다.

공식화

베네핏을 기능으로 전환하기

콘셉트 단계에서 고객이 가치 있다고 생각하는 방법으로 문제를 해결하고 있는지를 입증하고, 실제로 올바르게 디자인하고 있었는지를 확인했다.

기능 단계에서 콘셉트 베네핏을 MVP에 관해 알리는 기능의 모음으로 변환할 것이다. 콘셉트를 올바르게 디자인하고 있는가를 테스트하게 된다.

1. '반드시 있어야 하는' 콘셉트 베네핏을 선정한다

1) 콘셉트 베네핏의 카테고리 목록이 기록되었던 증거 파일로 돌아온다.
2) 콘셉트의 UVP, 베네핏, 한계를 검토한다.
3) '반드시 있어야 하는' 베네핏을 선정한다. 이러한 베네핏은

고객이 '가장 큰 효과가 있다'고 발견한 베네핏이다.

4) 포스트잇을 사용해서 포스트잇 하나당 베네핏을 하나씩 적는다. 포스트잇을 벽이나 보드에 붙인다. 이 포스트잇은 세로단의 라벨로 사용된다.

2. 베네핏을 전달하는 기능을 만든다

1) 팀원들과 브레인스토밍하며 다양한 기능에 관한 아이디어를 낸다. 이러한 기능은 각 베네핏을 전달하기 위해 팀에서 디자인할 수 있다고 생각하는 것들이다.

2) '반드시 있어야 하는' 베네핏에 대해 포스트잇에 생각할 수 있는 한 많은 기능을 적는다.

3) 기능을 전달하는 데 들어갈 수 있는 시간과 자원에 대해 걱정하지 않는다. 나중에 처리할 수 있게 될 것이다. 지금의 목표는 브레인스토밍하고 다양한 기능 아이디어를 생각해내는 것이다.

효과/노력 매트릭스를 사용해서
기능 작업의 우선순위를 정하기

1. 효과/노력 매트릭스를 준비한다.

앞의 활동에서는 각 베네핏에 대한 다수의 기능 아이디어를 분산하며 생성하는 것에 초점을 맞췄다. 이제는 MVP를 위한 기능들의 집합으로 그 아이디어들을 수렴해야 할 때이다.

효과/노력 매트릭스를 사용해서 팀에서 각 기능을 제공하는 데 필요한 노력과 고객에게 제공하는 효과를 확인한다.

1) 이 활동을 준비하기 위해 2×2 효과/노력 매트릭스를 그린다.

2) X축에 노력(크고 작음), Y축에 효과(크고 작음)를 라벨링한다.

3) 사분면에 장기적인 전략, 힘들기만 하고 보상은 작은 업무, 개인적으로 선호하는 프로젝트, 빠른 승리를 라벨링한다(큰 효과/큰 노력 사분면에서 시작해서 그림 13-1에서 보이는 것처럼 시계 방향으로 이동).

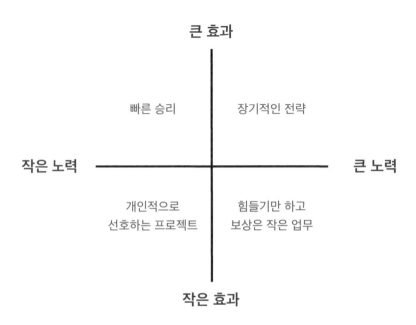

그림 13-1 사분면에 라벨링한 효과/노력 매트릭스

2. 기능을 선정한다

1) 시작할 기능을 하나 선정한다.

2) 팀별로 다음의 질문을 논의한다.

- 이 기능을 실행하려면 얼마나 큰 노력이 필요할까?
- 이 기능이 고객에게 얼마나 효과가 있을까?

- 이 기능을 실행하지 않는다면 어떤 위험이 있을까?

③ 효과/노력 매트릭스에서 기능이 어느 사분면에 속하는지 정하고 벽이나 보드에 걸어 둔다.

3. 반복한다

1) 효과/노력 매트릭스에서 팀에서 모든 기능을 배치할 때까지 이 활동을 계속한다.

2) 한발 물러서서 기능의 배치를 평가한다.

3) 팀에서 합의에 이를 때까지 수정한다.

4. 논의한다

1) 효과/노력 매트릭스에서 기능의 배치를 검토한다.

2) 업무의 우선순위와 MVP를 완성하는 데 필요한 기능을 논의한다. 추구하고자 하는 기능을 결정하는 데 도움을 주는 기술적인 일정, 프로덕트 타임라인 같은 다른 자원을 포함해야 할 수 있다.

5. 기록한다

1) 효과/노력 매트릭스를 기록하기 위해 벽이나 보드의 사진을 찍는다.

2) 모든 기능과 문서에 지정된 우선순위를 엑셀, 원노트 파일 같은 문서에 표로 만든다. 이 문서를 기능 아이디어에 관한 백로그로 사용한다.

3) 기능 목록과 우선순위를 팀의 증거 파일에 보관한다.

기능 가설 공식화하기

이전 개발 단계처럼 고객에게 기능을 테스트하기 전에 기능 가설을 작성해야 한다.

이 지점에서 고객 유형, 문제, 해야 할 일을 비롯한 대부분의 매개변수를 정의하고 입증해야 한다. 기능을 연결하고 성공의 기준을 정하면 된다.

1. 가설을 작성한다

기능 가설을 벽이나 보드에 [매개 변수]에 포스트잇을 추가할 수 있을 만큼 충분히 크게 적는다.

우리는 [고객 유형]이 [해야 할 일]을 하면서 [기능]을 사용해 [문제]를 해결하는 데 성공적일 것이라고 믿는다.

우리는 [평가 기준]을 확인할 때 기능이 성공적이었음을 알게 될 것이다.

2. [기능]을 선정한다

1) 기능의 우선순위 목록이 포함된 증거 파일로 돌아온다.
2) 기능을 하나 선정해서 포스트잇에 적는다. 벽이나 보드에 적어둔 가설의 [기능] 매개 변수에 메모를 배치한다.

3. [평가 기준]을 정의한다

콘셉트 단계에서 고객이 기능을 잘 사용하는지 그 기능의 특성을 측정할 수 있는 평가 기준을 정의한다. 목표는 객관성을 유지할 수 있는 평가 기준을 확보하는 것이다.

1) 포스트잇을 사용해서 기능의 성공을 측정할 평가 기준을 작성한다. 평가 기준을 결정할 때 다음의 질문을 고려한다.

- 고객이 이 기능을 성공적으로 사용했는지 어떻게 알 수 있을까?
- 기능이 사용하기 간편한지 어떻게 결정할 수 있을까?
- 고객이 기능에 만족하거나 즐긴다면 뭐라고 말할까?
- 기능이 바람직하다면 고객은 어떤 행동을 보일까?
- 고객이 무엇을 하며 왜 그렇게 하는지를 이해한다는 걸 어떻게 알 수 있을까?

2) 벽이나 보드에 적은 가설의 [평가 기준] 매개 변수에 포스트잇을 배치한다. 다양한 평가 기준이 있을 수 있지만, 예상한 점이다. 평가 기준마다 별도의 가설을 적는다.

4. 반복한다

1) 실험에 포함하고 싶은 모든 기능에 관한 가설을 계속 명확하게 표현한다.
2) 가설을 보드나 벽에 적는다.
3) 한발 물러서서 팀에서 생성한 가설의 수를 평가한다.
4) 팀이 합의할 때까지 가설을 수정한다.

5. 기록한다

1) 모든 가설을 기록하기 위해 벽이나 화이트보드에 사진을 찍는다. 사진은 벽면이 지워져도 백업 파일로 사용될 수 있다.
2) 모든 가설을 엑셀이나 원노트 파일 같은 문서에 표로 만든다. 이 문서는 팀의 백로그로 사용될 것이다.

3) 앞선 단계에서 가설의 백로그를 만들었다면 새롭게 생성된 가설로 백로그를 업데이트한다.

4) 모든 가설을 팀의 증거 파일에 보관한다.

과업을 성립시키기

기능 단계에서는 기능의 사용성을 테스트하게 하는 과업을 정의하게 될 것이다. 과업이 다음의 특징이 있는지 확인한다.

합리적인

일상의 상황에서 고객에게 합리적으로 기대할 수 있는 것

성취할 수 있는

'해결할 수 있는', 고객이 완료할 수 있는 과업인가를 의미한다.

구체적인

'세부 사항이 있고 설명하는', 모호하고 고객의 해석에 따라 달라지는 과업은 피한다.

순차적인

이 과업은 고객에게 전체 업무 흐름을 순서대로 안내해야 한다. 서로 관련이 없는 일을 '급진적으로 도약하지' 않도록 한다.

테스트를 위한 프로토타입 만들기

과업을 완성하기 위해 고객은 기능을 가지고 상호작용할 방법이 필요할 것이다. 이를 달성하기 위한 하나의 방법은 프로토타입을 생성하는 것이다.

다음은 기능의 사용성 테스트를 위해 사용되는 프로토타입의 가장 일반적인 형식이다.

스케치

완성도가 낮은 목업은 전형적으로 손 그림으로 그린다. 이는 고객 앞에서 기능을 발휘하는 저렴한 방법이다. 밑그림은 신속하고, 빠른 디자인 이터레이션을 허용한다. 그러나 디자인 인터랙션, 업무 흐름의 복잡성, 또는 반응성의 미묘한 차이를 검정할 수는 없다.

와이어프레임

정적이거나 역동적인(예: 클릭할 수 있는) 와이어 프레임은 테스트 중인 기능에 높은 충실도를 제공한다. 복잡한 정도에 따라 비용이 더 들고 완성도가 낮은 스케치가 될 수도 있지만, 종종 고객에게 현실적인 버전의 기능을 경험할 수 있도록 해준다.

인터랙티브 프로토타입

기능을 프로토타입으로 만들면 가장 현실적인 고객 경험을 제공할 것이다. 기능의 디자인 인터랙션, 레이아웃, 탐색, 업무 흐름을 파악할 수 있게 될 것이다. 팀의 코딩 수준이나 제조 기술에 따라 프로토타입은 기능 사용성 테스트에서 비용이 가장 많이 드는 자산이 될 수도 있다.

논의 가이드 만들기

기능 검사는 단순히 기능의 성공 여부를 검사하는 것이 아니다. 올바른 고객을 대상으로 하며 고객이 경험하는 문제를 해결하고 있는지를 지속적으로 검증할 기회이다.

가설 발전 프레임워크의 모든 단계에서와 마찬가지로 고객과 대화를 유도하는 질문을 작성해야 한다. 이런 질문을 사용해서 시작하고 필요하면 수정하거나 새로운 질문을 만든다. 이런 질문은 고객이 사용성 테스트를 완성하기 전후에 하게 될 것이다. 첫 번째 질문 모음은 내가 타깃 고객과 대화하고 있는지 확인하는 데 도움을 줄 것이다. 테스트가 끝난 후 두 번째 질문 모음은 고객이 기능을 유용하다고 생각하는지 결정하는 데 도움을 줄 것이다.

기능을 소개하기 전에 다음의 질문을 한다.

1. [고객 유형]을 검증하는 질문을 작성한다

- [고객 유형]으로서 내가 수행하는 높은 수준의 직무/과업은 무엇인가?
- [고객 유형]으로서 필요한 종류의 기술, 경험, 개인적인 성격의 특성은 무엇인가?
- [고객 유형]으로서 일할 때 어떤 플랫폼, 도구, 기술을 사용하는가?

2. [해야 할 일]을 검증하는 질문을 작성한다

- 가장 최근에 [해야 할 일]을 했던 경험을 말해주세요.
- [해야 할 일]을 하는 동안 직면하는 주요 문제/어려움은 무엇이었는가?

3. [문제]를 입증하는 질문을 작성한다

- [해야 할 일]로 인한 가장 큰 좌절은 무엇인가?

- [문제]가 나에게 큰 어려움인가?

- 0점에서 10점까지(10점이 아주 큰 효과를 의미한다.) [문제]로부터 나는 얼마나 영향을 받았는가? 그 이유는 무엇인가?

사용성 테스트를 수행한 후에 다음의 질문이나 수정본을 사용한다.

4. [기능]을 검증하는 질문을 작성한다

- 이 [기능]을 사용하면 일하는 데 유용할까?

- 이 [기능]을 사용하면 생산성이 높아질까?

- 이 [기능]이 사용할 수 있다면 정기적으로 사용할 것인가?

- 이 [기능]이 배우기 쉽다고 생각하는가?

- 이 [기능]을 사용하는 것에 만족하는가?

- 이 [기능]을 친구나 동료에게 추천하겠는가?

5. 사용성을 검증하는 질문을 작성한다 (간소화된 설문 조사를 사용한다.)

1) 사용하기 간편하다.

(점수: '매우 그렇지 않다.' (1)-(2)-(3)-(4)-(5)-(6)-(7) '매우 그렇다.')

2) 유용하다.

(점수: '매우 그렇지 않다.' (1)-(2)-(3)-(4)-(5)-(6)-(7) '매우 그렇다.')

3) 사용하기 재미있다.

(점수: '매우 그렇지 않다.' (1)-(2)-(3)-(4)-(5)-(6)-(7) '매우 그렇다.')

4) 기대할 만한 것은 모두 할 수 있다.

(점수: '매우 그렇지 않다.' (1)-(2)-(3)-(4)-(5)-(6)-(7) '매우 그렇다.')

5) 빠르게 사용하는 법을 배웠다.

(점수: '매우 그렇지 않다.' (1)-(2)-(3)-(4)-(5)-(6)-(7) '매우 그렇다.')

6) 효율성을 높이는 데 도움을 줄 수 있다.

(점수: '매우 그렇지 않다.' (1)-(2)-(3)-(4)-(5)-(6)-(7) '매우 그렇다.')

6. 질문을 문서로 남긴다

논의 가이드에 포함할 질문을 결정하고 나면 문서로 정리해 팀의 저장 공간에 보관한다.

실험

사용성 테스트 준비하기

1. 스크리너를 만든다

팀별로 리서치에 올바른 고객을 포착했는지 확인하는 데 사용할 질문을 결정한다.

가설 발전 프레임워크의 다른 단계에서 이미 효과적인 스크리너를 만들었다면 평가 기준에 부합하는 고객을 찾을 때 다시 사용한다.

스크리너를 처음 만드는 경우 스크리닝 질문을 작성하기 위해 다음의 특성을 고려한다.

- 업무 환경
- 직무 역할
- 기술과 직업 책임
- 도구와 기술
- 고객이 수행하는 업무/과업

- 마지막으로 업무/과업을 수행한 시기

고객을 구인하면서 알게 된 점을 검토할 때 몇 가지 조언이 있다.

- 스크리너는 간략한 상태로 유지한다. (5~10개 질문)
- 고객은 리서치에 적합하다고 생각하는 특성에 답변을 일치시키려 할 수 있다. 내가 찾고 있는 후보의 유형이 무엇인지 질문에서 명확하게 나타나지 않도록 한다.
- 리서치를 시작한 후에는 타깃에 맞는 고객인지 확인하는 추가 질문을 할 수 있다.

2. 일정을 준비한다

고객과 일정을 잡으면서 염두에 두어야 할 몇 가지 사항이 있다.

날짜와 시간

팀의 가용성을 바탕으로 리서치의 일정을 결정한다.

기간

60분에서 최대 90분 정도를 권장한다.

장소

장소 옵션은 면대면 리서치나 화상회의 시스템을 사용한 원격 테스팅이 있다. (마이크로소프트의 스카이프, 구글의 행아웃, 자체 화상회의 시스템)

보상

참여에 대한 소정의 보상 제공을 고려할 수 있다. (기프트 카드, 무

료 서비스, 제품 증정, 경품 추첨 등)

비공개 동의(NDA)

논의의 민감한 정도에 따라 데이터를 보호하기 위한 비공개 조치에 고객의 동의 서명을 얻어야 할 수도 있다.

팀원

리서치에 누구를 포함할지 정한다.

기록

리서치의 기록 여부와 어떤 방법을 사용할지를 정한다.

연락 정보

리서치와 관련해서 고객이 연락을 취할 수 있는 구체적인 방법을 제공한다.

취소 정책

고객이 어떻게 리서치 모임의 약속을 취소할 수 있는지 안내를 제공한다.

특별한 지시

구체적으로 추가할 사항이 있으면 제공한다. (예: 길 안내, 비디오/음성 채팅 연결 방법)

3. 고객을 찾는다

적절한 고객을 찾는 것은 어려울 수 있다. 고객 찾기에 관한 팁은 3장을 참고한다.

4. 역할을 확인한다

테스트 전에 팀원마다 역할을 설정한다. 설정할 만한 핵심 역할은 다음과 같다.

진행자

테스트를 수행하는 사람 한 명.

기록자

기록하는 사람 한 명 또는 다수의 사람으로 진행자가 리서치를 수행하는 데 집중할 수 있게 한다.

타임키퍼/코디네이터:

시간을 추적하고 장비와 환경을 챙길 사람 한 명.

관찰자

사용성 테스트를 듣고 관찰하고자 하는 팀원.

사용성 테스트에 참여하는 모두에게 예상되는 행동에 관한 지침을 제공하면 팀과 고객 모두에게 훌륭한 경험을 줄 수 있을 것이다. 이를 위해 몇 가지 고려해야 할 점이 있다.

- 노트북을 닫고 진행하길 권장하며, 온전히 듣고 관찰하는 데 집중하도록 한다.
- 고객과 직접 만날 때 리서치에 참여할 팀원은 최대 한 명까지만 두도록 한다. 고객을 긴장시키고 싶지 않을 것이다.
- 거울이나 창문이 있는 연구실에서 혹은 원격으로 리서치를 수행한다면 팀 전체가 참여하기를 권장하되 진행자가 피드백

을 제공하거나 질문할 기회를 줄 때까지 다른 사람들은 조용히 있는다.

5. 모의 사용성 테스트를 수행한다

고객과 사용성 테스트를 수행하기 전에 먼저 시범 리서치를 수행하길 원할 수 있다. 내 직속 팀원 이외의 누군가와 '예행연습'을 수행하면 도움이 된다. 모의 사용성 테스트는 다음의 사항들을 돕는다.

- 논의 가이드에서 명확하지 않거나 너무 복잡하거나 유도적인 질문들에 대해 재점검한다.
- 자연스러운 흐름으로 과업이 흘러가는지 확인한다.
- 리서치에 소요되는 시간을 테스트한다.
- 더 구체적인 정보 조사를 실행한다.
- 장비를 설정하고 적절하게 작동하는지 확인한다.

사용성 테스트 수행하기

전형적인 사용성 테스트(그림 13-2)는 설정, 소개, 논의, 업무, 마무리의 5단계로 구분된다.

1. 설정한다 (사용성 테스트 시작 전)

진행자: 논의 가이드를 검토한다. 공유할 준비가 된 리서치 데이터가 있는지 확인한다. (대면 실험 리서치나 원격 테스팅) 리서치 장소에 따라 관찰자에게 충분한 공간을 제공하고 관찰자가 고객을 보고 들을 수 있도록 최선을 다한다.

그림 13-2 사용성 테스트를 하는 동안에 녹화 중인 참여자

기록자: 메모를 위해 공유된 장소를 만든다. 원노트나 에버노트 같은 도구는 다양한 장치에 메모를 동기화하는 데 도움이 된다.

타임키퍼/코디네이터: 진행자 옆에 앉아서 남아있는 시간 분량을 진행자에게 조용히 전해주도록 한다. 화상회의 솔루션을 사용해서 원격으로 리서치를 수행할 때는 오디오 혹은 비디오가 제대로 작동하는지 확인한다. 대면으로 실험실 리서치를 진행할 때는 설비가 적절하게 작동하는지 확인한다.

관찰자 : 고객을 관찰할 수 있는 장소를 찾는다. 노트북이나 핸드폰을 포함한 모든 기기를 멀리 두도록 한다. 고객을 관찰하는 데 방해가 될 수 있는 것이 있으면 제거한다. 메모하고 싶을 때는 메시지 확인이나 이메일 회신의 유혹을 피하고자 펜과 종이를 가져갈 것을 고려한다.

2. 소개한다 (대략 5분)

진행자:

1) 고객을 환영하고 리서치 참여 동의에 감사를 표하며 소개를 시작한다.

2) 나와 리서치에 참여한 모든 사람을 소개한다.

3) 리서치 목적을 간략하게 설명한다.

4) 고객에게 개방적이고 솔직한 피드백을 권장한다. 옳거나 틀린 답은 없다. 제품을 테스트하는 것이지 고객을 테스트하는 게 아니다. 고객이 제공하는 정보는 무엇이든 나와 팀이 배우는 데 도움을 줄 것이다. 고객의 의견이 부정적이더라도 내 감정을 상하게 하지 않을 것이며, 더 좋은 제품을 기획하는 데 도움을 줄 뿐이다. 리서치 과정에서 고객이 혼란스럽거나 좌절하게 하는 무엇이 있으면 나에게 알려주는 게 중요함을 고객에게 다시 알린다.

5) 세션을 기록하기 위한 허락을 요청한다.

기록자: 날짜, 시간, 리서치에 참여한 팀원을 기록한다.

타임키퍼/코디네이터: 리서치가 시작되면 타이머를 눌러서 시간 추적을 시작한다.

3. 어색한 분위기를 푼다 (대략 10분)

진행자:

• 대화를 주도하기 위해 논의 가이드를 사용한다. [고객 유형], [문제], [해야 할 일]에 관한 질문을 포함한다. 리서치의 이 시점에서는 고객을 알아가는 것뿐이다. 고객은 아직 프로토타

입과 상호작용을 시작하지 않았다.

- 대본을 읽기보다 어조를 자연스럽게 유지하기 위해 노력한다. 연습할수록 더 쉽고 자연스러워질 것이다.

기록자: 고객이 말하는 만큼 계속 기록한다. 반응을 위해 논의 가이드를 사용할 수 있다. 최대한 말을 바꾸어 표현하지 않는다.

타임키퍼/코디네이터: 중요한 단계에 도달했을 때 진행자에게 신호를 보낼 수 있다(예: 10분 남았습니다, 5분 남았습니다, 앞으로 1분 남았습니다), 실시간 개인 메신저를 보내거나 포스트잇을 건넨다.

4. 리서치의 과업 중심 부분을 수행한다 (대략 40~70분)

진행자:

- 이 지점에서 프로토타입을 제시하고 고객이 수행했으면 하는 업무에 관해 서면이나 구두로 설명을 제공할 것이다. 기능을 보여주지 않는 것이 중요하다. 고객이 무엇을 해야 하는지 알 수 있도록 충분한 안내를 한다. 안내는 어떻게 기능하는가를 포함하지 않도록 한다.
- 고객에게 작업을 진행하면서 무엇을 해야 하는지를 이유와 함께 큰 소리로 생각을 표현할 것을 다시 알린다.
- 고객이 과업에 완성하는 데 도움을 주고싶은 충동을 참는다. 고객이 먼저 알고 나서 도움을 준다. 우리는 근본 원인을 찾고 고객이 어려움을 겪는 문제는 무엇이며 그 이유를 자세히 이해하길 원한다.
- 고객이 작업에 과도하게 시간을 많이 사용하면 다음 작업으로 넘어가도록 권장할 수 있다.

- 필요한 경우에는 더 조사해서 알아보고 명확하게 하는 질문을 할 것을 기억한다.
- 고객의 신체적인 반응에 세심하게 집중한다. 긍정적인 감정으로 내화하고 있어도 표정이나 보디랭귀지가 좌절이나 혼란을 표현할 수 있다.

기록자: 다음과 같이 할 수 있도록 노력한다.

- 고객이 하는 말은 무엇이든 기록한다.
- 성공이나 실패를 문서로 남긴다.
- 보디랭귀지나 표정 같은 신체적인 반응을 기록한다.
- 예상하지 못한 방식으로 고객이 업무를 완성하려고 하는 상황이 있으면 문서로 남긴다.
- 고객이 어떻게 말하는지와 내가 관찰한 내용 사이의 차이점을 기록한다. (예: 고객은 일을 마치는 데 어려워하지만, "굉장히 효과가 있다."라고 말한다.)

타임키퍼/코디네이터: 중요한 단계에 도달했을 때 진행자에게 신호를 보낼 수 있다(예: 10분 남았습니다, 5분 남았습니다, 앞으로 1분 남았습니다), 실시간 개인 메신저를 보내거나 포스트잇을 건넨다.

5. 마무리한다 (대략 5분)
진행자:
1) 이 시간은 리서치를 종료하기 위해 사용한다. 필요하면 명확하게 하는 질문을 한다.
2) 팀에 전화를 열어놓고 질문을 할 수 있게 허용한다.

3) 고객의 질문에 답변한다. 고객이 어려워하는 업무에 도움을 요청하면 논의하거나 도움을 제공할 좋은 시간이 될 수 있다. 고객이 어려움을 겪고 있다면 다른 고객도 어려워할 것이고 팀에서 해결해야 할 필요가 있는 어떤 문제가 있을 것이다.

4) 고객에게 시간과 피드백에 감사를 표한다.

5) 고객의 시간에 대한 보상을 제공한다.

6) 추천해줄 만한 사람이 있는지 묻는다.

기록자:

1) 메모를 검토하고 더 구체적으로 필요한 점은 없는지 확인한다. 진행자가 전화를 열어주면 고객에게 기록한 내용을 명확히 하는 데 도움이 되는 질문을 한다.

2) 메모가 완성되면 팀의 저장 공간에 넣는다.

타임키퍼/코디네이터:

1) 기록을 중단한다.

2) 기록을 공유 저장 공간에 보관한다.

사용성 테스트 이후에 결과 보고하기

사용성 테스트 직후에 시간을 할당해서 모두가 인사이트를 공유하고 다음 리서치에 필요한 업데이트나 반복 실행을 위해 건의할 기회를 제공하는 것이 중요하다.

센스메이킹

데이터를 도식화하기

일련의 사용성 테스트를 완성하고 나면 이제는 고객 피드백을 해석할 때이다.

1. 과업에 고유번호를 붙인다

1) 과업마다 대형 포스트잇으로 기록한다.

2) 좌측 상단에 고유번호 또는 아이디를 적는다.

3) 벽이나 보드에 업무를 하나씩 가로로 달아서 과업마다 열을 생성할 수 있게 한다(그림 13-3 참고).

1	2	3	4
계정을 만든다.	프로필 사진을 바꾼다.	소셜 네트워크에서 계정을 첨부한다.	포스팅을 발행한다.

그림 13-3 큰 포스트잇을 벽에 걸어서 업무마다 열을 가로로 만들어 배치한다.

2. 고객의 피드백에 태그한다

과업에 대해 아래와 같이 수행한다.

1) 비디오를 보고 메모를 검토한다.

2) 의미 있는 무엇을 발견하거나 관찰하면 포스트잇에 기록한다. 좌측 상단에 과업의 고유번호로 태그 표시를 한다.

3) 메모의 우측 상단에 의미 있다고 생각한 이유를 태그로 표시한다.

4) 해당 과업 아래에 포스트잇을 단다.

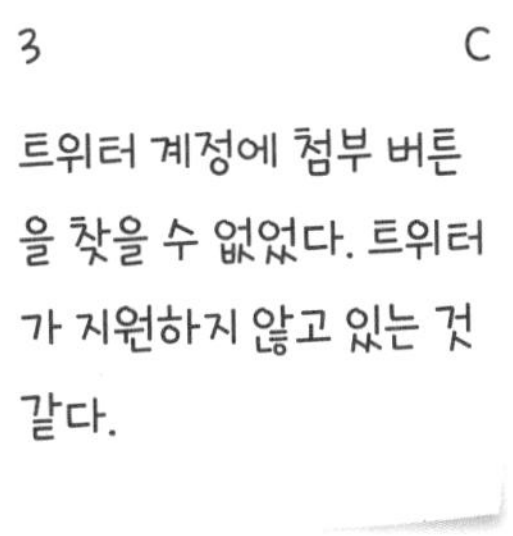

3   C

트위터 계정에 첨부 버튼
을 찾을 수 없었다. 트위터
가 지원하지 않고 있는 것
같다.

그림 13-4 고객이 업무 도중에 혼란스러워한 상황을 남긴 포스트잇

태그	피드백 유형
타당화하다/무효화하다(Validate/Invalidate)	기능 가설의 참 또는 거짓을 입증하는 코멘트
만족/불만족(Satisfaction/Dissatisfaction)	기능으로 고객이 만족했거나 불만족했음을 시사하는 코멘트
유용한(Useful)	기능이 유용하거나 가치 있음을(또는 그 반대를) 암시하는 코멘트
문제를 풀다(Solves a Problem)	기능이 고객의 문제를 해결하고 있음을(또는 반대) 시사하는 표현
좌절(Frustration)	고객이 좌절했음을 시사하는 행동이나 코멘트
오류(Error)	고객이 예상하지 못한 오류를 마주한 상황
혼란(Confusion)	고객이 과업을 완성하려고 하면서 혼란스러워 하거나 방법을 모름을 시사하는 행동이나 의견

표 13-1 사용할 수 있는 몇 가지 태그 목록

3. 성공 패턴이나 향상을 확인한다

업무마다 달린 기록을 살펴보고 혼란, 좌절, 성공의 패턴을 확인한다. 업무를 적었던 대형 포스트잇에 다음과 같이 라벨링한다.

전환점

고객이 기능을 발견하는 데 실패했거나 상호작용이 만족스럽지 않은 포스트잇 모음이 있다.

니즈의 반복 실행

고객이 어려움을 겪었지만 궁극적으로 상호작용에 성공했으며, 적어도 어느 정도 만족했음을 보여주는 포스트잇 모음이 있다.

성공

고객이 과업에 대해 성공했거나 만족스러워했거나 매우 만족스러워서 변경할 필요가 없다.

4. 경험을 전체로 평가한다

고객과 어떤 기능이 상호작용하고 있는지 이해하는 것은 중요하나 경험의 전체 흐름을 고려하는 것도 중요하다. 모든 과업에서 전반적으로 MVP의 성공이 관찰되는지 살펴보고 자문하도록 한다.

- 작업 흐름에서 고객과 마찰 포인트를 만드는 주요한 쟁점이 있는가? 이러한 포인트는 무엇인가?
- 전반적인 경험에서 어느 부분이 잘 작용하는가? 작업 흐름에서 문제가 되는 다른 지점에 이런 경험을 적용할 수 있는가?
- 고객이 기대했던 방식으로 기능의 조합을 사용하고 있는가?
- 기능의 조합(MVP)이 콘셉트 단계에서 고객이 가치를 높게 평가하는 것을 제공한다고 확신하는가?
- 지금 디자인한 대로 기능을 MVP로 가져오면 고객이 만족할 것으로 확신하는 수준은 어떠한가? 확신의 정도를 높이기 위

해 알아야 하는 다른 점이 있는가?

증거 파일 업데이트하기

데이터 도식화에 시간을 보냈으므로 증거 파일을 업데이트한다. 팀의 견해, 비전, 제품 전략으로 구성된 가장 의미 있는 몇 가지 데이터를 포함해야 한다. 그 내용은 다음과 같다.

- 참 또는 거짓이 입증된 가설
- 성공, 욕구, 좌절, 실패를 보여주는 직접 인용한 고객의 말
- 전환점이 되거나 반복 실행하거나 디자인을 계속하는 이유를 뒷받침하는 서류
- 전반적인 디자인이나 전체 경험의 흐름 평가
- 콘셉트 단계에서 이 기능이 고객이 가치를 발견할 것이라는 확신을 높여주는 다음 단계

스토리를 만들고 공유하기

고객의 대변자로서 팀에서 설정한 채널(짧은 회의, 필명의 이메일, 프레젠테이션, 기업용 채널, 소식지)으로 조직에서 알게 된 정보를 공유한다.

대화할 때 다음을 고려한다.

- 참 또는 거짓이 입증된 기능 가설
- 기능에 관해 고객이 보인 반응을 보여주는 비디오 영상
- 각각의 디자인 이터레이션이 콘셉트 단계에서 식별된 원칙을 얼마나 강하게 충족했는지 보여주는 스파이더 다이어그램

(그림 13-5 참고)

- 기능을 실행할 수 있는 카테고리로 정리 (예: 전환점, 니즈 반복 실행, 성공)

- 콘셉트 단계에서 설정된 원칙을 전달하는 데 도움을 주는 디자인 권장 사항

- 팀이 기능 디자인에 변경한 결정을 고객의 직접적인 피드백과 연결하기

그림 13-5 콘셉트 원칙에 대하여 얼마나 다양한 기능 디자인이
수행되는지를 보여주는 스파이더 다이어그램

스토리를 공유한다

알게 된 내용을 공유하고자 조직에 다양한 의사소통 회선을 설정했다. 기능 단계를 완료했고 고객이 제품을 좋아할 것으로 확신하지만,

아직 끝난 게 아니다. 고객은 계속 변화하므로 성장과 학습을 계속하며 고객의 니즈를 예상하고 기회의 영역을 찾아야 한다. 고객과 지속적으로 관계를 유지하고 깨닫게 된 내용을 조직과 공유해야 한다.

에필로그

이 책에서 제시한 서비스 기획 방법을 여러분의 것으로 만들기를 권한다. 각종 활동이 여러분의 상황에 딱 맞지 않는다면 각 단계마다 조금씩 조정하여 실무에 최적화하길 바란다.

고객 중심 전략이 성공적인 이유는 고객이 의사 결정의 중심에 있도록 하고, 지속적인 피드백 루프를 만들기 때문이다. 고객과 계속 관여할 방법을 찾고 피드백을 수집하며 고객이 하는 말을 내면화할 수 있는 방법을 찾아야 한다. 이들을 프로세스로 끌어들여 각자의 독특한 관점을 활용하여 인사이트를 얻고 제품의 전략을 추진할 수 있을 것이다.

마지막으로 이 책을 읽는 데 시간을 내어준 독자들에게 감사를 전하고 싶다.

참고문헌

프롤로그

1. Anderson, Peggy. Grea t Quotes from Great Leaders: Words from the Leaders Who Shaped the World. Naperville, IL: Simple Truths, 2017, p. 136. ISBN: 978-1-4926-4961-8.

PART 1. 고객 중심 기획

CHAPTER 1.

1. Roca, Carrie. "Pontiac Aztek: GM's First Crossover Is Onboard to Make a Splash." Autoweek, June 11, 2000. http://autoweek.com/article/ car-news/ pontiac-aztek-gms-first-crossover-onboard-make-splash.

2. Miller, Joe. "Pontiac's Aztek Aims for Young, Hip." Automotive News 74, no. 5857 (January 17, 2000), p. 26.

3. Flint, Jerry. "The Pontiac Aztek: GM Stumbles Again." Forbes, January 26, 2001. http://www.forbes.com/2001/01/26/0126flint.html.

4. Atwood, Jeff. "The Pontiac Aztek and the Perils of Design by Committee." Coding Horror: Programming and Human Factors, June 16, 2005. https:// blog.codinghorror.com/ the-pontiac-aztek-and-the-perils-of-design-by-committee/.

5. Weisman, Jonathan. "Biggest Automaker Needs Big Changes." Washington Post, June 11, 2005, http://www.washingtonpost.com/wp-dyn/content/ article/2005/06/10/AR2005061002188.html.

6. Seabaugh, Christian. "GM Designer Tom Peters on Camaro, Corvette, and Pontiac Aztek." Motor Trend, April 26, 2014. http://www. motortrend.com/ news/gm-designer-tom-peters-on-camaro-corvette-and-pontiac-aztek/.

7. Lutz, Bob. "Complete Acquiescence: Bob Lutz Reveals How the Pontiac

Aztek Happened [UPDATE: Our Own Don Sherman Responds]." Car and Driver blog, October 14, 2014. http://blog.caranddriver.com/complete-acquiesence-bob-lutz-reveals-how-the-pontiac-aztek-happened/.

8. Petroski, Henry. "ASK OCE Interview: Five Questions for Dr. Henry Petroski | APPEL – Academy of Program/Project & Engineering Leadership." Accessed April 13, 2017. https://appel.nasa.gov/2010/02/26/ao_1-10_f_interview-html/.

9. Ries, Eric. The Lean Startup: How Today's Entrepreneurs Use Continuous Innovation to Create Radically Successful Businesses. New York: Crown Business, 2011.

CHAPTER 2.

1. Gothelf, Jeff and Josh Seiden. Lean UX: Designing Great Products with Agile Teams, 2nd ed. Sebastopol, CA: O'Reilly Media, 2016, p. 23.

2. Christensen, Clayton M., Karen Dillon, Taddy Hall, and David S. Duncan. Competing Against Luck: The Story of Innovation and Customer Choice. New York: HarperBusiness, 2016.

CHAPTER 3.

1. Alvarez, Cindy. Lean Customer Development: Build Products Your Customers Will Buy. Sebastopol, CA: O'Reilly Media, 2014, p. 125. ISBN: 978-1-4493-5635-4.

2. Janis, Irving Lester. Groupthink: Psychological Studies of Policy Decisions and Fiascoes, 2nd ed. Boston: Houghton Mifflin, 1983, p. 9.

3. Hart, Paul 't. "Irving L. Janis's Victims of Groupthink." Political Psychology vol. 12, no. 2 (June 1991), pp. 247–278. International Society of Political Psychology.

4. Alvarez, Cindy. Lean Customer Development: Build Products Your Customers Will Buy. Sebastopol, CA: O'Reilly Media, 2014, pp. 32-33. ISBN: 978-1-4493-5635-4.

CHAPTER 4.

1. Moore, David T. Sensemaking: A Structure for An Intelligence Revolution, 2nd ed. CreateSpace Independent Publishing Platform, 2013, p. xxiv.

2. Pirolli, Peter and Stuart Card. "The Sensemaking Process and Leverage Points for Analyst Technology as Identified Through Cognitive Task Analysis." In Proceedings of International Conference on Intelligence

Analysis, vol. 5 (2005), pp. 2–4.

PART 2. 사례를 통해 이해하기

CHAPTER 5.

1. Beren, David. "T-Mobile Announces Fourth Quarter 2011 Financial Results, LTE Network Coming In 2013." Accessed February 20, 2017. http://www.tmonews.com/2012/02/t-mobile-announcesfourth-quarter-2011-financial-results-lte-network-coming-in-2013/.

2. "T-Mobile's Un-Carrier Event | T-Mobile Newsroom." Accessed February 20, 2017. https://newsroom.t-mobile.com/mediakits/t-mobiles-un-carrier-event.htm.

3. Epstein, Zach. "T-Mobile Grows Branded Subscriber Base for First Time in Four Years in Q1." BGR, April 4, 2013. http://bgr.com/2013/04/04/t-mobile-earnings-q1-2013-414479/.

4. Meola, Andrew. "T-Mobile refuses to go away in the wireless carrier war," Business Insider. Accessed February 21, 2017. http://www.businessinsider.com/t-mobile-continues-growth-against-verizon-sprint-att-2016-4.

5. Humble, Jez, Joanne Molesky, and Barry O'Reilly. Lean Enterprise. Sebastopol, CA: O'Reilly Media, 2014, p. 185.

6. Alvarez, Cindy. Lean Customer Development: Build Products Your Customers Will Buy. Sebastopol, CA: O'Reilly Media, 2014, p. 27. ISBN: 978-1-4493-5635-4.

CHAPTER 6.

1. Lafley, A. G. and Roger L. Martin. Playing to Win: How Strategy Really Works. Boston: Harvard Business Review Press, 2013, pp. 107–118.

2. Lafley, A. G. and Roger L. Martin. Playing to Win: How Strategy Really Works. Boston: Harvard Business Review Press, 2013, pp. 110–111.

3. Continuum Innovation. Case Studies: Swiffer. Accessed December 20, 2016. https://www.continuuminnovation.com/en/what-we-do/case-studies/swiffer.

4. Continuum Innovation. Case Studies: Swiffer. Accessed December 20, 2016. https://www.continuuminnovation.com/en/what-we-do/case-studies/swiffer.

5. Lafley, A. G. and Roger L. Martin. Playing to Win: How Strategy Really Works. Boston: Harvard Business Review Press, 2013, pp. 66–67.

6. Alvarez, Cindy. Lean Customer Development: Build Products Your Customers Will Buy. Sebastopol, CA: O'Reilly Media, 2014, p. 98. ISBN: 978-1-4493-5635-4.

CHAPTER 7.

1. Mars, Roman. "99 Percent Invisible." On Average. Published August 23, 2016. http://99percentinvisible.org/episode/on-average/.

2. Rose, Todd. "When U.S. Air Force Discovered the Flaw of Averages." TheStar.com. January 16, 2016. https://www.thestar.com/news/insight/2016/01/16/when-us-air-force-discovered-the-f law-of-averages.html.

3. Rose, Todd. "When U.S. Air Force Discovered the Flaw of Averages." TheStar.com. January 16, 2016. https://www.thestar.com/news/insight/2016/01/16/when-us-air-force-discovered-the-f law-of-averages.html.

4. Daniels, Gilbert S. "The 'Average Man'?" Air Force Aerospace Medical Research Lab, Wright-Patterson AFB OH, December 1952.

5. Kelley, Tom and David Kelley. Creative Confidence: Unleashing the Creative Potential Within Us All. New York: Crown Business, 2013.

6. "Reducing Complexity in Conceptual Thinking Using Challenge Mapping." ResearchGate, January 1, 2003. https://www. researchgate.net/publication/228542745_Reducing_Complexity_in_Conceptual_Thinking_Using_Challenge_Mapping.

7. Basadur, Min. The Power of Innovation: How to Make Innovation a Way of Life and Put Creative Solutions to Work. Burlington, ON: Applied Creativity Press, 2001, p. 99. ISBN: 0-273-61362-6.

8. Gray, Dave, Sunni Brown, and James Macanufo. Gamestorming: A Playbook for Innovators, Rulebreakers, and Changemakers. Sebastopol, CA: O'Reilly Media, 2010.

9. "Sony Promotional Video for the VERY FIRST Betamax—1975!!" Accessed January 19, 2017. http://www.youtube.com/watch?v=Lt2KlIEr5xA.

10. Howe, Tom. "Sony's First U.S. Betamax Product, the TV/VCR Combo LV-1901 from 1975." Accessed January 19, 2017. http://www. cedmagic.com/history/betamax-lv-1901.html.

11. Wielage, Marc and Rod Woodcock. "The Rise and Fall of Beta." Videofax. 1988. http://www.betainfoguide.net/RiseandFall.htm.

12. Maurya, Ash. Running Lean: Iterate from Plan A to a Plan That Works, 2nd ed. Sebastopol, CA: O'Reilly Media, 2012.

CHAPTER 8.

1. Glass, Sandie. "What Were They Thinking? The Day Ketchup Crossed the Line from Perfect to Purple." Fast Company, September 14, 2011. http://www.fastcompany`.com/1779591/what-were-they-thinking-day-ketchup-crossed-line-perfect-purple.

2. "Matt Le Blanc - Heinz Ketchup Commercial." Accessed January 24, 2017. YouTube.

3. Greve, Frank. "Ketchup Is Better with Upside-Down, Bigger Bottle." McClatchy Newspapers, June 28, 2007. https://www.mcclatchydc.com/news/nation-world/national/article24465613.html

4. Mozart, Mike. "Heinz Ketchup." April 30, 2016. https://www.flickr.com/photos/jeepersmedia/26135496253/.

5. Lund, Arnold. "Measuring Usability with the USE Questionnaire." ResearchGate. Accessed April 14, 2017. https://www.researchgate.net/publication/230786746_Measuring_usability_with_the_USE_questionnaire.

6. Goodman, Elizabeth, Mike Kuniavsky, and Andrea Moed. Observing the User Experience: A Practitioner's Guide to User Research, 2nd ed. Amsterdam, Boston: Morgan Kaufmann, 2012, pp. 283–284.

PART 3. 단계별 기획

CHAPTER 9.

1. EthnoHub. "AEIOU Framework." Accessed March 8, 2017. http://help.ethnohub.com/guide/aeiou-framework.

서비스 기획의 기술

고객 중심의 프로덕트 매니지먼트 실전 가이드

발행일 | 2024년 5월 27일

발행처 | 유엑스리뷰

발행인 | 현호영

지은이 | 트래비스 로더밀크, 제시카 리치

옮긴이 | 안지희

디자인 | 강지연

주　소 | 서울특별시 마포구 백범로 35, 서강대학교 곤자가홀 1층

팩　스 | 070.8224.4322

ISBN　　979-11-93217-30-6

THE CUSTOMER-DRIVEN PLAYBOOK

by Travis Lowdermilk, Jessica Rich

> 좋은 아이디어와 제안이 있으시면 출판을 통해 가치를 나누시길 바랍니다.
> 투고 및 제안 : uxreview@doowonart.com